위대한 실용적 신학자

존 웨슬리의 생애와 사상

위대한 실용적 신학자

존 웨슬리의 생애와 사상

유진열 지음

대한기독교서회

위대한 실용적 신학자

−존 웨슬리의 생애와 사상−

2013년 12월 10일 초판 1쇄

지은이/유진열
펴낸이/정지강
펴낸곳/대한기독교서회
편집책임/김인자

등록/1967년 8월 26일 제1-77호
주소/135-090 서울시 강남구 삼성동 169-1
전화/출판국 553-0873~4, 영업국 553-3343
팩스/출판국 3453-1639, 영업국 555-7721
e-mail/cls1890@chol.com
edit1890@chol.com
http://www.clsk.org

직영서점/기독교서회
종로 5가 기독교회관 1층, 전화 744-6733, 팩스 745-8064

값 11,500원 / 책번호 2033
ISBN 978-89-511-0078-9 93230

The Christian Literature Society of Korea, Seoul
Printed in Korea

머리말

당신은 현대 역사에 가장 큰 영향을 준 인물 두 명을 고르라면 누구를 말하겠는가? 그 둘은 마르크스와 웨슬리라고 하는 사람들이 있다. 그중에 한 사람은 캐나다의 학자 시그스워스(John Wilkins Sigsworth)이다. 그는 1982년에 『세계를 변화시킨 자들: 칼 마르크스와 존 웨슬리』(*World-Changers: Karl Marx and John Wesley*)란 책을 발간하였다. 그 책 서문에서 그는 그 두 사람의 영향력을 비교하며 이렇게 결론을 내린다. "여러 가지 다른 기준으로 판단해 볼 때, 마르크스보다는 웨슬리가 개인과 사회의 곤경에 대한 더 건전하고 이로운 해결책을 제시하고 있다. 웨슬리는 더 모범이 되고 성과 있는 삶을 인도했고, 인류 역사에 더욱 건강하고 [도덕적이고 종교적인 삶을] 증진시키는 영향을 미쳤다. 반면에 마르크스의 영향력은 널리 확산되었지만, 그것은 기본적으로 나쁜 것이었다. 웨슬리가 실천하며 가르친 화해, 선의, 사랑의 메시지는 마르크스의 망상, 불일치, 증오의 신조보다는 참으로 사람들을 고상하게 하는 더 큰 힘이다."

이 결론에 누구나 동의하는 것은 물론 아니다. 그러나 마르크스와 웨슬리에 대한 객관적인 사실을 면밀하게 검토하게 되면 그의 주장에 신뢰성이 있다는 것을 느끼게 된다. 그들의 사상의 진실성, 경험적 적합성을 고려하고 결과를 살피면 그 결론이 크게 틀리지 않다는 것을 알 수 있다. 이 말이 사실이라면 존 웨슬리는 인류의 삶과 역사에 가장 큰 변화를 일으킨 인물 중의 한 사람이 되는 것이다. 과연 그런 것인가? 사실 웨슬리는 실용적인 신학자일 뿐만 아니라 시대를 앞서가는 윤리운동가이기도 하다. 그는 인권, 남녀의 평등, 노예제도의 폐지, 가난의 해소, 자연적 치유, 환경 보호, 일치 운동과 관용 정신 등을 강조하며 당대의 사회적 질병에 대한 성서적이고 포괄적인 처방을 내리고 있다.

필자는 웨슬리의 생애와 사상을 연구하면서 많은 감동을 받았고, 그것을 나누고자 하는 바람으로 이 글을 쓰게 되었다. 이 글을 읽고 조언해 주신 김영택 박사님께 감사드리며, 또한 책을 출간해 주신 대한기독교서회 정지강 사장님과 서진한 상무님, 편집과 교정을 위해 애쓰신 김인자 차장님께 감사드린다. 아무쪼록 이 작은 작품을 읽고 감상하는 분들에게, 웨슬리와 같이 하나님의 은혜와 진리가 함께하며 삶의 의미가 더 풍부해지기를 기도한다.

2013년 가을이 오는 길목에서
유진열

차례

제1장
웨슬리의 생애

I. 역사적 배경

영국은 기원후 43년부터 400년 가까이 로마의 지배를 받는다. 그 후에 게르만 민족들이 유입되어 앵글로-색슨 왕국을 설립하게 된다. 6세기 말에 영국에 복음이 전해지고 교회가 설립된 것은 교황 그레고리가 선교사로 임명한 아우구스티누스(그 이전의 성 아우구스티누스와는 다른 인물)의 활동의 결과이다. 그는 최초의 캔터베리 대주교가 되었고(597년) 영국의 사도 또는 영국교회의 창설자라는 칭송을 받는다. 9세기부터는 바이킹족이 자주 침입하였고, 11세기 중엽에는 영국이 노르만족에 정복당한다. 왕위계승 문제로 프랑스와 백년전쟁을 치르고 같은 내부적 문제 때문에 장미전쟁을 한 후에 튜더(Tudor) 왕조와 스튜어트(Stuart) 왕조가 나라를 다스리게 된다.

17세기 중엽 두 번의 내전을 겪은 영국은 신교와 구교의 갈등이 폭발해 1688년에 '영광스런 혁명'(Glorious Revolution or Bloodless Revolution)이 발생한다. 그 결과로 구교는 힘을 잃게 되고 신교도인 윌리엄 왕자(Prince William of Orange, 네덜란드)와 그의 아내 메리가 정권을 잡는다. 다음해에는 의회의 권한을 강화하고 왕권을 약화시킨 '권리장전'(Bill of Rights)이

통과되고, 1707년에는 통일왕국을 위한 법안이 설정된다. 그리고 1760년경부터 영국에서 산업혁명이 일어나 서부 유럽과 미국으로 전파되는데, 그 혁명은 역사상 하나의 큰 전환점이 되어 백성들의 삶 거의 모든 부분에 영향을 주며 삶의 기준을 향상시키는 결과를 가져온다.

1558년에 엘리자베스 1세가 여왕이 되면서, 영국교회 내부에서 개혁의 움직임이 생긴다. 개혁가들은 교회에서 중세의 관습과 구교의 잔재를 척결하여 순수한 복음적 교회를 회복하려고 한다. 그들은 교회의 제도, 교리, 예배 형식을 정화하려고 하였기 때문에 청교도란 말을 듣게 된다. 그들 가운데는 교회에 남아서 개혁운동을 하려는 이들이 있었고, 그 운동의 효율성을 의심하면서 교회를 떠나서 독립적으로 움직이려는 이들도 있었다. 그들은 모두 청교도이지만 후자는 비국교도(nonconformist or dissenter)라고 한다. 청교도들은 초기에 많은 박해를 받았고 일부는 네덜란드나 미국으로 이주하여 종교적 자유를 얻게 된다. 영국에 남은 이들은 17세기 중엽에 자유와 권세를 누리게 된다. 그러나 군주제의 회복과 종교통일법의 영향으로 청교도 목회자들이 대부분 영국교회를 떠나게 되지만, 무혈혁명을 통해서 그들은 힘을 얻어 개혁운동을 계속한다.

종교 개혁가들과 유사하게, 청교도들은 성서의 교훈에 삶을 일치시키려고 노력하며 개인적, 집단적 순결을 강조한다. 그들은 인간이 하나님의 영광을 위해 존재하고 그의 뜻을 행하는 데 최우선적 관심을 가져야 한다고 믿는다. 도덕적 순결이 미래의 행복으로 이어진다고 보는 그들은 결혼을 사랑, 출산, 구원에 기초한 가장 근본적인 관계를 대표하는 것으로 인정하며 가족 중심의 생활을 한다. 그들에게 부부는 동역자이지만 남편이 영적인 가장의 권위를 갖고 아내는 순종, 경건, 겸손해야 한다고 주장한다. 그러나 어머니는 자녀들의 양육과 종교생활에 중요한 결정권을 행사할 수 있는 위치에 있다. 아이들은 원죄의 오점을 가지고 태어나기 때문에 오로지 종교적 교육과 순종을 통해서만 구원받을 수 있는 것이다.

일부 극단적인 청교도들은 엄격한 도덕성을 요구하기 때문에 비평받

기도 한다. '완고하며 고상한 체하기'(dour prudery)라는 욕을 먹으면서도, 그들은 성도덕(sexual morality)을 강조하고 오락을 금하며, 그런 규칙들을 다른 이들에게 부과하려는 성향을 나타낸다. 이와 같은 청교도적 분위기가 웨슬리 가문에서 감지되는 것은, 그의 혈통을 살펴볼 때 자연스런 것이다.

웨슬리가 왕성하게 활동하던 18세기 중엽에, 영국과 프랑스는 북미의 주도권을 놓고 경쟁을 벌인다. 결국은 영국의 승리로 끝났는데, 전쟁의 비용을 충당하기 위해 영국은 식민지에 세금을 부과하게 된다. 그러자 일부 식민통치자들은 "대표권은 주지 않고 세금만 부담시키는 것은 독재"라고 항의한다. 웨슬리는 초기에 법과 형평성과 현명함의 관점에서 영국의 그런 정책에 반대 의사를 나타냈지만, 나중에는 하나님을 경외하고 왕에게 충성해야 한다는 입장에서, 영국 제국 전체의 이익을 위하여 세금을 부과하는 일은 합법적이라고 주장한다.

영국에서 18세기 후반에 시작된 가장 중요한 일은 산업혁명이다. 그 이후에 전 유럽과 미국으로 확산된 그 혁명은 사회 전체에 지대한 영향을 준 중대한 역사적 전환점이 된다. 그것은 생산방식과 연료의 변화, 수력의 증진된 효율성, 증기기관의 다양한 사용, 기계의 발전을 특징으로 한다. 결과적으로 가계의 수입과 인구가 지속적으로 증가하게 되고, 인구유입으로 인하여 도시들이 확장된다. 역사상 처음으로 대중 전체의 생활수준이 향상되고 사회계층이 다양해진다. 작가인 다니엘 디포(Daniel Defoe)는 18세기 초에, 당시의 영국 사람들을 아래와 같이 일곱 계층으로 구분하였지만, 산업혁명은 그 계층에 복잡한 변화를 가져온다.

* 풍요롭게 사는 권세가들.
* 부요하게 사는 부자들.
* 웬만큼 사는 중산층.
* 열심히 일하여 자급자족하는 상인들.
* 농부와 같은 시골 사람들.

* 어렵게 생활하는 가난한 이들.
* 비참한 환경 가운데 있는 이들.

산업혁명 이전에 서민들의 삶은 고달픈 것이었다. 대부분의 사람들은 굶주림과 영양실조로 고통을 당하고 있었으며, 그들의 평균수명은 35세에서 40세에 불과했다. 이런 상황에서 발생한 산업혁명은 그들의 삶의 수준을 향상하는 데 크게 이바지한다. 그러나 빛이 있으면 그림자가 있는 법! 그 전방위적인 변혁은 원치 않고 예상치 못한 사회적 문제들을 수반하게 된다. 그래서 웨슬리는 1773년의 글에서 실업, 식량부족, 술, 세금, 사치품의 문제를 지적하며 대응책을 제시한다. 그 문제들이 산업혁명과 직접적으로 관련된 것이 아니라고 할 수도 있지만, 산업혁명과 연관시켜 생각하는 것은 적절한 일이다.

II. 웨슬리의 가문

한 인간의 생애를 독립적으로 살피는 일은 비현실적이고 가치 없는 것이다. 사람의 삶은 불가피하게 자신의 역사적 상황과 연결되어 있기 때문이다. 여기서 그 상황은 시대적인 것과 가정적인 것으로 구분할 수 있다. 각 시대의 정신과 문화는 그 시대를 사는 사람들의 삶에 영향을 미치고 그 영향은 후손들에게 이어진다. 그래서 웨슬리의 삶과 사상을 정확하게 이해하기 위해서는 그 가문을 먼저 알아야 할 것이다. 가정은 누구에게나 최초의 학교가 되고 부모는 최초의 선생이기 때문이다.

1. 아버지의 가문

웨슬리의 증조 할아버지는 바돌로뮤 웨슬리(Bartholomew Westley)인데, 그는 대학에서 물리학과 신학을 공부했으며 1662년에 영국교회에 순응하지 않는다는 이유로 자기 교구에서 퇴출된다. 그의 아들인 존 웨슬리(John Westley)는 옥스퍼드 대학에서 공부하는 동안, 동양의 언어에 능숙하고 헌신적으로 생활하여, 그 대학의 부총장이며 훌륭한 청교도인 존 오웬(John Owen)의 눈에 들어 그와 좋은 시간을 갖는다. 그러나 졸업하고 목회를 하면서 1661년에 스튜어트 왕조가 부활하면서부터, 그는 어려움을 겪게 된다. 웨슬리의 할아버지는 그 왕조를 반대하며 크롬웰을 칭송하는 설교를 하며, 거짓되고 사악한 교리를 가르친다고 비난을 받는다. 그가 공동기도문(Book of Common Prayer)의 사용을 거부하자 즉시 감옥에 갇히게 된다.

그는 다시 강단에 서게 되었지만, 자신의 신념을 굽히지 않고 교구에서 면직되어서도 '5마일법'(Five Mile Act, 1665; 영국교회에 대한 순응을 강화하고 거부하는 성직자가 퇴출된 자기 교구 5마일 내에서 거주하는 것을 금하는 법)을 지키지 않는다. 그가 후에 소천했을 때 교구 대리인은 그를 교회 묘지에 장사하지 못하게 하여, 그의 장지와 장례일이 알려져 있지 않다. 웨슬리는 1768년에 아버지와 할아버지의 영향과 그들에 대한 감동을 동생 찰스에게 전한다. "셋 중의 하나는 주님 앞에 설 것이다. 내가 아는 한, 지난 천여 년 동안에 아들, 아버지, 할아버지가 대대로 참된 복음을 전하는 것은 아주 드문 일이다."

존 웨슬리(John Westley)의 아들 가운데 유명한 이는 사무엘인데, 그는 1666년에 출생했으며 나중에 자신의 성을 웨슬리(Wesley)로 바꾼다. 사무엘은 비국교도 학교에서 교육을 받는데, 어떤 이는 그 학교들을 특별한 교육의 장으로 칭찬하고 심지어는 영국교도들도 대학의 방탕을 피하기 위해 자녀들을 그곳에 보내게 된다. 학생으로 있을 때 그에게 비국교도를 반대하는 국교도의 주장을 반박하는 과제가 주어졌는데, 그는 예상과 다른 결론에 이른다. 그것은 국교도의 주요한 비평들이 옳다는 것이다. 그는 비국교도들의 편협과 불관용을 싫어하여, 결국에는 자기 아버지와 할아버지를 핍박한 영국교회로 돌아간다.

지성적인 사무엘은 자신이 새롭게 찾은 신념을 가지고 옥스퍼드의 엑스터 대학(Exeter College)으로 가서, 다른 학생들을 도와주면서 공부하는 학생이 된다. 1688년에 학사 학위를 받은 그는 6년 후에 캠브리지 대학의 석사가 된다. 그 학위를 하면서 성직자가 된 사무엘은 수잔나(Susanna Annesley)와 6년 정도 교제한 후, 무혈혁명이 성공한 해에 결혼한다.(당시 사무엘은 26세, 수잔나는 19세) 그 후에 그는 부목사로 잠시 있다가, 임신한 아내를 두고 반 년 동안 해군 군목으로 일하며, 1691년에 돌아와서는 링컨셔(Lincolnshire)의 옴스비(South Ormsby)에 있는 목사관에 정착하게 된다.

얼마 안 되는 수입을 보충하기 위해 사무엘은 출판을 시작하고 1695년에 같은 지방의 엡워스(Epworth)로 이사한다. 그곳에서의 거주와 생계의 일부는 사무엘의 충성에 대한 메리 여왕의 보상이었다. 열정적인 그는 그즈음에 다양한 신앙운동에 참여하게 된다. 그는 앤서니(Anthony Horneck)가 지역 기구들을 강화하기 위해 세운 조직, 영국의 평화와 정의와 질서를 세우기 위한 단체들, 선교단체인 복음전파협회(Society for the Propagation of the Gospel) 등에 가담하여 적극적으로 활동한다. 이 조직들은 신자들이 좀 더 경건한 삶을 살도록 촉구하였는데, 이 일을 위하여 그들은 성서와 신앙서적을 많이 읽도록 하고 높은 도덕성을 요구하며 가난을 개선하려고 노력하게 된다.

사무엘은 이 기구들의 활동에 많은 감동을 받아 스스로 작은 지부를 엡워스에 만들었다. 그리고 그 회원들의 의무를 다음과 같이 기술한다. "먼저, 하나님께 기도하고, 둘째로 성서를 읽고 서로간의 유익을 위해 신앙적인 문제들에 대하여 토의하며, 셋째로 이웃의 신앙을 증진시키고 교화하기 위하여 검토한다." 비록 존 웨슬리가 이 조직에 참여했다는 증거는 없지만, 그의 후일의 삶을 살펴볼 때, 그가 그 운동에 친숙하였으며 그 방법을 잘 알고 있었다고 할 수 있다.

1734년에 사무엘은 병 때문에 누워 지낸다. 자신의 종말이 가까운 것을 알고 그는 다른 가족과 함께 아들 존 웨슬리에게 교회를 맡아 목회할 것을 권하지만 그는 단호하게 거절한다. 2,000명 정도의 교인이 있는 교회에서 일하면 옥스퍼드에서보다 다른 이들을 위해 더 크게 일할 수 있을 것이라는 말을 듣고 웨슬리는 "내가 더 많은 사람을 위해 일할 수 있으냐 하는 것이 문제가 아니라 내가 어디서 나 자신을 위해 더 큰 일을 할 수 있느냐가 중요합니다. … 어디서라도 내 자신이 가장 성결할 수 있다면 그곳이 다른 신자들의 성화를 위해 가장 크게 일할 수 있는 곳입니다."라고 대답하였다. 그의 태도가 너무 이기적이라고 평가하는 이들도 있었지만, 그는 엡워스에서 많은 교인과 매일 접촉하며 단조롭게 지내는 것보다는 옥스퍼드에서 진리를 추구하며 핍박에 대항하는 것을 선호한 것이다.

사무엘은 그 다음 해에 소천한다. 죽음의 자리에서 그는 찰스의 머리에 손을 대고, "굳건해라. 기독교 신앙이 이 나라에서 확실히 다시 부흥할 것이다. 나는 그것을 보지 못하겠지만 너는 그 일을 볼 것이다."라고 말하며, 딸 에밀리(Emily)에게는, "내 죽음에 대하여 신경 쓰지 마라. 그러면 하나님이 자신을 우리 가정에 나타내실 것이다."라고 유언한다. 그 후에 즉시 존 웨슬리가 아버지 교회에서 목회할 것에 동의하지만 너무 늦었고, 어머니는 목사관에서 이주하여 자녀들의 집에서 여생을 보낸다.

2. 어머니의 가문

웨슬리의 어머니인 수잔나의 선조와 친척 중에는 영국교회를 떠나서 자기 지역의 지도자로 활동한 이들이 있다. 그녀의 외할아버지 존 화이트(John White)는 열렬한 청교도로서 옥스퍼드에서 공부한 후에 법조인이 되고 1640년에는 국회의원이 되어 종교위원회 의장으로 일하게 된다. 수잔나의 아버지인 사무엘(Samuel Annesley)도 굳건한 청교도로서 옥스퍼드에서 학사, 석사, 법학박사 학위를 받은 후에 런던에서 목회를 하는데, 재능 있는 설교와 자신이 세운 교회당으로 유명하다. 그 후에 그는 성 자일스(St. Giles)의 교구대리로, 그리고 죽을 때까지 자신의 확신을 가지고 '비국교도의 가장'으로 봉사한다.

웨슬리는 외할아버지의 신앙과 신학을 좋게 생각하고 종종 그의 설교를 재사용한다. 사무엘은 성화, 사랑으로 역사하는 믿음, 신자의 삶에서의 성령의 역할을 강조하였는데, 다음 내용이 그것을 잘 보여준다.

> 설교의 다른 내용은 다 잊어버려도 이 말은 기억하라. 즉 '그리스도와 성결, 성결과 그리스도.' 이 두 가지를 모든 방식으로 엮어내고 모든 대화에서 나타내라. … 모든 상황을 개선하는 것은 기독교이며 그것을 할 수 있는 것도 기독교이다. 그것은 신앙이 없는 도덕이 아니며 도덕이 없는 신앙도 아닌데, 그런 것이 바로 위선이다. 그것은 성령이 이루시는 신적인 신앙이어야 한다. 그 신앙이 작용하는 곳에서 하나님과 인간이 협동하는 것이다. 하나님과 사람 모두를 사랑하면서 활동하는 신앙이 거룩한 신앙이며, 거기에 충만한 선행이 나타나는 것이다.

3. 감리교의 어머니: 수잔나 웨슬리

수잔나는 아버지의 두 번째 부인에게서 1669년에 25번째이자 마지막 자녀로 태어난다. 종교적인 문제들을 종종 이야기하는 경건한 가정에서 자란 그녀는 영적인 품성을 갖게 되며, 청교도적 유산을 받아 항상 시간을 정하여 묵상하며 자성하는 모습을 보여준다. 수잔나는 나중에 아들 사무엘에게 "내가 아버지 집에 있을 때, 나는 큐티에 사용한 시간만큼만 오락을 하도록 자신에게 허용했다."고 말한다. 주일을 경건하고 엄격하게 지키도록 노력한 그녀의 삶은 자녀들, 특히 존 웨슬리에게 전수된다. 이와 같이 수잔나가 청교도적 특징을 나타내지만, 그녀는 어린 나이(13세)에 영국교회의 일원이 되기로 결심한다. 그 결정에 대한 상세한 기록이 있었지만 1709년에 있었던 화재로 소실되었다.

당시에는 종교와 정치가 밀접하게 연관되어 있었는데, 그 관계가 극명하게 드러난 일이 벌어진다. 사무엘과 수잔나 사이에 정치, 종교적 의견차이로 문제가 생긴 것이다. 그 당시에 가톨릭 왕인 제임스 3세가 합법적인 군주로 있었는데, 신교의 지원을 받은 윌리엄(William of Orange)과 그의 부인 메리(Mary Stuart)가 무혈혁명으로 왕위를 찬탈한 후의 일이다. 사무엘이 새 왕을 위해 기도하고 '아멘' 하는데 수잔나는 '아멘' 하지 않는다. 화가 난 남편이 따지자 부인은 새 왕에게 복종할 수는 있지만 그를 위해 기도하는 것은 그의 반란의 죄에 참여하는 것이라는 생각을 말한다. 이때 사무엘이, "그렇다면 우리에게 두 왕이 있기 때문에 우리는 나누어져야 하고 침대를 따로 써야 한다."라고 하며, 더 나아가 자신이 아내와 접촉하거나 그녀의 침대에 가면 하나님의 진노가 자신과 후손에게 내릴 것이라고 선언한다.

그 부부는 모두 신념이 강하고 고집스러워 쉽게 양보하지 않는다. 수잔나는 남편에게 자신의 의견을 말할 권리가 있는 것처럼, 자신도 양심의 작은 자유를 누려야 한다고 주장하게 된다. 결국 사무엘은 런던으로 혼자 떠나 버린다. 그녀는 자녀들의 미래를 생각하면서 두려움과 부끄러움을 느꼈지만, 그런 느낌은 자신의 분명한 양심을 지키는 것과 비교하면 아무것도 아니라고 자위한다. 그러면서 그녀는 남편과 행복하게 살기 어렵다고 보고 이혼하는 것이 편하다는 결론에 이른다. 그해 늦여름에 사무엘이 이틀간 집에 돌아와 일을 보고는 영구히 가출하여 떠난다. 그런데 길을 가다 만난 목사가 다시 노력해 보라고 하자 그는 집으로 돌아가 얼버무리며 가족을 돌보게 된다. 그리고 1년이 지나지 않아 존 웨슬리가 출생한다.

수잔나는 열여덟 명 정도의 자녀를 낳았지만 아홉 명만 성인으로 살아남는다. 가정과 교회에 헌신적인 그녀는 자녀들을 엄격하고 경건하게 양육한 것으로 유명한데, 실제로 상세한 규칙과 방식을 세워 시행하였다. 그 방식들 가운데 잘 알려진 것들은 다음과 같다.

* 매일 아침마다 성서와 유명한 신앙서적을 읽고 묵상하도록 한다.
* 아침과 저녁에 주기도문을 말하도록 가르친다.
* 아이가 5세가 되면 읽는 것을 가르친다.
* 매일 한 자녀와 개인적인 대화의 시간을 갖는다.
* 생후 1년이 되면 자녀가 회초리를 두려워하고 조용히 우는 것을 가르치는데, 그렇게 하면 후일의 시행착오와 행동수정을 피할 수 있다.
* 아이가 말할 수 있기 전부터 주일의 중요성을 강조한다.
* 자녀가 어느 정도 튼튼해지면 하루에 세 번씩만 식사를 하며, 중간에 마시고 먹는 것은 허락하지 않는다.
* 옷을 입고 벗는 일을 비롯한 모든 일을 상세하게 교육한다.
* 큰소리로 이야기하거나 떠들며 장난하는 것을 금한다.

이외에도 다양한 자녀교육 규정들이 있다.

* 잘못한 일을 인정하고 고백하며 수정하기로 약속하면 때리지 않는다.
* 어떤 사소한 잘못도 적절한 벌 없이 그냥 지나갈 수 없다.
* 하나의 잘못에 대하여 두 번 벌을 주어서는 안 된다.
* 순종하면 항상 칭찬하고 보상을 한다.
* 잘하지 못하더라도 좋은 의도를 가지고 순종하면, 그 행위와 의도를 친절하게 인정해 주며 더 잘하도록 격려한다.
* 다른 사람의 물건은 사소한 것이라도 소중히 여기도록 한다.
* 여자가 잘 읽을 수 있기 전에는 일하는 법을 가르치지 않는다.

수잔나는 자녀들을 신앙적으로 훌륭하게 교육하려는 강한 의지를 갖고 있다. 그녀는 종교교육의 기초와 경건성에 대한 반복교육을 강조할 뿐 아니라, 어린이가 부모에게 순종하도록 가르치는 일의 중요성을 다음과 같이 주장한다.

> 어린이들의 마음을 선하게 형성하기 위해서 제일 먼저 해야 할 일은 그들의 의지를 정복하는 것이다. … 나는 그 의지를 일찌감치 정복하는 것을 강조하는데, 그 이유는 그것이 종교교육의 유일한 기초이기 때문이다. 이 일이 온전하게 이루어지면 어린이는, 자신의 이해가 성숙할 때까지, 부모의 이성(reason; 도리, 뜻, 사유)에 의해 다스려질 수 있게 된다.

당대의 철학가인 존 로크(John Locke)는 『교육에 대한 생각들』(*Some Thoughts on Education*)이란 책에서, 어린이가 자신의 욕구를 통제하는 것을 배우도록 그 의지를 굴복시키는 일의 중요성을 강조한다. 이런 사상에 영향을 받아 일부 부모들이 자녀들을 엄하게 키우기는 했지만, 수잔나의 양육방식은 예를 찾기 어려울 정도로 엄한 것이다. 그렇다면 그녀는 왜 그런 식으로 자녀들을 교육한 것인가? 거기에는 분명한 이유가 있다.

수잔나의 교육철학 배경에는 원죄에 대한 개념이 있다. 수잔나는 모든 아이가 원죄의 영향 때문에 악하고 반항적인 의지를 갖고 태어난다고 확신하며, 어떤 긍정적인 교육이 이루어지기 전에 반드시 그 의지를 깨뜨려야 한다고 생각하였다. 그녀에게, 그 악한 의지는 모든 죄와 비참함의 뿌리이기에, 신앙생활의 본질은 그 의지를 하나님께 복종시키는 것이다. 그러므로 자녀를 그렇게 양육하는 일은 결국 그의 선을 위한 것이 된다. "자녀의 의지를 꺾으라. 그러면 당신은 그를 파멸시키지 않을 것이다."(Break the will, if you will not damn the child)

현대인의 입장에서, 수잔나의 교육방식은 지나치게 가혹한 것이라고 할 수 있다. 그러나 그런 교육을 받은 웨슬리의 생각은 그렇지 않다. 오히려 그는 그것을 긍정적으로 평가한다. 존 웨슬리는 반복적으로 교만과 아집(self-will)과 세상을 사랑하는 것을 '불경스런 3인조'(the unholy triumvirate)라고 말하고 있으며, 하나님의 은혜로운 뜻보다는 인간의 자율성에 따라 살려는 욕구인 아집의 사악한 성격을 경고한다. 그는 어머니의 훈련과 교훈을 감사하게 회상하며, 그것이 자신의 올바른 판단을 위해 유용하다고 기록하고 있다. 수잔나의 방식이 완벽한 것은 아니지만, 그 결과를 고려할 때, 건설적인 요소를 포함하고 있다고 볼 수 있다.

수잔나는 자녀교육을 위해 중요한 기록을 남겨 놓았다. 남편과 자녀들에게 보낸 편지 외에 자신을 위해 기술한 묵상집과 성서해설이 있으며, 주기도문과 사도신경과 십계명에 관한 주석을 기록했다. 이들 가운데 대부분은 불에 타서 없어졌는데, 남아 있는 것은 찰스(Charles Wallace)가 쓴 『수잔나 웨슬리, 그녀의 선작』(*Susanna Wesley, Her Collected Writings*)을 통해 잘 유지되고 있다.

경제적인 어려움과 남편과의 갈등 가운데서도, 많은 자녀를 훌륭하게 양육한 수잔나는 1742년에 웨슬리의 아파트에서 딸 에밀리와 함께 살고 있었다. 임종이 가까워지자 웨슬리는 기도문을 읽고 진혼곡을 부른다. 그가 찻잔을 가지러 갔다가 돌아올 때에 어머니는 눈을 뜨고 하늘을 향한 채 숨을 거둔다. 수잔나의 마지막 요청은, "애들아, 내가 숨을 멈추자마자 하나님을 찬양하는 노래를 불러다오."인데, 그들은 그렇게 한다. 감리교의 어머니인 수잔나는 73세에 소천하여 런던의 번힐 휠즈(Bunhill Fields)에 묻히게 된다. 수잔나의 묘비석에 새겨진 비문은 찰스가 작성하였다.

> 고뇌의 참된 딸인 그녀(어머니)는 고통과 궁핍에 익숙했고,
> 슬픔과 두려움의 긴 밤, 70년의 율법적인 밤을 한탄했네.
> 그런데 아버지(하나님)께서 그의 아들을, 부서진 빵을 통해서, 계시하셨네.
> 그녀는 자신의 죄가 용서된 것을 알았고 느꼈으며 천국의 증표를 찾았다.

찰스는 어머니의 임종을 지키지 못했다. 그래서 웨슬리가 그 다음날 그에게 편지하여 전한다. 그 글에서 수잔나에 대하여 "나는 절대적으로 확신한다. 내 마음도 그렇고, 하나님도 내가 어머니에 대하여 소홀히 한 것이 있었다고 비난하지 않는다. 한 가지 예외는, 내가 마땅히 했어야 하는 일, 어머니를 충분하고 분명하게 책망하지 못했다는 것이다."라고 썼다. 이 두

아들의 글은 이상하게 들리는데, 그것이 어머니에 대한 비평을 내포하고 있기 때문이다. 이 말은 웨슬리 형제가, 그 어머니가 오랫동안 엄격한 율법적인 삶을 살았고 70세가 되어서야 은혜의 복음을 듣고 용서 받아 구원의 확신을 얻게 된 사실을 고려하여 언급한 것으로 이해할 수 있다. 그런데 흥미롭게도, 1828년에 영국의 감리교가 그 비석을 좀 더 긍정적인 말이 담긴 다른 것으로 교체하게 된다.

III. 어린 시절

웨슬리는 여성적인 분위기 속에서 성장한다. 첫째 형은 학교에 보내지고 다섯 명의 누나들과 지내는 가운데 남동생 하나와 여동생 둘이 더 생긴다. 하녀의 도움을 받고 어머니로부터 교육을 받았는데, 아버지가 자녀들에게 고전어를 가르치고 나머지는 모두 어머니의 몫이었다. 그가 나중에 여성들과 교제하는 일과 여성의 재능과 역할을 인정하는 면에 있어서 어린 시절의 경험이 영향을 준 것은 자연스런 것이다.

많은 자녀와 아버지의 재정적 실패(그 결과로 두 번이나 감옥에 감) 때문에 웨슬리 가족은 어려움을 겪는다. 더 나아가 목사관과 가축들이 종종 공격을 당하게 되는데, 1709년에는 그 집 전체가 화염 속에 사라지는 일이 벌어진다. 웨슬리는 지붕이 무너지기 직전에 간신히 구출되었는데, 이 일을 기억하면서 그는 자신을 "불 속에서 타다 남은 나무"(슥 3:2) 같은 존재로 언급한다. 그는 그것이 하나님의 섭리 안에서 이루어진 구원이라고 확신하는데 어머니도 그에 동조하게 된다. 수잔나가 기록하기를, "나는 하나님이 그렇게 자비롭게 제공(구출)하신 이 자녀의 영혼을, 전에 내가 했던 것보다 특별히 더 조심하려고 한다. 나는 그의 마음에 하나님의 참된 종교와 덕의 원리들을 주입시키려고 노력할 것이다."

그 시대의 다른 어린이들과 같이 웨슬리도 5세부터 킹스우드(Kingswood) 학교에서 교육을 받는다. 학교시간은 오전 9시부터 오후 5시까지인데, 중간에 두 시간의 점심시간이 주어진다. 첫날에 알파벳을 배우는데 배우는 속도에 차이가 많았으며, 교육은 진지했고 완전한 것을 추구했다. 기본적인 것을 배운 웨슬리는 아버지의 후견인이었던 버킹엄(Buckingham) 공작의 추천을 받아 런던의 유명한 공립학교인 차터하우스 학교(Charterhouse School)에 들어간다.(1714) 거기서 그는 교장의 사랑을 받으며 가정에서보다 편안한 시간을 보낸다.

나중에 그가 회상한 글에 의하면, 그 학교에 있을 때 그는 가정에서 지켜야 했던 외적 제약들이 사라져 게으른 생활을 하게 된다. 그런 삶이 다른 사람들의 입장에서는 문제가 되지 않을 일이지만, 웨슬리는 계속해서 죄책감을 느낀다. 모범생이라고 할 수도 있었지만 그는 그 시기를 '은혜에서 타락한'(a fall from grace) 때라고 자평하고 있다. 그러나 그는 늘 하던 대로 아침과 저녁에 성서를 읽고 기도하는 모습을 간직하고 있었다. 그리고 그는 자신이 다른 사람보다 그렇게 나쁘지 않은 생활을 함으로, 종교에 대한 긍정적인 태도를 가짐으로, 성서를 읽고 기도하며 교회에 가는 일을 함으로 구원받기를 소망했다. 이 기록이 당시 자신의 신앙적 상황을 정확하게 묘사하고 있다고 보기는 어렵지만, 적어도 그 학교에 있으면서 양심의 갈등을 감지하고 자신이 완전한 신자의 삶을 살지 못한다고 인식하고 있었다는 것은 사실인 것처럼 보인다.

그 학교의 남자 학생들의 교복은 검은 색 상의에 무릎까지 내려오는 바지와 모자로 구성된다. 그들은 아침 5시에 기상하고 8시에 식사를 하는데, 빵과 치즈와 (차나 커피보다 아주 저렴한) 맥주를 먹는다. 저녁도 같은 음식을 먹었지만 점심은 좀 더 푸짐했다. 웨슬리는 아버지와 약속한 대로 학교의 정원 주위를 세 바퀴씩 뛰며 운동을 하고 밤에는 한 침대에 두 명씩 누워 잠을 잔다. 후일에 그는, 이미 옥스퍼드를 졸업하고 결혼하여 웨스트민스터(Westminster)에서 수위로 일하던 형 사무엘의 집에서 머무르게 된다.

웨슬리가 학교에 있는 동안 고향의 목사관에서는 유령소동이 일어난다.

1716년 12월, 처음에 두 딸이 밤에 문 두드리는 이상한 소리를 듣고 사무엘의 하인도 누군가 자기 방으로 걸어오는 소리를 듣는다. 이어서 그 목사를 제외한 식구들이 신음소리, 유리 깨지는 소리, 문이 세차게 닫히는 소리, 방앗간 돌아가는 소리를 듣게 된다. 수잔나는 영계에서 온 방문객이 있다는 확신을 가지고 남편에게 그 일을 이야기한다. 그러나 다른 생각을 가진 사무엘은 아내를 책망하면서, "수키(Sukey), 나는 당신이 부끄럽소. 애들이 공포에 질리도록 서로 놀라게 하고 있는데, 당신은 지혜가 있으니 그 정도는 이해해야 하지 않소. 더 이상 그런 말을 하지 마시오."라고 말하였다.

그 후에 더욱 이상한 일들이 나타나고 결국에는 사무엘도 그런 소리를 듣게 된다. 그 하인이 이상한 존재를 두 번이나 보았고 그 집의 큰 사냥개는 그것을 보고 처음에는 크게 짖었지만 나중에는 두려워 신음소리를 낸다. 급기야는 이웃 사람들까지 그 괴이한 현상을 목격한다. 사람들은 그 집에서 죽은 제프리(Jeffery)의 혼령이 출몰한다고 생각하였고, 그 일은 아들 사무엘을 통해 웨슬리에게도 알려진다. 그들이 그 현상에 대하여 큰 관심을 나타내자 어머니는 초대받지 않은 그 손님에 대한 과도한 호기심을 의아하게 받아들이며, 자신은 그런 이야기를 듣고 말하는 것에 싫증난다고 한다. 그 일 때문에 아버지의 경건생활이 방해를 받았지만, 두 달 정도 계속해서 출현한 유령은 갑자기 사라진다.

당시의 지식인들은 그런 일을 조롱하며 쉽게 용납하지 않았지만, 웨슬리는 유령, 귀신, 마법, 마귀의 존재를 신봉했다. 후에 그가 설교하면서 그런 초자연적인 현상을 환영하는 듯 말하게 되자 그의 동료들이 당황하게 된다. 웨슬리는 아버지의 집에 나타난 존재에 대해서, 어머니를 회피하겠다고 어리석게 맹세한 아버지를 벌하기 위해 보내진 혼령이라고 하며 그 일이 마귀적인 것이라고 생각한다.

16세에 차터하우스 학교를 마친 웨슬리는 런던을 떠나 옥스퍼드로 향한다. 그는 논리적 생각에 익숙한 학생이었지만 어떤 초자연적인 하나님의 섭리에 대한 기대를 가지고 새로운 삶을 향하는 것이다. 그런데 지성과 열정에 고상한 경건성과 도덕성을 겸비한 웨슬리는 자신이 그 높은 기준에 미치지 못하고 있다는 느낌을 피할 수 없었다. 그러나 그가 대학에서 높은 수준의 학문을 할 준비가 되어 있다는 것은 의심의 여지가 없었다.

선조들과 같이, 아버지는 그 아들이 최고의 학교 옥스퍼드에서 공부하기를 원한다. 그래서 웨슬리를 위해 추천서를 잘 써줄 것이라고 기대하면서 사츠버렐(Sacheverell) 박사와의 만남을 주선한다. 그런데 예상과 다르게 그는 웨슬리의 볼품없는 체구를 바라보더니 다음과 같이 말하였다. "너는 그 대학에 들어가기에는 너무 어리다. 너는 헬라어와 라틴어를 알지 못하니 다시 그 학교로 돌아가거라." 이런 경솔한 말을 듣고 그 아들은 다윗이 골리앗을 본 것처럼 박사를 바라보며 속으로 그를 경멸했다. 그리고 '내가 헬라어와 라틴어를 당신보다 잘 모른다면, 참으로 나는 그 학교로 돌아가야 할 것이다.'라고 생각했다. 그 박사의 좋지 않은 평가에도 불구하고 웨슬리는 1720년 7월에 옥스퍼드에서도 가장 유명한 크라이스트 처치(Christ Church)에 입학하게 된다.

Ⅳ. 옥스퍼드 시절

11세기 말에 설립된 옥스퍼드 대학은 영어권에서 제일 오래된 대학이며 지구상에 남아 있는 대학 가운데 두 번째로 긴 역사를 갖고 있다. 현재 이 학교는 38개의 대학(college)과 6개의 사립교사(private hall: 영국의 여러 기독교 교단들이 설립하고 운영하는 학교)로 구성되어 있다. 웨슬리가 공부할 당시 그 대학의 분위기는 아주 보수적이어서, 학교의 존재이유(raison d'etre)가 정통(orthodox)의 전통과 학문을 유지하고 후세대에 전달하는 것이다. 커리큘럼은 중세의 것과 유사하게 논리학, 수사학, 윤리학, 정치학에 집중되어 있으며, 이런 과목들을 위해 로크의 철학과 뉴턴의 과학을 다루지만, 주로 고대 학자들의 글을 선택하였다.

대학의 여러 가지 제도는 시대에 뒤처진 것이어서 개선이 필요했고, 강의나 시험은 형식에 치우친 경향이 강하였다. 그러다 보니 학생들은 진지하고 깊게 공부하지 않아도 졸업할 수 있다는 생각을 하게 된다. 웨슬리 자신도 나중에 그 시절을 회상하면서, 당시 그 대학의 제도와 강의가 상식에 대한 모욕이며 유익한 학문에 대한 나태하고 무용한 방해라고 기술한다. 이런 학문적 풍토에서 그들은 정의를 부르짖고 진리를 탐구하기보다는 게으르고 방탕한 모습을 보여준다. 학문에 전념하는 것이 아니라 여우사냥 같은 오락에 심취하여 부랑아로 지내는 학생들도 생겼다. 그런데 웨슬리는 대학의 개인지도(tutorial system) 제도를 잘 활용하고 자신의 게으름을 탓하면서, 열심히 공부하여 좋은 성적을 얻게 된다.

웨슬리는 진지하게 수학하면서 한편으로 젊은 대학생의 특권을 누리며 지낸다. 그는 날카롭고 기지가 넘치는 대화와 편안하게 해주는 태도를 통해서 몇몇 친구들을 사귀게 된다. 기분을 전환하는 일에 있어서도 뛰어난 감각을 가지고 있는 그는 커피집에 자주 들러 서양주사위, 장기, 당구, 카드놀이를 하기도 한다. 운동으로는 테니스나 배타기도 즐겨했고 더 여유가 있을 때는 연극을 관람하기도 한다. 이 시기에 웨슬리는 어린 시절처럼 엄격하게 살지 않았으며 모든 시간을 복음과 하나님을 위해 사용하지도 않는다. 그런 삶은 조금 후의 일이다.

대학생으로서 웨슬리는 처음 3년간은 한 해에 40파운드를 받았고 마지막 해에는 100파운드를 얻는다. 그 정도의 돈은 대학생활을 하기에 너무 적은 것이다. 부모님이 때때로 돈을 보내주었지만 결핍을 면하기 어려워, 그는 자주 빚을 지게 된다. 이 사실을 알고 있는 수잔나는 아들에게 위로와 확신의 말을 전한다. "실망하지 말아라. 네 의무를 잘 감당하고 열심히 공부하거라. 그리고 더 좋은 날에 대한 희망을 가져라. 우리가 올해가 가기 전에 약간이나마 모아서 전해줄 수 있으면 좋겠구나." 어린 시절 가정에서 익힌 절약정신은, 당시의 경제적 상황과 맞물려, 그의 삶의 철학이 된다. 나중에 좀 더 많은 수입을 갖게 되었을 때도, 그는 여전히 근검하고 자신을 위해서 최소한의 비용을 쓰고 나머지는 기부하는 모습을 보여주고 있다.

웨슬리는 1724년에 학부를 졸업하고 석사학위를 위해 크라이스트 처치에 머물게 된다. 이때부터 그는 신앙에 대하여 더욱 심각하게 생각하고 성직에 종사할 것을 고려하게 된다. 이 영적 각성의 시기를 보내면서 그는 1726년에 옥스퍼드의 연구원(fellow), 링컨 대학(Lincoln College)의 연구원이 된다. 그 명예로운 직위는 그의 성품과 학문적 능력을 인정받은 결과요 그 아버지의 노력의 산물이다. 연구원이 되면서 그는 재정적인 안정을 얻게 되었으며, 학생들에게 논리와 철학과 헬라어를 가르치며 목회 돌봄(pastoral care)을 제공한다. 그러나 그것이 파트타임 일이었기 때문에 웨슬리는 나머지 시간에는 집에 가서 욥기 주석을 쓰고 있던 아버지를 돕는다.

근면하고 학구적인 웨슬리는 1727년 2월에 문학 석사학위를 받으면서 세 번의 강의를 하게 된다. "동물들의 영혼에 대하여", "줄리어스 시저에 대하여", 그리고 "하나님의 사랑에 대하여." 청중들은 그 강의를 좋게 받아들였고 웨슬리의 평판은 상승하게 된다. 그러나 불행하게도 그 강의록은 모두 사라져 남아 있지 않다.

그 즈음에 웨슬리는 두 여자, 샐리 커크햄(Sally Kirkham)과 키티 하그리브스(Kitty Hargreaves)와 교제하면서 결혼을 생각하지만 그렇게 되지 않는다. 웨슬리 가문에 남녀의 사랑과 결혼의 행복은 어울리지 않는 것 같다. 1725년부터 그 가정의 딸들에게 가슴 아픈 일들이 벌어진다. 첫째 딸인 에밀리는 결혼할 남자가 있었으나 형 사무엘과 어머니의 반대로 성사되지 못하였고, 비참한 교사생활을 하다가 집으로 돌아와 어머니 곁에 머물다가, 1735년에 아버지가 소천한 후에 웨슬리의 주례로 가난한 약제상과 혼인한다. 둘째 딸 수잔나는 부유한 농부와 결혼하여 서너 명의 아이를 낳았지만 남편과 자녀들을 떠나 친정집으로 돌아온다. 넷째 헤티(Hetty)는 가장 명랑하고 지적이며 유머 감각이 있는 딸인데, 항상 부모의 걱정거리였다. 그녀는 자신이 원하는 남자와 결혼할 수 없게 되자 임신한 상태에서 가출하게 되고 아버지와는 의절한다. 태어난 아기는 첫 해를 넘기지 못하고 죽었으며 원치 않는 결혼을 한 그 딸은 불행하게 살게 된다. 그러나 다섯째 딸 앤(Anne)은 예외적으로 행복한 결혼생활을 한다. 웨슬리의 동생인 마르다(Martha)는 신성클럽에서 촉망받던 웨슬리 홀(Westley Hall)과 결혼하게 된다. 그는 유능한 설교자가 되리라고 기대되었지만 유혹에 넘어가 일부다처제와 이신론을 신봉하게 되고, 급기야는 10명의 자녀를 낳은 아내를 버리고 다른 여인과 함께 캐리비안(Caribbean)으로 간다.

딸들의 이런 불행이 웨슬리 가정의 불화로 이어지는 사건이 1726년 여름에 일어난다. 누나 헤티를 동정하던 웨슬리가 아버지와 갈등을 일으킨 것이다. 그가 누나를 변호하려는 의도는 정당하였지만 그 방식에 문제가 있었다. 당시에 그 가족들은 정숙하지 못한 그 딸을 회피하고 있었는데, 웨슬리는 그 정도면 되었다 - 누나가 충분히 벌을 받았다. - 고 생각한다. 그가 아버지의 교회에서 자비에 대하여 설교하게 되는데, 마지막 부분에서, 아버지가 헤티를 대하는 것은 배운 성도가 하지 말아야 할 것을 보여주는 아주 좋은 예라고 말한다. 아버지는 물론 분개하였고 다른 가족들은 충격을 받았다. 그런데 아들이 사과하자 그들은 눈물을 흘리고 서로 화해하게 된다. 그러나 그 다음 주에 웨슬리가 성급한 판단이라는 제목의 설교를 하면서 똑같은 말을 하자 몇 달 동안 집안에 화평이 사라진다.

V. 성직과 성화의 길

크라이스트 처치에서의 대학생활이 끝나갈 즈음에 웨슬리는 자신의 진로에 대하여 생각한다. 당시 영국에서 재산이 없지만 대학을 졸업한 젊은이들은 선택의 폭이 적어 대개 성직이나 교직의 길을 가곤 했다. 그런데 교사들이 대부분 성직자였기 때문에 성직자로 안수 받는 경우가 많았다. 오늘날과 다르게, 그 당시의 안수 조건은 많지 않았고 특별한 소명감도 요구되지 않았다. 웨슬리는 성직에 종사하는 것을 진지하게 생각하였고 때로는 그것에 대하여 의심하기도 한다. 아버지가 아들의 안수 받는 일에 대해 많은 관심을 보였지만 먼저 그리고 결정적으로 영향을 미친 사람은 어머니이다.

1724년 웨슬리가 21세일 때 이미 수잔나는, 아들이 목사가 되어 아버지의 뒤를 이어주기를 바라는 뜻을 전한다. 그렇게 되면 아들을 더 자주 볼 수 있고 더 잘 도와줄 것이라는 어머니의 마음과 함께, 그리고 좀 더 구체적인 제안을 하는데, 1725년 부활절 전에 안수를 받고 돌아와 아버지 교회의 부목사로 일하면서 실제적인 경험을 했으면 하는 것이다. 더 나아가 경건한 어머니는 그가 훌륭한 목사가 되기를 바라는 동기에서 안수를 위해 아들이 철저하게 준비할 것을 주문한다. 그녀는 아들이 자신을 잘 점검하여 "예수 그리스도에 의한 구원에 대하여 분별 있는 희망을 갖고 있는지, 즉 신앙과 회개의 상태에 있는지, 그리고 다른 무엇보다도 성직자에게 필요한 소명의식과 하나님에 의한 선택에 대하여 확실히 할" 것을 요청한다.

성직에 대한 아내와 아들의 생각을 알게 된 아버지는 즉시 반대하며, "나는 네가 성급하게 안수 받는 일에 찬성하지 않는다. 내가 찬성하게 될 때 내 뜻을 알게 될 것이다."라고 주장한다. 그리고 그는 아들에게 목회에 대한 적절한 동기에 관하여 심각하게 생각하라고 하며, 그것 가운데 중요한 세 가지를 언급한다. "하나님의 영광, 자기 교회를 위한 봉사, 이웃 사람들의 교화와 구원." 수잔나는 자신의 의견과 다른 이야기를 하는 남편에 대한 불만을 아들에게 보낸 편지에서 드러내고 있다. "우리 가정에 거의 특징적인 것은 불행이다. 네 아버지와 나는 같은 생각을 하는 때가 거의 없다." ('Tis an unhappiness almost peculiar to our family, that your father and I seldom think alike)

웨슬리가 진로에 대하여 숙고하는 가운데, 누구인지 확인하기 어려운, 신앙심이 깊은 친구를 만나게 된다. 그는(그녀는) 웨슬리가 종교의 본질인 내적 성결의 중요성을 인식하는 데 도움을 준다. 당시에 그는 공적과 선행을 강조하는 가톨릭의 구원론과 신교의 신앙제일주의(solafidianism)의 양

극단 사이에서 혼란을 느끼고 있었다. 이때 그 친구가 그 혼란을 정리하는 데 긍정적인 역할을 하게 된다. 그러나 더 큰 도움은 그가 만난 적이 없는 토마스 아 켐피스의 『그리스도를 본받아』(Thomas a Kempis' *The Imitation of Christ*)와 제레미 테일러의 『성스런 삶과 성스런 죽음을 위한 규칙과 훈련』(Jeremy Taylor's *Rules and Exercises of Holy Living and Holy Dying*)의 두 저자로부터 온다. 이제 아버지 사무엘도 마음을 바꾸어 아들이 성직에 입문하는 일을 돕게 된다. 그리하여 좀 늦었지만 1725년 9월에 포터(Potter) 감독의 주례로 그는 초급 성직자(deacon)로, 그리고 3년 후에는 사제(priest)로 안수를 받는다.

웨슬리가 성직자가 되기 전, 상기한 두 책보다 먼저 읽은 중요한 책이 있는데, 그것은 세인(Cheyne) 박사가 쓴 『건강과 장수』(*Health and Long Life*)이다. 저자는 그 책에서, 현대인도 공감할 수 있는 장수를 위한 섭생법을 처방하고 있다. 적당한 수면과 운동 그리고 음식과 음료 섭취에 있어서의 엄격한 절제를 강조한 것이다. 그 책은 웨슬리에게 큰 감명을 주었으며, 그가 금욕적인 영성을 개발하고 자신을 훈련하며 단순하게 사는 삶의 중요성을 인식하는 데 큰 도움을 주었다. 그런데 웨슬리의 성화의 개념과 실현에 좀 더 직접적으로 영향을 준 것은 앞에서 언급한 토마스 아 켐피스와 제레미 테일러의 책이다.

독일 켐펜(Kempen) 출신의 토마스 아 켐피스는 게르하르트 그루트(Gerhard Groote)가 설립한 "공동생활 형제들"(Brethren of Common Life)이 운영하는 학교에서 수학한다. 그들은 영혼의 내적인 삶과 그리스도를 모방해야 할 당위성을 가장 중요하게 여기는데, 아 켐피스의 가르침 또한 그들의 것과 유사하다. 웨슬리는 그의 책을 읽으면서 큰 감동을 받았지만, 이 세상의 모든 오락과 쾌락을 피해야 할 악으로 규정하는 그의 주장에는 공감하지 않는다. 그 이유는 하나님이 이 세상을 창조하셨다는 사실과 그 책을 문자 그대로 받아들이기에는 내용이 너무 어둡다는 것이다. 1725년 5-6월에 수잔나에게 보낸 글에서, 웨슬리는 그 영적인 고전의 일부 내용,

특히 이 세상에서 신자는 항상 비참해야 한다는 내용이 너무 가혹하다고 서술하고 있다.

어머니는 자상하게 답변하는데, 자신은 아 켐피스가 "성서의 분명하고도 직접적인 메시지와 반대로, 모든 환희와 쾌락을 죄이며 무가치한 것이라고 비난함으로 지식보다는 열정을 가진, 정직하지만 약한 분"으로 생각한다고 전한다. 한편으로, 그녀는 아들이 영적인 균형감을 갖도록 돕기 위해서, 훈련의 중요성과 신중한 규칙의 필요성을 강조하고 있다. 그 답장 가운데 나타난 죄에 대한 설명은 여성 특유의 감수성과 영성을 보여 준다.

> 이 규칙을 취하거라. 네 이성을 약화시키는 것은 무엇이든지, 네 양심의 민감성을 해치며 하나님에 대한 네 인식을 모호하게 하거나 영적인 일에 대한 네 흥미를 앗아가는 것은 무엇이든지, 간단히 말해서 네 마음보다 육체의 힘과 권위를 증진시키는 것이 무엇이든지, 그것 자체가 얼마나 순수하든지 간에, 그런 일이 너에게는 죄이다.

사무엘도 이와 유사한 편지를 아들에게 보냈는데, 거기서 그는 아 켐피스의 불균형에 대한 우려를 표명하고 첨가하여 다음과 같이 말하였다. "금욕이나 고행은 아직도 신자의 필수적인 의무이다. 이 세상은 감미로운 유혹이며 저항할 수 없는 매력이다. 그러므로 우리는 그것을 잘 관리(주의)해야 한다."(Mortification is still an indispensable Christian duty. The world's a siren, and we must have a care of her)

이런 사실에도 불구하고, 분명한 것은 웨슬리가 그 책을 통해서 살아있는 종교와 신앙이 마음의 변화에서 시작된다는 것, 하나님의 은혜에 의해 성도가 하나님과 이웃을 사랑하는 것을 표출해야 한다는 것을 깊이 인식하였다는 사실이다. 그가 1766년에 발간한 『그리스도인의 완전에 대한 분명한 해설』(*A Plain Account of Christian Perfection*)을 보면 아 켐피스가 그에게 준 감동이 그대로 느껴진다.

1726년에 나는 아 켐피스의 "크리스천의 모범"("그리스도를 본받아"를 잘못 기억하여 씀)을 만났다. 내적 종교의 성격과 범위, 마음의 종교가 지금 나에게는 그 전보다 더욱 강한 빛인 것 같다. 나는 내 삶 전체를 하나님께 드리는 것조차도(더 이상 가지 않고 이렇게 하는 것이 가능하다고 가정하면서) 내가 나의 마음, 그래, 나의 온 마음을 그에게 드리지 않는다면, 나에게 아무 도움이 안 된다는 것을 알았다. 의도의 단순성, 감정의 순수성, 우리의 모든 말과 행위 배후의 하나의 동기, 그리고 우리의 모든 성질을 다스리는 하나의 의향은 참으로 영혼의 날개이다. 그것 없이 우리는 결코 하나님의 산까지 오를 수 없다.

같은 시기에 웨슬리는 제레미가 쓴 『거룩한 삶과 거룩한 죽음을 위한 규칙과 훈련』(1650-1651)을 보게 된다. 영국교회 사제인 제레미는 크롬웰의 섭정시대에 작가로서 유명해졌으며, 찰스 1세 왕의 목사가 되었다가 정치적인 문제로 어려움을 당하지만, 나중에 회복되어 아일랜드 지방의 감독과 트리니티 대학(Dublin)의 부학장을 지낸다. 군주제가 붕괴된 후에 그는 골든 그로브(Golden Grove) 지역에 교회를 만들고 거기서 상기한 책을 집필한다. 그 책은 17세기 영국교회의 영성이라고 할 수 있는 단순성, 진지함, 실용성을 나타내고 있다.

이 책을 읽으면서 웨슬리는 다시 한 번 동기의 순수성과 하나님을 향한 완전한 헌신의 중요성을 절감한다. "나는 의도의 순수함을 다룬 부분에 특히 감명을 받았다. 즉시 나는 내 모든 삶, 나의 모든 생각과 말과 행위를 하나님께 드리기로 결단했다. 중간이란 없다. 내 삶의 전체를 하나님께 드리든지 아니면 자신에게, 즉 사실상 마귀에게 드려야만 한다." 제레미의 책에는 시간의 사용에 관한 23개의 규칙이 있는데, 거기서 웨슬리가 거룩한 삶의 첫째 규칙으로 채택한 것은 시간의 정확하고 빈틈없는 사용이다. 또 한 가지 그가 배운 중요한 것은 성화의 과정에 있는 자신의 삶을 기록하고 평가하는 일기를 쓰는 일이다. 실제로 그는 1735년 10월부터 1790년 10월까지 매일 자신의 저널(Journal)을 기록하여 남겼다.

물론 웨슬리는 제레미의 모든 사상을 무비판적으로, 긍정적으로 용납하지는 않는다. 그는 그 책의 많은 내용이 비현실적이며 구원에 대한 성도의 확신을 해치는 것이라고 평한다. 특히 그는 제레미의 겸손에 대한 개념에 반발하게 되는데, 그가 책에서 "참된 참회자는 평생 동안 용서를 구하는 기도를 해야 하며 죽을 때까지 그 일이 완성된다고 결코 생각해서는 안 된다."고 했기 때문이다. 웨슬리는 신자가 구원의 확신을 가질 수 없다면 매 순간을 기쁨이 아니라 두려움과 떨림 가운데 보내야 하는데, 하나님은 그런 상태에서도 우리를 구원한다고 주장한다.

1727년 8월에 웨슬리는 옥스퍼드에서의 편안한 삶을 뒤로 하고 엡워스로 돌아와 부목사가 되어 아버지를 돕게 된다. 1-2년이 지나서 그가 계속 신앙서적을 읽는 가운데 윌리엄 로(William Law)의 저서인, 『그리스도인의 완전』(*Christian Perfection*)과 『경건하고 거룩한 삶에의 진지한 부름』(*A Serious Call to a Devout and Holy Life*)을 접한다. 윌리엄은 캠브리지 대학에서 수학하고 그곳에서 연구원 생활(1711년, 안수 받은 해)을 하다가 나중에 에드워드 기번(Edward Gibbon, 『로마제국 멸망의 역사』를 쓴 에드워드 기번의 아버지. 할아버지와 아버지와 아들의 이름이 모두 같음)의 개인교사가 된다. 웨슬리는 그 책들을 읽으면서, 전보다 더욱 '반쪽 신자'의 완전한 불가능성을 확신하고 자신의 전 존재를, 그의 은총으로 하나님께 드리기로 결심한다. 그리고는 후에 질문하기를, "어떤 사려 깊은 신자가 이런 주장은 너무 지나친 것이라고 할 것인가? 아니면 우리를 위해 자신을 내어주신 하나님께 우리 자신, 우리가 가진 모든 것보다 덜한 어떤 것을 드리는 것이 합당한 것인가?"

그뿐 아니라, 웨슬리는 그 책을 통해서 도덕법의 깊이를 인식하고는 하나님께 도움을 청하며 그에게 순종하는 일을 연기하지 않겠다고 결단한다. 그는 점점 더 어려운 것을 결심하고 실행하게 되는데, 그 결과로 심지어는 "하나님의 모든 법을, 나의 모든 힘을 다하여 계속 지키려는 노력 때문에 나는 하나님이 나를 용납하셔야 한다. 나는 구원의 상태에 있다고 믿게 된다."라고 한다. 이런 신앙은 웨슬리의 생애에 갈등과 불편함의 원인이 되고 있다. 구원이 '하나님의 은혜인가, 인간의 행위인가' 하는 문제가 제기되는데, 그의 주장은 신의 법에 대한 순종을 용납의 근거로 삼는 것이요, 성화를 칭의의 원인으로 인정하는 것이기 때문이다. 윌리엄은 단순한 놀이나 오락도 시간 낭비라고 규정하면서 겸손과 금욕을 강조하는데, 이런 면은 웨슬리가 이미 시행하고 있는 생활의 규칙을 강화시키는 역할을 한다.

이상에서 언급한 세 명의 사상을 통해서 웨슬리는 성화의 개념과 방법을 더욱 구체화하고 분명하게 한다. 그러나 그에게서 가장 중요한 책은 물론 성서이다. "그리스도인의 완전에 대한 분명한 해설"에서 그는 자신이 1729년부터 성서를 읽고 연구하기 시작했다고 밝힌다. 그에게 성서는 "진리의 유일하고 하나뿐인 기준이며 순수한 종교의 유일한 모델"이다. 그는 성서를 통해서 그리스도의 마음을 갖고 그와 같이 사는 일의 불가피한 필요성을 더욱 분명하게 알게 된다. 그리고 참된 종교는 주님과 내적, 외적으로 완전히 일치시키는 것이라고 결론을 내린다. 결국 웨슬리는 자신을 "한 책(성서)의 사람"(a man of one book; *homo unius libri*)이라고 칭하고 있다. "하나님의 포도원에 대하여"란 설교에서 그는, "처음부터, 네 명의 청년이 함께 모였을 때부터 우리 모두는 한 책의 사람이었다. 우리는 판단을 위한 하나의 유일한 책을 가졌다. 우리는 모두 하나같이 성서 신자들(Bible-Christians)이 되기로 결심했다."고 말한다.

이렇게 하여 웨슬리는 성직을 시작하고 성화의 과정에 진입하게 된다. 그는 평생을 사는 동안 실패를 하고 갈등을 느끼며 신념의 변화를 경험하였는데, 그가 신자요 성직자로서 목표를 세우고 그 영적인 성화의 여정을 시작한 것이 그 무렵이다.

VI. 신성클럽(The Holy Club)

1727년에 동생 찰스는 웨슬리가 다니던 대학에 들어간다. 찰스는 나중에 대학 시절을 회고하면서, 입학 때부터 자신은 가정에서의 모든 규칙을 내버리고 사탄의 품에서 잠자고 있었다고 말한다. 그는 몰리(Molly)라는 여배우와 교제하면서 형식적인 신앙생활을 하게 된다. 그래서 웨슬리가 문제를 제기했을 때, "형은 내가 하루아침에 성자가 되리라고 기대하는 것은 아니지?"라고 응답한다. 1년 정도 지나서, 어머니의 기도 덕분에 좀 더 신앙적인 모습을 갖게 되었고, 자신의 신앙에 따라 살아 보려는 시도가 있었지만 처음부터 성공적인 것은 아니었다. 그는 그 원인을 대학의 분위기에서 찾으려고 하였는데, 크라이스트 처치는 "지구상에서 개혁을 시작하기에 최악의 장소"라고 본다.

그러는 동안에 찰스는 웨슬리의 애인이었던 샐리(Sally)의 형제인 밥 커크햄(Bob Kirkham), 이웃에 살던 윌리엄 모간(William Morgan)과 마음이 맞아 종종 만나서 서로를 격려하게 되었는데, 이들의 만남이 곧 신성클럽의 시작이다. 학생들 사이에서 이 세 명의 군자들이 인기를 얻은 것은 아니다. 광신자들에 의해 군주제가 무너진 지 한 세기도 지나지 않았지만, 사람들은 대개 그런 광적인 종교에 비판적이었다. 이런 상황에서 그 세 명의 주간 모임도 조롱과 핍박을 받는다. 그런데 대학 당국은 찰스의 운동에 부분적으로 동정하는 마음을 갖는데, 그것은 많은 학생의 종교, 도덕적 방종이 현저하게 나타나고 있기 때문이며, 그들 가운데 새로운 이단적 사상인 아리우스주의(Arianism)와 이신론(Deism)을 신봉하는 이들이 증가하게 된 것이다. 이에 당국은 학생들에 대한 좀 더 강화된 감독의 필요성을 느낀다.

웨슬리는 1729년에 대학에 와서 강의를 하고 학생을 지도해 달라는 부름을 받고 링컨 대학으로 돌아와 11명의 학생들을 감독하며 근처의 교구에서 사역하게 된다. 그가 할 일은 학생들을 학문적, 도덕적으로 지도하는 것인데, 웨슬리는 그 기회에 그들에게 자신의 생활방식을 부과하려고 한다. 그와 함께 그는 자신에 대해서도 더 엄격하게 하기 위해서, 매일의 행위와 그 동기가 하나님의 영광을 위한 것인지를 검토하기 위한 자신만의 교리문답서를 작성한다. 그러면서 동생이 시작한 신성클럽에 가입하여 지도적인 위치에 서게 된다.

클럽 회원들은 일주일에 서너 번씩 만나 함께 성서를 보고 기도하며 식사하고, 또한 자신의 영적인 상태를 점검하는 시간을 갖는다. 그때에 모간이 옥스퍼드 감옥에 있던 한 살인자를 만나게 되는데, 그는 그곳의 환경에 충격을 받는다. 그의 주도로 웨슬리 형제들이 외로운 죄수들을 방문하며 그들의 이야기를 들어주고 복음을 전하는데, 웨슬리는 아버지의 충고에 따라 옥스퍼드 교구의 감독에게 허락을 받아 그 일을 계속한다. 얼마 후에 모간은 병든 여인의 집을 방문하고 다른 회원들과 함께 병원과 환자 사역을 시작하고, 그들은 자신의 용돈을 조금씩 모아 병들고 가난한 이들에게 나누어 주며, 고아들에게 글을 가르치면서, 그들은 자주 성찬식을 하고 수요일과 금요일에는 오후 3시까지 금식하는 것을 규칙으로 삼는다. 감리교의 전통 중의 하나인 소외되고 가난한 자들을 섬기는 일이 이렇게 시작되었고, 감옥을 개혁하고 노예제도를 폐지하는 일에 앞장 선 것도 그들이다.

신성클럽의 활동이 알려지면서 거기에 가입하여 같이 활동하려는 학생들이 생기게 되었고, 스스로 나서지는 못하지만 그 뜻에 동조하여 재정적 후원을 하는 사람들도 나타나게 된다. 그러나 그들의 삶을 긍정적으로 이해하는 이들보다는 조롱하고 핍박하는 자들이 더 많이 등장한다. 그들의 생활방식을 아는 학생들은 그들을 "메서디스트"(the Methodists: 어떤 정해진 규칙, 방식, 제도에 따라 행동하는 사람들)라고 부르며 조롱하였고 그 클럽을 성자들의 클럽, 거룩한 무리들, 성서벌레들(the Saints Club, the Holy Company, the Biblemoths) 등으로 부른다. 일부 과격한 이들은 그 클럽을 해체시키려는 움직임을 보이기까지 한다. 이런 심한 반발에 대하여 웨슬리는 자신들이 하는 일의 정당성을 드러내는 글을 써서 신성클럽을 변호하게 된다.

신성클럽에 참여하는 웨슬리에 대한 완곡한 우려는 형제들 사이에서도 드러나고 있다. 1731년에 그가 사무엘과 토론하는데, 형은 동생이 성화를 추구하는 것은 칭찬받을 일이지만 건강을 해칠 정도로 몰두하는 것은 조심해야 한다고 충고한다. 그는 동생이 일찍 일어나 동료들과 함께 활동하는 것은 좋게 생각하였지만, 다른 이들이 그에 대하여 독단적이고 별나며 지나치게 방법을 따른다고 혹평하는 것을 듣고 싶지 않다고 말한다. 형이 동생의 엄격한 생활을 모델로 간주하는 것에 대해 걱정을 표하자 웨슬리는 기분이 상한다. 그러나 형의 지혜롭고 자상한 격려의 말은 그의 마음을 따스하게 했고 그가 나중에서야 그 뜻을 이해하게 된다. “너의 삶은 세상에 도움이 되고 중요한 것이다. … 너의 영혼은 네 몸에는 너무 위대하다.” (your soul is too great for your body)

형 사무엘의 우려가 현실로 나타난 일이 벌어진다. 1732년에 초기 회원이었던 모간이 몇 달 동안 심한 병에 걸려 고생하고 정신을 잃어버리게 된다. 모간의 아버지는 심하게 분노하며, 그 웃기는 클럽이 자기 아들을 망쳐 놓았다고 떠들어 댄다. 그리고 아들에게 기본적인 것을 제외한 재정지원을 중단한다. 모간은 고향으로 돌아갔지만, 의사의 권유에 따라 더 맑은 공기가 있는 옥스퍼드로 돌아오는데, 다시 아버지 집으로 갔을 때 그는 아들을 방에 가두어 놓는다. 모간은 종교적 광신 때문에 자신의 정신이 쇠약해졌다고 비난하다가, 하나님과 함께 있기 위해 높은 창문에서 뛰어내리려고 시도한다. 결국 그는 그해 8월에 소천한다. 놀라운 일은, 10일 후에 그 아버지가 마음을 바꾸어 신성클럽을 돕겠다고 편지를 보냈고, 1년 후에는 하나 남은 아들 리처드(Richard)를 링컨 칼리지에 보내 웨슬리의 지도를 받게 했다는 것이다.

그러나 모간의 죽음에 대한 논쟁이 이어진다. 옥스퍼드에서는 메서디즘(Methodism)이 그를 죽였다는 소문이 돌게 된다. 더 나아가 웨슬리가 동성애 문제로 감옥에 갇힌 죄수를 돕는다는 사실이 알려지자 웨슬리와 그 클럽에 대한 의구심이 증폭된다. 이에 변호의 필요성을 느낀 웨슬리는 1733년 1월 1일에 설교를 하는데, 여기서 그는 최초로 완전한 성화에 대하여 언급한다. 자신의 목표를 상향시킨 그는 더욱 엄격하게 자신을 분석하고 훈련시킨다. 전에는 하루 단위로 삶을 평가하였지만 이제부터는 시간 단위로 그렇게 하며, 생활에서의 성공과 실패를 기록할 뿐 아니라 그것에 9점 만점으로 하여 점수를 주게 된다. 이후에 신성클럽은 웨슬리의 참여 여부에 따라 잘 진행되기도 하고 침체되기도 하는데, 그는 조지아의 사반나로 선교하러 떠날 때까지 적극적으로 그 클럽을 위해 활동한다.

VII. 조지아 선교

웨슬리는 아버지가 쓴 욥기 주석을 여왕 캐롤린(Caroline)에게 전달하기 위해 런던에 갔을 때, 존 버튼 목사(기독교 지식 증진협회 소속)를 만난다. 그는 영국의 식민지인 조지아에 가서 선교할 것을 웨슬리에게 청하고 그에게 조지아의 총독인 제임스 오글소프(James Oglethorpe) 장군을 소개한다. 집에 돌아와 과부가 된 수잔나에게 그 제안을 이야기하자 그녀는 기뻐하며 그렇게 할 것에 찬성한다. 더 깊이 생각하고 기도한 후에, 그는 두 가지 목적(동기)을 가지고 선교사로 가겠다고 그 목사에게 전하게 된다. 1. 그는 자신의 영혼을 구원하기 위해 갈 것이라고 하고, 자신을 어리석은 탐욕을 가진 통탄할 죄인이라고 부르며, 이방인들에게 전도하는 가운데 그리스도의 복음의 참된 의미를 배우기를 희망한다고 했다. 2. 그는 영국에서보다 새로운 곳에서 더 높은 차원의 성화를 기대하기 때문에 가겠다고 한다. “이곳(영국)에 있는 이방인들에게는 모세와 선지자들이 있지만 그곳(조지아)에는 없다. 복음을 (이미) 가진 자들은 그것을 짓밟지만 없는 자들은 간절하게 복음을 청하고 있다.”

1735년 10월에 웨슬리와 동생 찰스 그리고 두 명의 신성클럽 회원은 배를 타기 위해 그레이브센드로 가서 기다리다가 11월에 조지아의 사반나(Savannah)를 향해 출항한다. 웨슬리는 일기에, "우리가 조국을 떠나는 목적은 우리 자신의 영혼을 구하기 위해서이며 완전히 하나님의 영광을 위해 살려는 데 있다."라고 기록하였다. 그들이 탄 배 시몬즈(Simmonds)에는 80명의 승객이 있었는데 그 가운데는 26명의 모라비아 교인과 조지아 총독도 있었다. 웨슬리는 다른 세 명과 함께 쌀과 과자만으로 연명하고 때로는 저녁식사를 하지 않을 뿐 아니라 시간을 낭비하지 않도록 노력한다. "새벽 4시부터 5시까지는 개인기도, 5시부터 두 시간은 성서읽기, 7시에 아침식사, 8시에 다 함께 기도하기(보통 30-40명 참석), 9시부터 정오까지 웨슬리는 독일어 공부, 찰스는 설교준비, 다른 회원은 헬라어 공부." 이어서 오후에 두 시간씩 모임을 갖고 저녁에는 다시 한 시간의 개인기도가 이어진다.

오늘날과 달리, 18세기에 배를 타고 대서양을 건너는 일은 수개월이 소요되는 장거리 여행이며 아주 위험한 모험과 같은 것이었다. 웨슬리 일행도 항해 도중에 다섯 번이나 폭풍을 만났는데, 그중에서도 1736년 1월 25일의 풍랑은 가장 무서운 것이었다. 자신의 생명이 영원의 가장자리에 처한 것을 인식할 정도로 지독한 폭풍을 경험하면서, 웨슬리는 세 가지 사실에 놀라게 된다. 먼저, 자연스럽게 자연의 힘과 인간의 연약함을 절감하는데 나중에 그는 바다에 대한 공포심을 언급한다. 둘째로 그가 받은 충격은 자신에게 신앙이 없다는 사실에서 온 것이다. "나는 기꺼이 죽으려고 하지 않기 때문에 부적절한 인물이다. (이 상황에서) 잠자지 않고 깨어 있어야 하는지 확신이 서지 않는다. 죽지 않으려고 하는 내 자신이 부끄럽구나. 나는 아직 죽지 않으려고 하는 자신에게 이렇게 말할 수밖에 없었다. '어찌하여 너에게 믿음이 없느냐?'"

마지막으로, 그가 받은 가장 큰 충격은 같은 배에 타고 있던 모라비아 교인들의 행동이다. 많은 승객이 공포에 떨며 불안해 하는데 그들은 평안한 얼굴을 하며 찬송하고 기도하는 것이 아닌가! 그 광경은 웨슬리의 뇌리에 큰 감동으로 남아 있었는데, 그는 나중에 다음과 같이 회상하였다.

> 그들이 시편을 낭송하면서 예배를 시작하는데, 바다가 위로 침입했고, 큰 돛대를 조각 냈으며, 배를 뒤덮고, 그 큰 깊음이 우리를 이미 집어삼킨 것처럼, 갑판 사이로 쏟아져 들어왔다. 영국인들이 무서운 비명소리를 냈지만, 그 독일인들(모라비아 교인들)은 조용히 노래하고 있었다. (바다가 좀 잠잠해진) 후에 내가 그들 중의 한 사람에게 "당신은 무섭지 않아요?"라고 묻자 "아닙니다. 하나님께 감사하지요."라고 대답했다. "그러나 당신의 어린이들과 여자들은 무서워하지 않나요?"라고 하자 그가 온화하게 "아니요, 우리 여자들과 어린이들은 죽는 것을 두려워하지 않습니다."라고 대답했다.

위험한 상황에서 보여준 그들의 용기와 침착함에 감동을 받은 웨슬리는, 그들이 자신에게 없는 어떤 내적인 힘이 있다는 사실을 알게 되고 계속해서 그들과 만나며 도움을 주고받는다. 그런데 조지아로 가는 다른 배에 경건주의자(pietist) 그룹인 잘츠부르크(Salzburger) 교인들이 200명 있었다. 웨슬리는 그들과도 친하게 지냈는데, 그 이유는 그들의 신앙과 영성이 자신이 추구하는 것과 유사했기 때문이다. 그 경건주의자들은 살아 활동하는 신앙, 내적인 경험, 종교적 헌신과 함께 하나님의 은총, 참회, 재생의 필요성 등을 강조한다. 이런 주제들을 요한 아른트(Johann Arndt)의 글에서 발견할 수 있는데, 웨슬리는 그가 쓴 『참된 기독교』(*True Christianity*)에서 귀중한 교훈을 받게 된다. 신앙생활의 발전적 성격, 내적 갱신의 필요성, 교리의 순수성은 삶으로 증거되고 유지된다는 사실을 배운 것이다.

경건주의자들에게서 받은 감동의 물결이 아직 남아 있을 때, 웨슬리는 잔잔한 물결 뒤에 있는 육지를 보게 된다. 그때가 1736년 2월 4일인데, 식민지인 조지아에 가까이 간 것이다. 해안 가까이에 있는 섬에 먼저 정박하였는데, 오글소프 장군이 배에서 내려 미국에서 이미 활동하던 모라비아파

지도자 아우구스트 스판겐베르그(August Spangenberg)와 함께 돌아온다. 웨슬리는 그와 잠시 대화하는 가운데 자신의 도덕적 행동방식에 대한 충고를 청하게 된다. 이때 그 모라비안은 더 중요한 것을 질문한다. “형제님, 당신 안에 그 증인이 있습니까? 하나님의 영이 당신의 영과 함께 당신이 하나님의 자녀인 것을 증거하고 있습니까?” 웨슬리가 약간 당황하며 주춤하자 그는 계속 질문한다. “당신은 예수 그리스도를 아시나요?” 멈칫하다가 웨슬리는, “그분이 세상의 구세주인 것을 알고 있습니다.”라고 답한다. “맞습니다. 그런데 그분이 당신을 구원하신 것을 알고 있습니까?” “그분이 저를 구하기 위해 돌아가셨기를 바랍니다.” 스판겐베르그가 촉구하였다. “당신은 자신을 알고 있습니까?” “네, 그렇습니다.” 하지만 그는 그 대답이 공허한 말이었다고 나중에 기록한다.

2월 8일에 배는 사반나에 도착한다. 웨슬리는 배에서 내려 무릎을 꿇고, 폭풍이 있었지만 안전하게 도착한 일에 대하여 하나님께 감사의 기도를 드린다. 그는 그곳에서 사역하던 사무엘 퀸시(Samuel Quincy)의 후임으로 일하게 되었지만 그가 아직 목사관에서 살고 있었기 때문에 모라비아 사람들과 함께 지내게 된다. 그러면서 그들의 삶을 좀 더 자세하게 관찰할 수 있는 기회를 갖는데, 그가 발견한 것은 그들의 명랑한 유머, 분쟁 없는 평화로움, 모두 일하는 것이다. 이에 더하여 웨슬리가 칭찬한 것은 그들의 단순성과 엄숙함, 한가한 오락을 정복한 거룩함, 그리고 초대교회와 같은 모습이다.

당시에 사반나에는 500명 정도의 사람들이 거주하고 있었는데, 그중에는 귀족, 빚진 자, 외국에서 온 피난민, 영국의 비국교도가 포함된다. 그는 그 지역 근처에 있는 인디언들에게 복음을 전하고 싶었지만, 총독 오글소프의 요청에 따라, 사반나와 프레데리카(Frederica)에 사는 정착민들을 위해 사역하게 된다. 처음에 그는 동생과 같이 낙관적인 생각을 가지고 힘차게 사역을 시작하고, 미국에서 최초의 찬송가를 만들며 최선을 다하였지만 곧 어려움이 생긴다. 그가 사반나에 도착하자마자 배에 있던 술통을 부숴 버린 것 때문에 일부 사람들의 기분이 상했는데, 그것은 시작에 불과했으며, 시간이 지나면서 사람들은 그의 삶, 설교, 목회 스타일에 반감을 갖게 된다. 물론 그의 설교를 경청하고 좋게 반응하는 이들도 있었지만, 그와 동생의 사역과 요구가 험한 개척지의 사람들에게는 너무 고상한 것이었다. 찰스는 총독의 비서 역할도 하였지만 그런 어려움 때문에 6개월 만에 영국으로 돌아간다.

사역 초기에 웨슬리에게 호감을 갖지 못한 이들은 다음과 같은 불평을 한다.

* 매일 새벽 5시 예배에 참석하는 신자들만 성찬식에 참여할 권리를 준다.
* 비국교도의 자녀들에게 세례를 다시 베푼다.
* 침례식을 할 때 세례 받는 자를 세 번 물 속에 넣는다.
* 특정한 개인을 향하여 비난하는 풍자적인 말을 한다.
* 우리는 개신교 신자인데 당신은 무엇인지 모르겠다.
* 저 목사는 위장한 가톨릭 교인이다.
* 당신이 아주 길게 설교해도 좋다. 그러나 듣기 위해 아무도 오지 않을 것이다.
* 한 가지만 먹고도 살 수 있는지 실험하기 위해서 빵만 먹고 산다.

그런데 웨슬리에게 가장 큰 어려움은, 친구로서 사랑하고 때로는 결혼할 상대로 여겼던 소피아 홉키(Sophia Hopkey)와의 관계에서 비롯된다. 영국에서 같은 배를 타고 온 소피아는 당시 18세로 사반나의 행정관이며 삼촌인 토마스 코스턴(Thomas Causton)의 집에 머물고 있었다. 밝고 신앙심이 깊은 그녀를 처음 만났을 때 서로 좋아하는 마음이 생겼다. 아직 결혼을 생각하지 않던 그가, 사역을 시작한 지 얼마 되지 않아서 그녀를 만나게 된 것은 큰 도전거리가 된다. 그래서 찰스에게 편지하여, "내가 지금 시간마다 위험에 처해 있다. 여기에 젊고, 예쁘며, 하나님을 경외하는 자매 두세 명이 있는데, 내가 그들을 육체로(여자로) 대하지 않도록 기도해 주거라." 하고 부탁한다.

소피아는 웨슬리의 가르침에 순응했고 그에게 그녀는 빛나는 제자와 같았다. 아침기도회를 마치고 웨슬리와 다른 동료, 그리고 소피아는 종종 아침 식사를 함께했다. 둘 사이는 서로의 마음을 읽을 수 있을 정도로 가까워졌지만, 웨슬리는 그녀에게 아무런 약속도 하지 않는다. 그는 자신의 사명을 감당하는 데 결혼이 적절한 것인지 확신이 서지 않았으며, 인디언들에게 복음을 전하기 전에는 결혼하지 않을 것이라는 뜻을 밝힌다. 그러나 만약에 결혼해야 한다면 소피아만큼 좋은 여자는 없을 것이라고 생각한다. 그녀는 명랑하지만 진지하고, 정갈하지만 까다롭지 않으며, 부유했지만 세속적이지 않았다! 그녀가 영국에 돌아가려는 의향을 이야기하자 그는 우정을 생각해서 떠나지 말라고 청하며 말하기를, "소피 자매, 나는 내 삶을 너와 함께 보낸다면 행복할 것이라고 생각해야 할 거야."(Missy Sophy, I should think myself happy if I was to spend my life with you) 그가 공식적으로 청혼하지는 않았지만 자신의 감정은 분명히 밝힌 것이다.

프레데리카에서 소피아와 같은 배를 타고 돌아와 그는 "거룩하지 않은 욕망의 무게에 눌려 신음하였다." 다시 한 번 그는 확신 없는 청혼을 하였지만, 확신이 없기는 그녀도 마찬가지였다. 소피아의 반응이 적극적이었다면 그는 받아들였을 것이라고 기록하고 있다. 결국 그는 모라비아 목사와 상담을 하고 동료들의 충고를 듣게 된다. 그리고 일주일간 홀로 기도하면서 하나님의 뜻을 찾으려고 한다. 그리고 동료 두 명(Delamotte, Ingham)과 함께 모라비아식으로, 성서적으로 그 문제를 해결하기 위해 제비뽑기를 한다.(결혼하기, 올해는 생각하지 말기, 더 이상 결혼 생각하지 않기 등 셋 중에서) 동료가 뽑은 것은 마지막 것이었다. 그러나 웨슬리는 소피아와 한 번 더 만나게 되는데, 종종 이성으로 깊은 애정을 길들이고 다스리는 것이 어렵다는 것을 알게 된다. "나는 이와 같은 격한 감정을 느껴본 적이 없다. 하나님이여, 이 과도한 마음을 자유롭게 해주소서." 그는 그녀가 윌리엄슨

(Williamson)과 결혼할 것이라는 소문을 듣고 크게 당황하여 성서를 아무데나 펴서 하나님의 뜻을 찾으려고 한다. 결국 양측의 애매한 태도 때문에 소피아는 원하는 않은 상대와 결혼하게 된다.

소피아의 결혼을 알게 된 웨슬리는, 만날 때와는 다르게 그녀를 부정적으로 평가하기 시작한다. 소피아도 마찬가지이다. 그는 합리적인 근거를 제시하며 그 신혼부부가 성찬식에 참여하지 못하게 한다. 그러자 웨슬리가 그녀에게 복수한다고 생각한 삼촌의 요구에 의해, 그는 체포되고 그 신랑은 아내의 명예 훼손을 이유로 1천 파운드를 요구한다. 재판이 시작되었지만 지지부진하다가, 법원은 그가 떠나는 것을 돕지 못하도록 명하게 된다. 이에 조지아 선교가 끝났다고 생각한 웨슬리는, 1737년 12월 2일 저녁에 기도를 하고 발에서 먼지를 털어낸 후에 사반나를 빠져나와 배를 타고, 때로는 힘들게 걸어서 캐롤라이나의 찰스턴(Charleston)에 이른다. 그리고 성탄절 이브에 미국을 떠나 영국으로 향한다.

1년 9개월의 조지아 선교를 끝내고 돌아오는 웨슬리의 길에 승리의 기쁨은 없었고 알 수 없는 두려움과 당혹감이 가득했다. 육체적으로 쇠약하여 배멀미를 하고 성탄절은 침대 위에서 지냈으며, 정신적인 피로는 말할 것도 없이, 큰 희망과 거룩한 목적을 가지고 시작한 선교가 비참한 상황 속에 마무리되었기 때문이다. 원주민에게 복음을 전하려던 것은 잠시의 대화로 끝나고, 초대교회와 같은 사랑과 성결의 공동체를 건설하려던 꿈은 악몽으로 막을 내렸으며, 가장 엄격한 종교적 삶은 법을 피해 달아나는 것으로 마치게 된다. 그는 후에 그때를 회상하면서, 자신이 믿음을 갖기보다는 헛된 행위에 의존하였으며 구원의 모든 희망을 상실했다고 고백한다.

> 나는 인디언들을 개종시키기 위해 아메리카에 갔다. 그러나 아! 누가 나를 개종시킬 것인가? (I went to America, to convert the Indians; but oh! who shall convert me!) 누가 이 불신의 악한 마음으로부터 나를 구원할 것인가? … 나는 "죽는 것이 이익이다."라고 말할 수 없다.

웨슬리가 조지아에서 결혼문제에 대하여 좀 더 확신을 가지고 분명한 태도를 취하였다면 어떻게 되었을까? 그가 결혼하였어도 하나님의 은혜와 섭리 가운데 자신의 비전이 실현되지 않았을까? 그렇다면 그 자신의 삶은 물론이요 감리교를 포함한 현대 기독교의 지도가 변했을 것이다. 무엇이 잘못된 것인가? 그는 도덕적으로 모범적인 삶을 살았으며, 최선을 다해 자신의 임무를 감당했다. 그런데 왜 그런 일이 생긴 것인가? 왜 그는 그렇게 힘들어 했던 것인가? 그가 기독교적인 삶을 사는 데 실패했기 때문이 아닐 것이다. 오히려 그 이유는 그가 선교를 마치고 귀국하면서 느낀 절망감, 의심, 두려움, 불확신과 같은 것 때문이다. "나는 진노의 자식이며 지옥의 상속자이다."(1774년에 이 말을 부정함)란 말이 그의 심정을 잘 묘사한다. 후일에 자신을 평가한 것을 참고하면, 그 당시 웨슬리는 하나님 아들의 신앙이 아니라 종의 신앙을 가지고 있었으며 죄의 힘에서 자유롭지 못한 상태에 있었다.

웨슬리는 자신이 영국에서 했던 대로, 자신의 삶을 기준으로 하여 그 식민지의 사람들을 대하려고 했다. 그는 하나님의 은혜와 진리에 대한 신앙보다는, 자신의 이성, 규칙, 결단에 의해서 마음을 다스리고 영적인 삶을 유지하려고 했으며, 그것을 그들에게 부과한 것이다. 그래서 그들을 엄격하고 둔감하게 대하고, 소피아 때문에 굴욕을 당하며, 불순종과 죄와 싸우게 된다. 자신에 대한 이런 평가가 그를 괴롭히며, 자신이 설정한 성결의 이상과 현실 사이의 괴리가 걱정과 두려움의 원인이 된다.

복잡한 감정에 억눌려 있던 그가 탄 배 '사무엘'은 1738년 2월 1일에 딜(Deal)에 도착한다. 그런데 그때 거기에서 조지 화이트필드가 조지아로 가기 위해 준비하고 있었다. 대서양을 건너 웨슬리와 함께 사역을 하려던 조지는 그가 돌아온다는 소식에 약간 놀랐지만, 그에게서 소식과 충고를 들을 수 있으니 잘되었고 하나님이 최선으로 준비하셨다고 생각한다. 그러나 웨슬리는 다른 생각을 하게 된다. 젊은 조지가 그 식민지로 가는 것이 옳은 것인지 확신이 서지 않은 그는 제비뽑기를 하여 '런던으로 돌아가라'는 편지를 남기고 그곳을 떠난다. 편지를 읽은 그는 경의를 표하는 답장을 쓰고는 그 다음날 배에 올라, 18세기 영국과 미국의 대각성 운동을 예감하지 못한 채, 조지아로 향한다.

웨슬리가 조지아 선교를 완전한 실패라고 생각하지만, 그 이후의 교회 역사를 살펴볼 때, 긍정적으로 평가할 수 있는 부분이 있다. 먼저, 그는 그 일을 통해서 자신의 영적인 문제를 파악하게 된다. 그가 돌아오는 배 안에서 그 선교를 돌아보고 분석하면서 남긴 기록을 보면 불신, 교만, 총체적인 망각, 영혼의 경솔함과 번잡스러움을 자신의 문제와 연결시킨다. 자신의 영적인 상태를 냉정하고 겸손하게 평가하는 기회를 갖게 된 것이다. 그는 하나님이 자신을 겸손하게 했으며 자신의 마음속에 있는 것을 보여주셨다고 고백한다.

다음으로 중요한 역사적 사실은, 그가 뿌린 복음이 씨앗이 되어 미국 감리교와 경건주의의 부흥에 공헌한 것이다. 다시 미국에 가지는 않았지만, 웨슬리는 다른 목회자들을 파송하여 계속하여 선교를 하게 된다. 그 결과로 감리교는 20세기 초에 미국에서 제일 큰 개신교 교단으로 성장한다. 더 나아가 웨슬리의 영향으로 성결운동, 오순절교회, 나사렛교회, 기독교선교협회(CMA) 등이 생성되고 활력을 얻어 전 세계로 확산된 일도 간과할 수 없다. 이런 영향을 예감할 수 없었던 그에게 새로운 전환점이 다가오고 있었으며, 그는 하나님의 새로운 도전과 섭리에 자신을 완전히 개방하고 준비한다. 더 높은 차원의 성화를 위하여!

VIII. 앨더스게이트(Aldersgate)

조지아에서 돌아온 지 얼마 안 되어 웨슬리는 런던에서 피터 뵐러(Peter Bohler)를 만난다. 피터는 모리비아파의 선교사로서 독일에서 영국으로 와 있었으며, 독일의 헤른후트(Herrnhut)에서 모라비아 지도자인 친첸도르프

(Zinzendorf) 백작을 만난 후에 자신의 삶을 바꾼 순간적인 회심을 경험한 인물이다. 그는 웨슬리가 지적으로 믿고 있으며 아직도 자신의 선행이나 성화를 위한 노력을 통해서 의롭다고 인정받으려는 희망을 갖고 있다고 말한다. 참된 믿음은 구원하는 믿음이며, 그것은 순간의 중생과 구원에 대한 절대적인 확신을 가능하게 하는 것인데, 웨슬리에게는 그것이 없다는 것이다. 이 말을 듣고 잠시 혼란스러웠지만 그는 자신에게 그런 신앙이 부족하다는 것을 인정한다. 자연스럽게 그는 자신에게 없는 신앙에 대하여 설교하는 것을 중단하려고 했지만, 피터는 "당신이 신앙을 가질 때까지 신앙에 대하여 설교하십시오. 그때가 되면 당신에게 그 신앙이 있기 때문에 그것에 대하여 설교할 것입니다."라고 주장한다.

다음날 웨슬리는 피터의 충고에 따라 죄수를 한 명 만나, 처음으로 신앙에 의해서만 구원받는다는 복음을 전하게 된다. 옥스퍼드에서도 사형수를 만나 하나님의 용서하는 은혜와 그에 대한 확신에 대해서 말하자, 그는 편안하고 확신에 찬 신앙을 가지고 죽음을 맞이한다. 이에 그는 더욱 전도의 능력과 열정을 가지게 되고, 그의 설교를 듣는 이들은 눈물을 흘리며 기쁨 가운데 돌아간다. 그들에게 적의와 무관심한 마음은 갑자기 녹아내리고 대신에 평화와 희망이 넘치게 된다. 이런 일들을 고려하여, 어떤 이들은 웨슬리의 진정한 복음적 회심이, 앨더스게이트보다 먼저 여기에서 이루어졌다고 한다.

1738년 5월 1일에 웨슬리는 늑막염 때문에 휴식하고 있는 동생 찰스가 머무는 곳을 방문하는데, 피터의 충고에 따라 거기서 그들이 작은 단체를 만들게 되고 그것이 페터레인협회(Fetter Lane Society)로 변경된다. 그 협회는 형식상 영국교회의 모임이지만, 여러 면에서 모라비안의 체계를 모델로 삼는다. 실제로 그 모임에는 모리비아파 사람들도 여러 명 참여하게 된다. 그 모임의 성격은 옥스퍼드의 신성클럽과 유사했고, 그 출범이 중요하여 웨슬리는 "감리교의 세 번째 부흥"이란 말로 표현한다. 그러나 새로운 신앙을 찾은 웨슬리의 목회 스타일과 설교는 난관에 봉착하게 된다. 많은 영국교회의 목사가 그를 반박하며 자신들의 교회에서 설교하는 것을 금하게 되고, 자신에게 신학적 멘토 역할을 하던 윌리엄 로(William Law)와의 관계도 어그러진다.

5월 24일 아침에 웨슬리가 묵상한 구절은 베드로후서 1:4이다. "이것들(하나님의 말씀과 능력)을 통해서 하나님이 우리에게 당신의 크고 소중한 약속들을 주셨다. 그 이유는 그것들에 의하여 여러분이, 악한 욕망들에 의해 생긴 세상의 부패와 타락에서 탈출하여, 하나님의 형상에 참여하기 위해서이다." 오후에 그는 런던의 성바울교회의 저녁기도회에 참석하여, 자신의 영적인 상태와 어울리는 성도의 갈망을 담은 찬송을 듣는다. 그리고 성서를 펴서, "네가 하나님의 나라에서 멀지 않다."는 말씀을 보게 된다. 그 후에 웨슬리는 모라비아 교도들이 모이는 앨더스게이트 거리로 발걸음을 옮긴다.

> 저녁에 나는 억지로 앨더스게이트 거리에 있는 그 모임에 갔는데, 한 사람이 루터의 "로마서 서문"을 읽고 있었다. 8시 45분경에, 그가 하나님께서 그리스도에 대한 믿음을 통해서 자신에게 일으킨 변화에 대하여 간증하고 있는 동안에, 이상하게 내 마음이 따듯해진 것을 느꼈다.(I felt my heart strangely warmed) 나는 내가 그리스도를, 구원을 위해 그리스도만을 믿는다는 것을 느꼈다. 그리고 주님이 나의 죄를, 내 죄까지도 담당하였고 나를 죄와 죽음의 법에서 구출하였다는 확신이 주어졌다.

"로마서 서문"에서 루터는 살아 있는 신앙과 중생의 필요성을 말하고 있으며, 믿음만이 사람을 의롭게 하며 불신이 모든 죄의 뿌리라고 주장한다. 그런데 웨슬리가 무엇 때문에 마음이 따스해졌는가에 대한 다른 의견이 제기된다. 마틴 슈미트(Martin Schmidt)에 의하면, 그가 그런 마음을 감지한 것은 그 서문을 읽는 이가 다음의 말을 읽을 때라고 한다.

"하지만, 신앙은 우리를 변화시키고 하나님 안에서 다시 태어나게 하는 하나님의 일이다.(요 1:12–13) 이 신앙이 옛 아담을 죽이고, 우리를 마음과 영혼과 능력 면에서 완전히 다른 사람으로 만든다. 그리고 그 변화와 함께 성령이 임하신다."

그런데 어떤 말이 웨슬리를 뜨겁게 했는가보다 더 중요한 것은 그 일 이후에 일어난 변화이다. 그 자신이 고백한 것을 보면 그때의 경험이 얼마나 자신의 영적인 여정에서 긍정적인 변화를 일으켰는지 알 수 있다. 그 사건 전후의 그의 상태에 어떤 차이가 있는 것인가?

"나는 투쟁하고 있었다. 그래, 율법과 은혜 아래서 나의 온 힘을 다해 싸우고 있었지. 그러나 그때는 때때로 내가 정복당했지만 지금 나는 항상 정복자이다. … 그러나 나는 이것을 알고 있다. 지금 나는 하나님과 화평하고 오늘 죄를 짓지 않는다. … 내게 불편한 생각은 하나도 없고 계속적인 평안이 있다. 그리고 내게 불경스런 욕망은 한 점도 없으며, 나는 죄로부터의 자유를 갖고 있다."

이런 말은 웨슬리가 완전한 상태, 최고의 성화 단계에 이르렀다는 의미로 해석할 수 있다. 적어도 일시적으로나마 그가 그런 경지에 진입했다고 할 수 있는 표현이다. 그러나 그것은 말 그대로 일시적인 것이며, 그의 긴 여정에 있었던 하나의 전환점인 것이다. 그 회심의 날 이후에 모든 의심과 번민이 영구적으로 사라진 것은 아니다. 그는 자신의 고백대로 영적인 정복자가 되었지만, 의심 때문에 고민하다가 확신하고 유혹에 시달리다 자유를 얻는 일이 계속된다. 또한 마음이 하늘을 거닐다가 그 고취된 감정이 사라지면 곧 하나님이 숨어 버린 것 같은 느낌을 받기도 한다. 이런 그의 영적인 상태를 분석하고 강화하기 위해 웨슬리는 방법을 강구하는데, 경건주의 운동이 활발하게 벌어지고 있는 모라비아파의 본거지를 방문하자는 생각을 하게 된다.

그해 6월 중순에 웨슬리는 동료 두 명과 함께 독일로 향한다. 그는 먼저 친첸도르프를 만나고 헤른후트로 간다. 거기서 모라비아 정착민들과 함께 지내며 그들의 삶을 관찰하게 되는데, 그 결과는 감동 그 자체였다. 그가 돌아와 여러 사람에게 보낸 편지는, 그들의 사랑과 경건과 솔직함을 칭찬하고 그 형제애가 기대 이상이라고 하며 그곳의 남녀노소 모두가 항상 믿음과 사랑만을 주고받는다고 기술하고 있다. 그러나 그가 쓴 첫 편지는 아무에게도 보내지 않았지만, 그들에 대한 심한 비난으로 가득하다. "너희는 단체 금식을 아주 소홀히 하지 않는가? 그 백작이 모든 것이고 나머지는 그림자일 뿐인가? 너희 교회를 너무 과장하는 것이 아닌가? 너희는 너희 사랑 안에 제한되어 있지 않는가? 너희는 여러 경우에 교활하고 간사하며 가장하지 않는가?"

이런 모순된 편지 내용은 그가 모라비안에게 가진 양립감정에서 비롯된다. 그런 감정을 갖게 된 배경은, 그들이 웨슬리가 성찬에 참여하는 것을 거부했기 때문이다. 거부의 이유는, 그의 신앙이 불안정하며 너무 지성적이고 영국교회적이라는 것이다. 자신이 존경하고 많은 것을 배운 모리비안이 자신의 신앙과 소속된 교회를 비난하자 그에게 그런 양면적인 마음이 생긴 것이다. 결국 그가 그들의 삶을 아주 긍정적으로 이해하였지만, 그들에 대한 부정적 감정이 완전히 사라진 것은 아니다.

헤른후트에 있을 때, 그들은 여러 모라비안의 간증을 듣게 된다. 그 가운데 크리스천 데이비드(Christian David)의 간증이 웨슬리에게 도움을 주는데, 그가 분별하는 데 도움이 된 말은 "죄가 더 이상 여러분을 주관하지 못할 것이다. … (내 경우에) 죄가 지배하지는 못하지만 내 안에 남아 있다. (그것이) 나를 계속해서 유혹하지만 나는 정복당하지 않는다."라는 것이다. 10월에 영국으로 돌아와 남긴 글을 보면 그 간증의 영향을 엿볼 수 있다. "내가 감히 '나는 이런 면에서 새로운 피조물이라'고 말하지 못한다. 내 마음속에 다른 욕망들이 생기기 때문이다. 그러나 그것들이 지배하지 못한다.” 한편, 마이클 린너(Michael Linner)가 한 말(모든 의심과 두려움이 사라진 완전한 구원의 확신이 칭의에 수반한다.)이 웨슬리의 생각을 복잡하게 만든다. 앨더스게이트 경험 이후에도 자신이 그 확신이 없다는 생각과 환희의 결여, 혼란스런 영혼이 그를 어렵게 하는데, 1740년대까지 그런 상태가 지속된다. 그러나 그것은 그가 더 높은 성화, 성숙한 신앙을 추구하기 위해 넘어야 할 산일 뿐이다.

1738년 가을에 화이트필드가 조지아에서 돌아온다. 웨슬리는 런던으로 가서 그를 만났는데, 조지의 열정적인 정신, 매력 있는 스타일, 편안한 매너를 좋게 생각한다. 그리고 그의 설교능력, 웅변기술, 우아한 기품에 깊은 인상을 받는다. 여러 면에서 독창적이고 인습에 매이지 않는 조지는 1739년 3월에 브리스틀(Bristol)에서 야외설교를 시작한다. 처음에 그 일을 알게 된 웨슬리는 기가 막혀, “내가 영혼의 구원이 교회에서 이루어지지 않는다면 그것은 거의 죄라고 생각했어야 했다.”라고 기록하고 있다. 그런 생각을 가진 웨슬리에게 조지는, 그가 국교회 목사들로부터 외면을 당하고 있기에 야외에서 복음을 전하면 더 많은 이들을 구원할 것이라고 하면서 그를 설득했을 가능성이 많다. 그가 어떻게 설득되었는지 정확하지 않지만 분명한 일은, 4월 초에 3,000명 정도의 사람들에게 큰 도로 옆에서 구원의 기쁜 소식을 전하게 되었다는 것이다.

처음부터 웨슬리는 구원의 복음의 일부로서 죄의 속박으로부터의 자유를 외치게 된다. 칼빈주의적인 사상(구원이 누구에게나 가능한 것이 아니다.)을 갖고 있던 조지와 다르게, 그는 값없는 은혜(free grace)를 강조한다. 초기에 그는 조지와의 우정을 생각해서 그 문제를 제기하지 않으려고 했지만, 결국에는 “값없는 은혜”라는 설교를 통해서 칼빈의 예정론을 반박하고 온 인류에게 개방된 구원의 복음을 전한다. 이 일 때문에 마음이 상한 조지는, 오랫동안 그 상처를 치유하지 못하고, 독자적인 길을 가게 된다. 그들은 독립적으로 야외설교를 계속하면서 영국의 대부흥 서막을 알린다. 케네스 콜린스(Kenneth Collins)는 “앨더스게이트가 없는 야외설교는 공허한 것이며, 야외설교가 없는 앨더스게이트는 무의미하고 방종한 일일 것이다."라고 말하였다.

IX. 감리교의 생성

웨슬리는 동생 찰스와 함께 때로는 역할을 나누어, 런던과 브리스틀을 오가면서 회개와 구원의 복음을 전하며 늘 그랬던 것처럼 바쁜 일정을 이어간다. 너무 빽빽한 일정을 다 소화할 수 있을지 의심이 생긴 그는 책점(bibliomancy; 성서점－책을 펴서 나오는 말을 계시로 삼는 행위)을 보게 되는데, "행함으로 믿음이 온진하게 된다."는 구질을 보고서 실교가 자신의 신앙을 강하게 할 것이라고 받아들인다. 화이트필드의 설교가 현란한 웅변술을 보여주며 설득력이 강하고 드라마틱하다면, 웨슬리의 설교는 확신에 찬 것이지만 차분한 편이다. 전자가 청중의 감성에 호소한다면 후자는 지성에 호소하는 경향이 강하다고 할 수 있다. 어찌되었든, 그들은 영국 복음화의 쌍두마차로서 선의의 경쟁을 하며 구원의 기쁜 소식을 전하게 된다.

웨슬리가 가는 곳마다 많은 사람이 모였고, 그들에게 그는 복음적이지만 논쟁의 여지가 있는 메시지를 전한다. 많은 청중이 감동하며 기쁨으로 그의 설교에 호응하지만, 일부는 의심의 눈초리를 가지고 비평하며 돌아간다. 웨슬리는 청중 가운데 순간적으로 변하는 사람들을 목격하는데, 그들에게서 두려움과 절망이 사라지고 희망과 기쁨과 평화가 스며드는 것을 경험하며, 과격한 이가 신사로 변하고 술주정뱅이는 제정신을 가지게 되며 뚜쟁이는 정숙하게 변함을 본다. 또한 그가 설교하는 동안 초자연적이고 기적적인 일들이 벌어지자, 국교회가 긴장하게 되고 그 교도들을 열광주의자라고 비난한다. 1739년 1월 1일에는 페터레인(Fetter Lane)에 60명이 모여 저녁식사를 하고 그 다음날 새벽 3시까지 기도하는데 초대교회의 오순절적 모습이 재현된다. 웨슬리는 "하나님의 능력이 권능으로 우리에게 임했다. 너무 강하여 많은 이들이 넘치는 기쁨을 외치고 땅에 엎드러진다. 하나님의 영광을 보며 감동하고 놀라다가 회복하여, 우리가 한 목소리로 외치기를, '오 하나님, 우리가 당신을 찬양합니다. 우리가 당신이 주님이심을 인정합니다!'"라고 기록하고 있다.

기독교 역사가 증언하는 대로, 위와 같은 일이 생기면 즉시 반대 세력도 나타나게 된다. 경건한 교인인 존 헤이든(John Haydon)은 친구들에게 웨슬리의 설교가 마귀의 장난이라고 경고한다. 그가 집에 가서 그의 설교 "믿음에 의한 구원"의 마지막 문단을 읽는데, 갑자기 얼굴빛이 변하고 의자에서 떨어져 외치며 자신을 때리는데, 이웃 사람들이 보려고 와서 그를 자제시키려고 한다. 그때 "아닙니다. 모두 들어오게 하세요. 온 세상이 하나님의 정당한 심판을 보게 하세요."라고 그의 부인이 말하였다. 그 외에도 왕실 목사인 헨리 스테빙(Henry Stebbing)은 『종교적 환상에 대한 주의』라는 책을 통해 감리교를 반박하는데, 그 책은 베스트셀러가 된다. 심지어는 웨슬리가 로마에서 태어난 가톨릭 교도이기 때문에 전통적인 영국교회를 혼란에 빠뜨리고 있다고 하는 이들도 있었다.

유력인사인 뷰 내쉬(Beau Nash)는 웨슬리의 집회를 비밀모임이며 선량한 민중을 선동하는 반국가적인 모임이라고 혹평한다. 그리고 그가 무슨 권위로 이렇게 행동하느냐고 질문한다. 이에 대하여 "예수 그리스도의 권위입니다. 그 권위는 캔터베리의 대주교가 내 머리 위에 손을 얹고 '복음을 전할 네 권위를 받으라.'고 했을 때 나에게 전해진 것입니다."라고 그가 대답하였다. 내쉬가 웨슬리의 설교와 모임을 다른 이들의 이야기만 듣고 나쁘게 평하는 것을 알고, 그는 자신은 직접 보고 듣지 않고는 함부로 평가하지 않는다고 하자, 그는 "이 많은 사람들이 여기에 왜 왔는지 알고 싶다."고 한다. 이때 한 사람이 웨슬리에게 "선생님, 이 사람을 저에게 맡기세요. 나이 드신 숙녀께서 그에게 답할 것입니다. 내쉬 씨, 당신은 자신의 몸을 잘 챙기세요. 우리는 우리의 영혼을 살피는데, 우리가 여기에 온 이유는 그 영혼을 위한 양식을 위해서입니다."라고 말하였고, 내쉬는 한 마디도 못하고 걸어 나갔다.

이 일 후에 그 지역은 술렁거리게 되고 사람들은 웨슬리가 누구냐고 묻는다. 같은 주간에 두 명의 가수가 그의 설교를 방해하기 위하여 근처에서 발라드(감상적인 노래)를 부르게 된다. 그러자 설교를 들으러 온 신자들이 찬송을 부르자 그들의 소리는 잠잠하게 되었고, 그들이 가수들을 위해 간절하게 기도하자 그 둘은 크게 당황하게 된다. 이렇게 웨슬리의 설교는 사람들의 많은 관심과 사랑과 저항을 받는다. 사회의 무질서와 동요가 생길 것을 우려한 사람들이 그의 설교를 제지하려고 하지만 성공하지 못한다. 그의 야외 설교를 반대하는 국교회의 사제들은, 내심 웨슬리가 자기의 교구에 들어와 자기 교인들을 동요시킨다며, 시기와 우려의 목소리를 낸다. 그러자 웨슬리가 자신의 입장을 변호하면서 선언한 유명한 말이, "세계는 나의 교구"라는 것이다.

> 성서의 하나님께서, 나의 능력에 따라서, 무지한 이를 가르치고 악한 자를 개혁하며 의로운 이를 굳세게 하라고 명령하신다. 사람이 다른 이의 교구에서 그런 일을 하지 말라고 금한다. 그 말은, 내게 교구가 없기 때문에, 아예 일을 하지 말라는 것이다. 그렇다면 내가 누구의 말을 들어야 할까. 하나님, 아니면 사람? 나는 온 세계를 나의 교구로 바라본다. … 이 일은 하나님께서 나를 불러서 하도록 하신 일이요, 나는 그의 축복이 이 일에 임하는 것을 확신하고 있다.

이와 같은 외부의 저항과 반대에도 불구하고, 웨슬리의 모임은 삽시간에 성장하여 하나의 큰 흐름을 형성하게 된다. 그는 많은 회심자를 잘 섬기고 양육하기 위하여 어떤 조직의 필요성을 느낀다. 그래서 5명에서 10명 사이의 신자들을 한 그룹으로 만들고 거기에 한 명의 지도자를 세운다. 브리스틀에서 그는 돈을 빌려 독자적으로 사용할 수 있는 건물을 최초로 건축하기에 이른다. 국교회의 목사이지만 웨슬리가 그 교회 내에서 점점 설자리가 좁아지는 상황에서, 그 건물은 그의 독립적인 활동을 위해 중요한 것이었다. 더욱이 일부 감옥에서 웨슬리의 출입을 금지하는 일이 생겼다.

1739년 6월에는, 영국법이 금하고 있는 평신도의 설교가 문제로 부각된다. 웨슬리 형제가 모두 자리를 비우고 설교가 필요한 상황에서 유력한 회원이지만 평신도인 존 세닉(John Cennick)이 설교를 시작한 것이다. 이 일이 웨슬리에게 딜레마로 다가왔고 국교회와 감리교(아직 독자적인 교단이 된 것은 아니다.) 사이의 균열을 심화시킨다. 죽는 순간까지 영국교회의 목사로 남아 있던 웨슬리에게 평신도의 설교는 어려운 문제이다. 그러나 복음전도와 집회의 문제에서 자신만의 자유를 누리고 있던 웨슬리는 그것을 허용하는 쪽으로 방향을 잡는다. 평신도 가운데 재능이 있고 충실한 자를 활용하는 것을 반대할 성서적 명분이 없다고 본 것이다. 웨슬리 형제만 설교할 수가 없는 상황이 벌어지고 있지 않은가? 도움을 주려는 국교회 사제들도 거의 없다. 그래서 그는 조건부로 평신도의 설교를 하락하게 된다. 설교가 필요한데, 안수 받은 성직자가 부재하면 평신도가 설교할 수 있도록 한 것이다. 그래서 세닉이 최초로 '평신도 보좌'(lay assistant)가 된다.

웨슬리는 처음부터 자신을 중심으로 이루어지는 복음운동이 국교회 활동의 일부라고 생각한다. 그것은 교회에 새 생명을 주고 부족한 점을 보충하는 것이라고 이해한 것이다. 그래서 다른 사제들이 자신이 전국을 돌며 성화를 전파하는 데 도와줄 것이라고 기대하지만, 그 기대는 큰 실망으로 바뀌게 된다. 이런 상황에서 더욱 평신도 지도자의 필요성을 절감한다. 노쇠한 어머니의 권고도 있고 해서 세닉 외에 토마스 맥스필드(Thomas Maxfield), 조셉 험프리스(Joseph Humphreys) 등을 그런 설교자로 세운다. 반대자들은 그 행위의 불법성과 그들의 무자격을 들어 웨슬리를 공격한다. 한참 후인 1755년에 그는 그 비평에 대하여 반발하며, "야외설교, 즉석기도, 단체설립, 평신도설교에 대한 우리의 신념을 포기하느니 차라리 국교회와 분리하는 것이 좋다."라고 말하고, 그래도 비평이 계속되자 "평신도 설교자가 술 취한 설교자, 저주하고 욕설하는 설교자보다 더 낫지 않은가?"라고 날카롭게 지적하였다.

웨슬리의 신흥 운동에 대한 비평은 내부에서도 제기된다. 그의 형 사무엘은 동생이 야외에서 설교하는 것을 지적하게 되는데, 웨슬리는 "형은 왜 많은 영혼이 죽음에서 구원받고 많은 죄가 덮어지는데, 그 일들이 교회 내에서 시행되지 않는다고 하나님을 찬양하지 않습니까? … 그러나 나는 하나님이 어디에나 계신 것을 아는 일이 즐겁습니다. 나는 영국교회의 예배와 의식을 사랑합니다. 그러나 나는 우리의 위대한 주님은 그런 의식 없이도 역사하실 수 있다는 것을 이해하며 그 사실이 아주 기쁩니다."라고 응답하였다. 몇 년 후에, 웨슬리는 아버지가 시무하던 엡워스 강단에서 설교하지 못하게 된다. 그의 설교를 금지한 당시의 담임목사는 존 롬리(John Romley)인데, 그는 사무엘이 욥기주석을 쓸 때 필사생(서기)이었다. 그래서 웨슬리는 대신에 아버지의 묘지에서 3일간 설교를 하는데 아주 놀랍도록 은혜로운 결과가 나타난다. "내가 그 강단에서 3년간 설교한 것보다 아버지의 묘지에서 3일간 설교한 것이 사람들에게 더 많은 선을 제공했다고 나는 확신한다."

감리교 모임이 성장함에 따라 외부의 반발과 위협도 증가하게 된다. 처음으로 브리스틀에서는 웨슬리의 모임을 반대하기 위해 폭도들이 등장하고, 그 모임 때문에 경제적 손실을 입은 술 제조자, 배우, 창녀 등이 데모에 가담한다. 그리고 그의 설교와 사상에 대한 심리학적 비평도 이어진다. 1740년대에 국교회의 여러 감독이 비판의 대열에 합류한다. 그들 가운데 윌리엄 워버톤(William Warburton)은 웨슬리를 열광주의자, 광신도라고 하며 그가 민중들을 미치게 만든다고 하면서, 열광주의가 위험하며 이성의 통제를 받지 않으면 정신이상 상태로 변한다고 주장한다. 찰스를 안수한 런던의 감독 에드먼드 깁슨(Edmund Gibson)은 감리교도들이 내적이며 갑작스런 충동을 행동, 결단, 목적을 위한 안내자로 삼는다고 혹평한다. 그리고 브리스틀의 감독인 조셉 버틀러(Joseph Butler)는 성령의 은사와 계시를 사칭하는 것은 아주 무시무시한 일이라고 하며 웨슬리가 자신의 지역에서 설교하는 것을 금한다.

그가 국교회 지도자들의 이런 비평을 모른 체하기는 어려웠다. 그래서 웨슬리는 1743년과 그 다음해에 자신의 입장에 대한 합리적인 변호를 담은 "이성과 종교의 사람들에게 하는 간절한 호소"(An Earnest Appeal to Men of Reason and Religion)를 발간한다. 그 글은 감리교의 신앙과 실천을 정당화하는 해명이다. 웨슬리는 감리교 운동이 초대교회의 활성화이며 영국개혁(the English Reformation)의 정신에 대한 증언이라고 한다. 그것은 하나님과 이웃을 사랑하는 본질적인 합리성이며, 이성과 생기에 넘치는 경건성의 연합이다. 그는 자신의 반대자를 비평하기 시작하는데, "하나님과 이웃을 사랑하는 것과 모두에게 선을 행하는 것이 합리적이라면, 여러분은 우리가 설교하고 실천하는 그 종교를 인정할 수밖에 없다."라고 강조한다.

웨슬리는 옥스퍼드 대학의 설교자였기 때문에 3년에 한 번씩 그 대학에서 설교해야 했는데, 세 번(1738, 1741, 1744년) 설교할 기회를 통해서 평소에 하던 주장을 되풀이하였기 때문에 비슷한 비난에 직면한다. 그 설교의 제목들은 "신앙에 의한 구원", "네가 나를 그리스도인이 되도록 거의 설득했다(행 26:28)", "성서적 기독교"이다. 설교를 통해서 그는 '거의 그리스도인'(almost Christian)과 '온전한 그리스도인'(altogether Christian)을 구별하고 이름뿐인 교인과 참된 성도의 개념도 해설한다. 그리고 마지막 설교에서는 청중들의 영적인 각성을 촉구하는 날카로운 질문들을 던지며, 옥스퍼드의 젊은이들을 "경솔한 세대"라고 규정하고 그들이 하나님에게, 서로에게, 자신의 영혼에 대해 경솔한 이들이라고 비난한다. 결국 그는 이 설교를 하고 나서 설교자의 명단에서 제외된다. 웨슬리는 그 부모와 같이, 자신이 옳다고 확신하는 것에 대하여 어떤 비난과 핍박도 무릅쓰고 외치는 원칙의 지도자였다.

이런 태도 때문에 그는 모라비아 교도들, 그리고 화이트필드와 우호와 갈등의 관계를 지속하게 된다. 감리교 특유의 모습이 형성되면서, 그의 신학사상도 점차 다른 신학, 특히 모라비안 신학과 칼빈 신학과의 차이점을 드러내게 된다. 모라비안 지도자인 필립 몰더(Philipp Molther)가 페터레인 모임에 들어온 후에 그는 웨슬리와 격렬한 논쟁을 벌인다. "우리는 밤 11시까지 쓸데없는 논쟁을 계속했고 결국 나는 그 문제를 하나님께 맡겨 버렸다."(웨슬리의 말) 몰더는 1. 신앙의 정도(degree)는 없다. 2. 구원하는 믿음의 길은 정적인 것이다(은혜의 수단을 사용하는 것이 아니라)라고 주장하였다. 그 둘 사이에 의견 차이가 분명하여 화해의 시도가 있었지만, 결국 1740년 7월부터 그 모임에서 설교할 수 없게 된 웨슬리는 18명(주로 여성)과 함께 그 모임에서 탈퇴하여 파운더리(Foundery)에서 새로운 모임(남자 25명과 여자 48명)을 시작한다. 거기서 나오기 전에 보낸 최후통첩에서, 웨슬리는 그들이 의롭게 하는 신앙에는 어떤 의심이나 두려움이 없다고 주장하는 것을 비난한다.

웨슬리는 동생에게 쓴 글에서 자신이 모라비안에 합류하지 않는 이유를 열거하는데, 그들에게 나타나는 성서적 종교와 반대되는 신비주의적 경향성, 자기부인의 결여, 은혜의 수단에 대하여 상대적으로 소홀히 하는 성향 등이 포함된다. 그런데 웨슬리가 피터 뵐러를 만난 후에는 너무 감동하여 "내가 왜 그들과 합류하는 것을 억제하는지 놀랍다. … 나는 그들과 함께하기를 갈망한다. 그런데 내가 그들로부터 멀어져 있다."라고 기록한다. 그는 그들의 신앙생활에 나타나는 순수함을 좋아했지만, 그 지도자들의 사상을 그대로 용인할 수 없었다. 그는, 칭의(중생)와 성화는 동시에 이루어진다는 친첸도르프의 주장과 인간의 죄성은 중생한 후에도 남아 있고 죽을 때까지 해소되지 않는다는 뵐러와 스판겐베르그의 견해를 들으면서, 점점 더 그들과의 관계가 희미하고 애매해지는 것을 느낀다. 결국 1745년에 그 백작은 자신과 모라비안이 웨슬리 형제들과는 아무 관계가 없다고 선언하기에 이른다.

이와 유사한 웨슬리의 양립 감정은 조지와의 관계에서도 드러난다. 조지는 칼빈주의적 감리교의 선구자가 되는데, 그 과정에서 웨슬리와 신학적 갈등을 노출하게 된다. 웨슬리는 동생과 함께 만인구원을 위한 하나님의 은혜와 섭리를 주장하면서, 한편으로 칼빈의 무조건적 선택, 항거 불가능한 은혜, 성도 견인의 개념을 반박한다. 나중에 웨슬리가 성도의 완전론을 전개하자 조지는 그에 반대하며 그가 너무 낙관적이고 순진하다고 평한다. 그러나 그들은 서로의 입장이 다르더라도 하나님의 구원의 복음을 전하는 대의가 동일하기 때문에, 끝까지 상대의 신념과 성실함과 열정을 존경하는 자세를 견지한다. 1742년 4월의 일기에서 웨슬리는, "나는 그가(조지) 주 예수 그리스도를 사랑하는 모든 이들과 함께하려는 간절한 소망을 말하는 데 있어서 진실하다는 것을 믿는다."라고 하며 그 후에도 "나는 칼빈은 조금, 루터는 조금 더 사랑한다. 모라비안과 로(Law)도 사랑하는데 화이트필드는 그들보다 훨씬 더 사랑한다."라고 고백하고 있다.

조지도 복음의 동역자인 웨슬리에 대한 존경을 표하는데, 이런 그의 마음을 나타내는 레슬리 처치(Leslie Church)의 기록을 보면 다음과 같다.

> 비평가 중의 한 사람이 조지 화이트필드에게 와서 말하였다. "선생님, 당신은 우리가 천국에 가게 될 때 거기서 존 웨슬리를 볼 것이라고 생각하십니까?" 조지가 대답하였다. "아닙니다, 선생님. 나는 두려워하지 않습니다. 왜냐하면 그가 영원한 보좌에 아주 가까이 있을 것이고 우리는 아주 멀리 있을 것이기 때문에, 우리가 그를 보기는 거의 어려울 것입니다."

1770년에 조지가 소천하게 되자, 웨슬리는 장례식 설교를 작성하는데 거기에는 조지에 대한 존경과 서로간의 차이를 보여주는 간명한 글이 나온다.

> "덜 중요한 성격의 교리들이 많이 있습니다. … 이런 것들에 대하여 우리가 생각할 수 있고 그렇게 하도록 해야 합니다. 우리는 서로 일치하지 않을 수 있다는 것에 동의해야 할 것입니다. 그러나 그러는 동안이라도 우리는 본질적인 것들은 굳게 유지합시다."(There are many doctrines of a less essential nature … In these we may think and let think; we may

'agree to disagree.' But, meantime, let us hold fast the essentials …)

웨슬리는 세계에서 "agree to disagree"(서로 의견 차이가 있을 수 있다는 사실에 동의한다.)라는 말을 기술하여 남긴 최초의 사람이다. 이 말은 그가 위대한 복음주의 정신을 가진 선구자 중의 한 사람임을 분명히 보여주고 있으며, 정직한 차이(honest difference)를 인정하는 복음주의자들이 마음에 간직해야 할 명언이다.

웨슬리는 자신이, 하나님의 은혜로 수고하여 구원의 자리로 인도한 많은 신자를 잘 관리하고 양육하여 감리교의 모임을 활성화시킨다. 그리고 그 모임과 지도자와 설교자들을 위한 규칙을 제정하여 추종자들을 조직화하는 데 성공한다. 그리고 자신의 실용적 신학을 일기, 소책자, 설교집 등을 통해 전개하고 후세에 남긴다. 그리하여 그의 정신을 잘 반영한 현재의 감리교회가 생성되고 부흥하게 된 것이다. 그러나 더욱 큰 열정과 카리스마를 가지고 대부흥운동을 주도한 화이트필드는 약간의 글을 남기고 모임도 만들었지만, 행정 능력에 있어서 웨슬리와는 비교가 되지 않는다. 그는 자신의 설교를 듣고 회심한 이들을 관리하고 조직하는 데 거의 관심이 없었으며, 결국 그 일은 다른 이들에게 맡긴 것과 마찬가지이다.

그가 그렇게 한 이유는, 자신의 종파를 만들지 않으려고 했기 때문이다. "화이트필드란 이름은 사라지게 하자. 그래서 예수 그리스도의 이상과 대의명분이 살아나도록 … 나는 이미 신물이 날 정도로 충분히 인기를 누렸다." 이런 성향과 방식의 차이 때문에, 웨일즈와는 다르게 영국에서는 조지의 칼빈주의적 감리교가 주요한 교단으로 성장하지 못한다. 그가 이런 사실을 인식하고 웨슬리의 장점을 자신의 단점과 비교하였다. "내 형제 웨슬리는 지혜롭게 행하였다. 그의 사역을 통해 깨어난 영혼들을 그는 (자신의) 모임에 가입시켜서, 자신의 노고의 열매들을 보존했다. 나는 이런 일을 소홀히 했고, 내 사람들은 모래 한줌이다."

X. 교세 확장과 규칙의 제정

웨슬리의 선교 초기에는 어떤 규칙의 필요성이 없었다. 그러나 그 모임의 참석자들이 늘어나고 그룹이 생기면서 규칙을 정하게 된다. 규칙은 회원들의 자격, 의무(행동지침), 권리 등을 제시하며 그들을 관리하고 성숙시키기 위한 목적으로 제정된다. 제일 먼저 생긴 것은, 1738년에 최초로 그룹을 나누면서 만든 『작은 모임을 위한 규칙들』(*Rules of the Band Societies*)이다. 이 규칙에 의하면, 각 그룹의 회원들은 하나님의 명령에 순종하기 위해 일주일에 한 번 모여, 모라비안이 하는 대로, 자기의 죄를 서로 고백하며 치유를 위해 기도한다. 밴드에 가입하기 전에 받는 질문 가운데는, "당신의 죄를 용서 받았습니까? 당신을 지배하는 내적이거나 외적인 죄는 없습니까?" 하는 것이 있다. 그리고 회원이 된 다음에 주간모임에서 하는 질문은, "지난주에 어떤 자범죄를 지었습니까? 혼자 속으로만 간직하려는 비밀은 없습니까?" 등이다.

이 규칙이, 사랑 안에서 서로를 돌보고 각자의 구원을 성취하는 데 도움을 주기 위한 것이지만, 아주 사적이고 엄격하게 정직함을 요구하는 것이어서 그 모임에 부담을 갖는 사람들이 생긴다. 결국 이 밴드 모임은 사라지고 반 모임(class meeting)으로 대체된다. 오늘날의 구역모임이나 셀 그룹과 같은 개념인 그 모임은 5명에서 12명으로 구성되는데, 여자도 리더가 될 수 있었다. 리더는 충성심과 성실성을 근거로 하여 선발하는데, 여자 가운데는 엘리자베스 리치(Elizabeth Ritchie), 헤스터 앤 로저스(Hester Ann Rogers), 아그네스 발머(Agnes Balmer), 메리 보산켓(Mary Bosanquet)이 주요한 인물이다. 리더는 최소한 1주일에 한 번 자기 회원을 모두 만나야 했고, 그 지역의 목사나 웨슬리를 만나 회원들에 대하여 보고하도록 했다.

1743년에 웨슬리는 『연합회의 성격과 일반 규칙들』(*The Nature and General Rules of the United Societies*)을 발간하는데, 이 책은 자연법의 두

가지 교훈－악을 피하고 선을 행하라.－의 규범적 가치와 함께, 성서읽기와 기도와 성찬식과 같은 은혜의 수단의 중요성을 나타내고 있다. 그런데 이 규칙은 그가 전부터 생각했던 것을 북쪽의 뉴캐슬 지역을 위한 선교를 하면서 정리한 것이다. 이것을 통해서 그는 찰스와 연합하여 사역하고, 각 모임의 지도자들이 회원들에게 기준을 제시하도록 하며, 전국의 여러 모임을 통합적으로 관리하려고 한다. 그 규칙은 회원들이 행하지 말아야 할 악, 행하여야 할 선, 그리고 순종해야 할 하나님의 명령을 열거하고 있다.

1. 피해야 할 일들－하나님의 이름을 헛되이 취함, 일하거나 사고팔면서 주일을 모독, 필요 없이 술 취함, 분쟁, 다툼, 복수, 형제를 법에 고소, 상거래에서 많은 말을 사용, 세금을 내지 않은 물건의 거래, 불법적인 고리로 물건을 주고받음, 공무원이나 성직자를 나쁘게 말하는 무지비하고 비건설적인 대화, 남이 하지 말았으면 하는 일을 남에게 하기, 하나님의 영광을 해치는 일.(금으로 장식하거나 비싼 옷을 입음, 예수의 이름으로 할 수 없는 오락, 하나님의 사랑과 지식에 도움이 되지 않는 책 읽기와 노래 부르기, 불필요한 자기방종, 세상의 보물을 저장, 정당한 대가를 지불할 용의 없이 물건을 빌리고 차지함)
2. 행하여야 할 선－다른 이들의 육체를 위하여(하나님이 주신 능력 안에서 음식과 옷을 나누어 주고 병자와 갇힌 자를 방문하며 도움), 다른 이들의 영혼을 위하여 훈계하고 격려, 믿음의 가족들을 위하여 섬기는 일, 복음이 비난받지 않도록 검소하고 부지런하게 살며 인내하며 믿음의 경주를 하고 자기 십자가를 지고 주님에게 복종.
3. 하나님의 명령으로서 순종하고 참석해야 할 일－공적인 예배, 말씀의 사역, 성만찬, 가족과 개인기도, 성서연구, 금식과 절제.

초기에 웨슬리의 사역은 주로 런던과 브리스틀을 중심으로 이루어진다. 그런데 1742년에 중심지가 하나 더 생기는데, 바로 뉴캐슬이다. 그곳은 석탄광업의 중심지인데, 그는 그해 5월 말에 그곳에 가게 된다. 그 도시에 대한 웨슬리의 첫 인상은 끔찍하고 비참한 것이었지만, 그는 그것이 오히려 전도를 위해서는 유망한 것이라고 생각한다. 가는 곳마다 술 취한 사람, 저주하고 싸우는 사람을 만나게 된 그는 "확실히 여기는 의인을 부르러 온 것이 아니라 죄인을 불러 회개하도록 하기 위해 오신, 그분을 전할 기회가 무르익은 곳이다."라고 생각하였다.

주일에 그는 평신도 설교자인 존 테일러(John Taylor)와 함께, 그 지역에서 가장 협소한 곳에 가서 길가에 서서 찬송을 한다. 이 광경을 보려고 사람들이 모여들자, 웨슬리는 사람들의 죄악 때문에 상처 입은 그리스도에 대하여 말한다. 그의 말이 끝날 즈음에 거기에는 1,500명 정도의 주민들이 모였다. "그들은 가장 깊이 놀란 마음으로 입을 벌리고 눈을 크게 뜨고 나를 응시하고 있었다." 오후 5시에 같은 장소에서 다시 설교를 하는데 더 많은 이들이 와서 그의 소리를 다 들을 수 없게 된다. "설교를 마친 후, 그 가난한 사람들이 순수한 사랑과 친절로 나를 에워싸 거의 짓밟힐 지경이 되었고, 그 압박을 피해 나오는 데 시간이 좀 걸렸다." 그가 그들을 피해 다른 길로 숙소로 왔는데 거기서 기다리던 이들이 이삼일 더 머물기를 간청한다.

돌아오는 길에 그는 아버지가 소천한 후 처음으로 엡워스에 가서 설교하려고 하지만, 사무엘의 은혜를 입은 그곳의 부목사가 제지하는 바람에 결국 저녁에 그의 묘지에서 설교를 하는데, 그곳 역사상 가장 많은 이들이 모인다. 웨슬리는 아버지의 산소에 올라가 자신이 선호하는 구절을 가지고 "하늘나라는 고기와 음료수가 아니라, 성령 안에서 (누리는) 의로움과 평안과 기쁨이다."라고 외친다.

수잔나가 소천한 1742년 11월 초에 웨슬리는 다시 뉴캐슬에 가서 그해 말까지 머무른다. 그곳에는 동생이 세운 감리교 모임이 이미 있었는데, 웨슬리가 보니 그것은 "자유분방하고 두드러지게 눈에 띄며 사랑스런 모임"이었다. 그는 첫 주간에 그곳 회원들을 개별적으로 만나 설교하며 그들의 문제점을 지적해준다. 그러면서 그가 발견한 사실은, 그들의 신앙성장이 어떤 단절이나 비약 없이 진행적이라는 것이다. 남부의 신자들과 다르게, 그들은 더 견고하고 지속적으로 성숙하고 있던 것이다. 한편으로, 그곳에서도 집회 중에 카리스마틱한 울부짖음, 쓰러짐이 발생하였는데, 웨슬리는 그런 일에 대하여 관심과 기록을 줄이게 된다. 그런 일이 자주 발생하지 않아서 그런지, 아니면 그에 대한 부정적인 관점 때문인지 확실하지 않다. 분명한 것은, 그가 나중에 성령의 역사가 나타나는 것을 기록할 때에는 전과 다르게 긍정적으로 묘사하고 있다는 것이다. 어찌되었든, 다음해에 찰스가 돌아왔을 때 그는 그런 일시적인 흥분을 자제하도록 하였고 가시적인 은사에 집중하는 이들을 훈계로서 다스린다.

그러던 중에 웨슬리는 그곳에서 죽은 자 아니면 거의 죽은 자를 살리는 경험을 한다. 의사가 포기한 메이릭(Mcyrick)이란 사람의 집에 갔을 때 그의 몸은 차가웠고 분명히 죽은 것 같았다. 그 방에 있던 다른 사람들과 함께 웨슬리가 무릎을 꿇고 눈물을 흘리며 하나님께 간청하자, 그가 눈을 뜨고 웨슬리를 부르며 병에서 회복하기 시작한다. 이 일에 대하여 그는 분명한 주장을 하는 대신에 이런 질문을 던진다. "나는 누가 이 사실을 부정할 것인지 아니면 철학적으로 설명할 것인지 기다린다." 웨슬리는 눈이 오나 비가 오나 그곳에서 7주간 설교하는데 새벽 5시부터 시작한다. 그렇게 이른 시간에 하는 설교가 그에게는 익숙한 일이지만 그 지역에서는 처음 있는 일이다. 그의 이런 헌신적인 사역의 결과로 그곳의 모임은 크게 성장하였고 건물을 지을 수 있는 상황이 되었다.

웨슬리가 40세 되던 1743년에, 그는 뉴캐슬을 세 번 방문한다. 그 기간 동안에 주변의 광산 마을인 차우든, 플레이시, 샌드힐, 스펜(Chowden, Placey, Sandhill, Spen)에 가서 복음을 전하는데, 그 지역에서 그는 더럽고 깡마른 어린이들을 보고 마음이 아팠다. 그곳의 주민들은 대개 무식하고 술과 폭력과 영적 무관심 속에 살면서, 여러 가지 죄악과 절망을 경험하며 세월을 보낸다. 그들에게 웨슬리는 어떤 의미에서 가혹한 구세주였다. 그 노동자들이 하루 쉬는 날에 춤추고 술 마시며 오락에 심취하는 것을 금지한 것이다. 대신에 그는 그들에게 참된 출구를 제공한다. 그 지역의 감리교회는 그들을 교육하고 권고할 뿐 아니라 사랑과 우정의 충고를 하며 그들의 영적인 상태를 점검해준다. 그리고 저녁예배나 철야예배를 하면서 그들이 세속적인 오락에서 벗어나 진정 행복한 삶을 살도록 유도한다. "남자, 여자, 어린이들이 울고 신음하며 심하게 떨고 있다. 많은 이들이 자제할 수 없었으며, 크고 비통한 소리를 내며 울부짖는다."

이런 상황에서 많은 개종자가 생기고 그 모임에 가입하게 되지만, 그들이 모두 충성스런 신자나 지도자가 된 것은 아니다. 웨슬리는 지속적으로 반 모임의 지도자들과 만나서 행위가 부적절한 회원들 64명을 가려내어 퇴출시킨다. 출교의 이유는, 경박스러움, 술 취함, 폭언, 말싸움, 욕설, 습관적 거짓말, 안식일을 지키지 않는 것, 주류 판매, 아내 폭행, 게으름 등이다. 또한 스스로 탈퇴한 이들도 76명이나 되는데, 그것은 가족과의 불화, 재정과 시간과 거리의 문제, 다른 회원에 대한 반감, 발작에 대한 두려움, 재세례 거부, 국교회에 대한 충성심 때문이다.

웨슬리는 간소하고 검소하게 살아간다. 그는 감리교의 모임장소인 파운더리(Foundery)에 있는 자신의 방 이외에 다른 집이 없으며 전도여행을 다닐 때에는 회원들이 제공한 숙소에서 머물게 된다. 날씨가 어떻게 변하든지 상관없이 말을 타거나 걸어 다니면서, 그는 자신에게 주어진 천명을 수행한다. 자신을 몰아가고 고갈시키는데, 그것 자체가 목적이 아니라, 그 일은 다른 이들의 영적이고 실용적인 선을 위한 것이다. 그런 삶의 결과로, 1746년에 웨슬리의 감리교는 일곱 개의 순환 설교지역을 갖게 된다.(London, Bristol, Cornwall, Evesham, York, Newcastle, Wales) 그는 설교자들을 두세 명씩 나누어 지역을 돌아다니며 한 번에 한 달씩 설교하도록 조직한다. 다음 해에 연례 감리교총회에서는 설교에 관한 웨슬리의 규칙을 채택하는데, 그 내용은 다음과 같다.

* 정해진 시간에 정확하게 시작하고 마쳐야 한다.

* 설교자 자신이 작곡한 찬송을 하지 마라.
* 교인들 앞에서 자신의 모든 행실을 진지하고 무거우며 엄숙하게 하라.
* 할 수 있는 한 가장 분명한 본문을 선택하라.
* 본문을 떠나서 장황하게 요점 없이 이야기하지 말고 자신이 정한 주제에 집중하여 잘 전개하라.
* 주제는 항상 청중들에게 어울리는 것이어야 한다.
* 지나치게 상징적이거나 비유적인 설명을 조심하고 과도한 영적인 해석을 경계하라.
* 자신의 제스처나 발음에서 어색하고 꾸미며 허세부리는 일에 주의하라.
* 여러분이 이런 것을 발견하면 서로서로에게 말해 주어야 한다.

XI. 잔류 의지와 독립의 기운

웨슬리가 신성클럽 시절부터 시작한 복음운동은 하나의 개혁을 위한 움직임이다. 당시의 국교회는 대체적으로 역동성을 상실한 상태에 있었다. 지나치게 교회가 제도화되어 있었고, 예배는 의식화되어 신자들의 삶을 변화시키고 선도하는 동력이 되지 못했다. 교회가 가난하고 억눌린 사람들, 육체적이고 영적인 질병에 시달리는 사람들을 위한 등불이요 복음이 되어야 하지만, 오히려 가진 자와 권세가를 위한 도구가 되었다. 교회가 사회적으로 인정받고 성공한 이들의 구원과 행복을 보장하는 모임이었던 것이다. 그곳에 사회적 약자들을 위한 관심과 전도의 열정은 적었다. 그 교회에 신앙의 역동성은 식어지고 그럴듯한 예배당과 제도와 의식을 가진 종교로 전락한 것 같은 모습이 나타난다.

당시 국교회의 상황을 잘 보여주는 예가 있다. 그 교회에 소속된 한 신자가 죄책감에 시달리게 되었다. 그는 그 문제를 해결하기 위해 여러 명의 목사를 만나 상담을 하고 조언을 구했다. 그런데 그들의 충고는 의사를 만나 보라는 것이었다. 결국에 그는 퀘이커 교도를 만나 주님께 돌아오고 죄책감을 해소하게 된다. 목사들 가운데 진실하게 자신의 사명을 수행하는 이들이 있었지만, 자신의 구원에 대한 확신이 없고 복음의 정신도 모르는 자들도 있었다. 명예와 생계를 위한 하나의 직업으로 목사를 하는 이들이다. 웨슬리는 이런 이야기를 하면서 국교회를 부끄럽게 생각한다. 그래서 그는 교회의 잘못을 시정하고 개혁하려는 의도에서 감리교 운동을 하게 된 것이다.

웨슬리가 복음운동을 하면서, 국교회에서 독립된 하나의 다른 교파를 창설할 생각은 없었다. 그 일은 교회 내의 개혁을 위한 것이지 교회 밖의 교회를 설립하려는 것이 아니다. 그 이유는 그 자신이 국교회를 통해서 복음을 듣고 은혜를 받으며 자라왔기 때문이다. 물론 그가 다른 교회와 신학사상에 감명을 받고 영향을 받았지만, 여전히 성공회는 자신의 모교회였다. 모체를 떠나 독립하려는 것은 여러 가지 면에서 볼 때 어려운 것이었다. 더구나 그 교회의 성직자들은 그리스도의 제자들을 계승하여 사도권을 갖고 있었다. 그들 가운데 실제적 무신론자, 반쪽 신자, 거의 신자가 있었지만, 그 교회에 사도권이 있다는 것을 부정하기는 어려웠다. 이런 상황에서, 웨슬리는 교회를 최대한 개혁하고 정화하여 초대교회와 같이 순수하고 열정적인 모습을 회복하려는 의도를 갖고 있었다.

그러나 다른 편에서 살펴보면, 웨슬리의 개혁운동은 처음부터 갈등과 분열의 잠재성을 갖고 있었다. 인류의 역사나 교회사는 기존의 제도를 개혁하려는 움직임에는 항상 그에 반대하는 힘이 작용해 왔음을 보여주고 있다. 불완전한 조건 속에서 존재하는 불완전한 인간과 교회가 하는 일에는 언제나 부족한 부분, 악한 요소, 이기적인 면, 보충해야 할 것, 정화해야 할 측면이 생긴다. 영국교회도 예외가 아니다! 그런 부분을 개혁하려는 웨슬리의 운동이 바른 것이기는 하지만, 그것이 그 개혁의 대상에게는 불필요한 탈선행위로 인식될 수 있다. 위임받지 않은 자가 감히 성스런 전통을 가진 교회의 치부를 드러내고 비평하며 개혁하려고 하다니! 국교회가 전체적으로 웨슬리의 운동을 처음부터 그런 식으로 이해한 것은 아니지만, 그 개혁이 진행되면서 점차 마찰을 빚게 된다.

초기에 웨슬리를 비평하는 사람들은, 그가 전통적인 영국교회를 혼란스럽게 하고 있다고 생각했다. 그를 가톨릭 교인이라고 하거나 예수회 소속이라고 보는 이들도 있었다. 특히 1740년대에는 외래의 것이나 가톨릭적인 것에 대한 강경한 분위가 감리교에 대한 폭력적 반응으로 이어진다. 자신에 대한 그들의 오해와 공격이 심해지자, 자연스럽게 웨슬리는 자신과 감리교 운동의 성격을 변호하게 된다. 이 과정에서 그는 피할 수 없이 국교회와 그 목사들의 약점을 공격한다. 그는 국교회 신자들을 '거의 그리스도인'(almost Christian)이라고 하거나, 거듭나지 못한 사제를 언급하거나, 성령이 아니라 의식으로 연합한 교회라고 꼬집으면서 기존의 교회를 비판한 것이다.

한편으로 모교회를 비평하며 참된 그리스도인의 모임을 추구하면서 갈등이 증폭된다. 웨슬리는 감리교도들이 자기 교구(국교회)의 예배와 성찬식에 참여하도록 독려하고, 그들이 감리교 모임을 교회로 생각하지 않도록 최선을 다하여 설득한다. 그러나 그 운동의 역동성은 그의 의도와는 다른 방향을 향하게 된다. 사실 당시의 감리교는 국교회 내의 하나의 다른 교회였다. 당연히 국교회 지도부가 그에 거부반응을 보이게 되고, 이제 감리교가 국교회 밖의 교회로 독립하는 것은 시간문제인 것이었다.

이런 상황에서 웨슬리는 국교회에 대하여 충성과 개혁으로 양면적인 태도를 보이게 된다. 그는 성공회에서 분리하려는 시도에 반대했지만 비국교도와 청교도를 존경한다. 그리고 성서가 규정하는 교회의 형태가 감독에 의한 정치뿐이라는 생각을 버린다. 그는 회심한 이후부터 전통적인 교회 자체보다는 자신에게 주어진 신명을 수행하는 일, 하나님의 뜻에 순종하는 일, 교회를 선지자적 입장에서 개혁하는 일을 더 중요하게 인식하고 있었다. 그러니까 그에게 국교회에 충성하는 것은 조건부인 것이다. 그에게 교회나 사람보다는 하나님께 복종하는 일이 우선이다. 하지만 찰스에게는 교회를 개혁하거나 부흥시키는 일보다는 그 교회에 잔류하는 것이 더 중요한 문제였다.

감리교가 끝까지 성공회에 남는 것이 웨슬리의 뜻이었지만, 몇 가지 일이 그 뜻을 방해하게 된다. 그의 의도와는 다르게, 감리교가 다른 방향으로 가도록 그를 압박하는 몇 가지 일이 생긴다. 평신도와 여자가 설교하는 것, 성찬식 집례와 참여, 감리교 내에서 안수하는 일, 예배시간, 감리교 총회 규정 등 이 일들이 불가피하게 국교회와 감리교의 분열요소로 작용한다. 먼저, 평신도의 설교에 대하여는 앞에서 지적하였다. 당시 영국 교회법은 평신도의 설교를 금하고 있다. 여자도 물론 설교를 하거나 성직자가 될 수 없다. 그런데 웨슬리는 필요에 따라 평신도가 설교를 하도록 지침을 마련하였고, 여자 모임에서 재능 있는 여자 지도자가 권고하는 말을 하거나 기도회를 인도할 수 있도록 했다. 한편으로 그는 이런 지침이 갈등의 원인이 되지 않도록 한계를 분명히 하고 있다.

둘째는 성찬식의 참여와 집례에 관한 문제이다. 당시에 많은 감리교도는 성찬에 참여하기 위해 멀리 다녀야 했다. 모든 마을에 교회와 성직자가 다 있었던 것이 아니기 때문이다. 그들은 성찬식에 가도 마음이 편하지 않았는데, 그 예식을 집례하는 성직자에 대한 불신감 때문이다. 그들은 대부분 복음적인 성직자가 아니다. 게다가 그 교도들은 그들이 다시 태어나지 못하고 경건하지도 못한 것으로 인식했다. 더 나아가 어떤 성직자들은 감리교를 말과 행위로 공격하고 있었다. 그래서 당연히 그들은 감리교 자체적으로 성찬식을 거행할 것을 요청한다. 그들에게 감리교 지도자에 의한 성찬식의 참여가 정신적, 육체적으로 훨씬 더 편한 일이었다.

1755년에 평신도 설교자인 찰스 페로넷(Charles Perronet)이 런던에서 일부 신자들에게 성찬식을 베풀었다. 찰스는 크게 놀라서 형에게 그 설교자를 징계하라고 요구한다. 웨슬리는 그 문제와 함께 국교회에 잔류할 것인지 토의하기 위해 회의를 소집하게 된다. 기조연설을 하면서, 그는 분열을 옹호하는 주장을 열거한 뒤 그것을 조목조목 반박한다. 그리고 거기에 참석한 62명의 설교자들이 국교회에 잔류하고 성찬식을 집례하지 않는 데 동의하도록 설득하는 데 성공한다. 성공회측은 굳이 웨슬리를 설득하여 감리교가 국교회에 남도록 하지 않았다. 오히려 런던의 감독은 비국교도의 허가증 없이 설교한다는 이유로 감리교의 한 설교자를 출교시킨다.

이런 조치에 대하여 감리교의 반응은 나누어진다. 일부 감리교 모임(뉴캐슬)은 이미 국교회를 떠났고 그렇게 하려는 모임들도 많았다. 그러나 찰스와 같은 인물들은 그 교회에 순응할 것을 강조한다. 웨슬리는 복음적인 성직자들과 의논하게 되는데, 그들은 모교회에 복종할 것과 야외설교, 평신도 설교를 중단하라고 권하게 된다. 그는 그들의 조언을 경청하였지만, 한편으로는 일부 국교회 사제들을 평신도 지도자와 비교하며 비평한다. 하나님에 의해 부름 받은 평신도들은 교회(인간, 조직, 권세)에 의해 부름 받은 고집불통의 목사보다 복음을 전파하고 설교할 더 큰 권리를 갖고 있다고 본 것이다. "영혼을 파멸시키는 성직자들이 영혼을 구하는 평신도들보다 나에게 더 큰 어려움을 주고 있다."(Soul-damning clergymen lay me under more difficulties than soul-saving laymen)

셋째는 감리교 지도자가 독자적으로 안수하는 문제이다. 이 문제는 특히 당시 영국의 식민지였던 미국의 상황과 관련된 것이다. 1771년에 웨슬리가 두 명의 설교자를 미국으로 파송하는데, 그중의 한 명이 프랜시스 애즈베리(Francis Asbury)이다. 그는 '미국의 웨슬리'라는 별명을 들을 정도로 미국 감리교의 창설과 부흥에 결정적인 역할을 한다. 그의 지도 아래 빠르게 부흥하던 감리교를 위해, 웨슬리는 더 많은 성직자의 필요성을 절감하게 된다. 그래서 런던의 감독인 로우스(Lowth)에게 미국에서 활동하는 일부 지도자를 안수하여 목회하도록 할 것을 간청한다.(1780년) 그러나 그 감독은 이미 미국에 세 명의 목사가 있다는 이유를 들어 거부한다. 미국이 1776년에 독립을 선포하고 영국과 독립전쟁을 한 여파 때문에 미국에 대한 당시 영국인들의 감정이 좋지 않았다.

웨슬리는 자신의 요청이 받아들여지지 않자, 광활한 미국에 세 명은 너무 부족하다는 생각을 하며 그 감독의 안수에 대한 자세를 비평하게 된다. 결국 웨슬리는 자신이 스스로 안수하여 미국에서의 감리교 운동을 활성화하려고 결심한다. 그에게는 그렇게 할 능력과 권리가 있었다. 실제로 그는 캔터베리(Canterbury)의 대주교와 마찬가지로 자신도 기독교의 한 감독이라고 말한다. 그러자 플레처(Fletcher)는 그렇게 하지 말라고 그를 설득했고 찰스는 자신이 죽을 때까지만이라도 참아달라고 부탁한다. 그러나 웨슬리는 다른 대안을 찾을 수 없었다.

드디어 1783년 감리교 총회에서, 웨슬리는 안수 받을 지원자를 찾게 되고 두 명의 평신도 설교자(Richard Whatcoat, Thomas Vasey)를 선정한다. 다른 두 성직자와 함께 그는 그들에게 손을 얹고 초급 성직자(deacon)로 안수하고, 그 다음날 정식 성직자로 안수한다. 그리고 웨슬리는 토마스 콕(Thomas Coke)을 안수하여 미국 감리교를 위한 감독으로 임명하게 된다. 이 일에 대한 비난이 제기되자, 웨슬리는 미국의 상황이 영국과는 다르다는 말로 자신의 행위를 변호하며 자신이 여전히 국교회의 일원임을 천명한다. 헨리 무어(Henry Moore)에게 보낸 편지(1788년)에서, 웨슬리는 "나는 영국교회 사람입니다. 내가 50년 전에 말한 대로 나는 아직 국교회 안에 있고, 그 교회에서 밀려나지 않는 한 나는 그 교인으로 살다가 죽을 것입니다."라고 밝힌다.

그러나 웨슬리는 결국 1788년에 영국의 감리교도를 위한 성직자를 안수하기 시작했으며, 다른 나라에서 사역할 지도자도 안수하게 된다. 그가 생전에 안수한 성직자는 25명이 넘는다. 독자적인 안수에 대한 비평이 생기자, 그는 필요성이라는 말로 그 행위를 정당화한다. 복음을 전하고 어린 신자를 양육해야 하는 일이 그 안수를 필요하게 만들었다. 추수할 영혼들이 많은데 그들이 썩도록 내버려 두는 것보다는 일꾼을 보내는 것이 훨씬 더 선한 일이다. 복음을 위해서는 국교회와의 갈등이나 차이를 감내할 것이라는 것이 그의 입장이다.

넷째는 예배시간의 문제이다. 처음부터 1780년대 초까지 감리교도들은 국교회 예배와 감리교 모임에 모두 참석했다. 그런데 국교회와의 차이가 분명해지고 갈등이 심화되며, 개혁운동이 교회를 변화시키지 못하게 되자, 그들 가운데 독자적인 예배를 요구하는 이들이 생긴다. 그러나 웨슬리의 의지는 확고하다. "그런 행위는 국교회와의 공식적인 분리로 이어질 것이다. 국교회와의 분리를 준비하지 말고 그 분열을 방지하라. 여러분이 국교회와 같은 시간에 예배를 드릴 수도 있다. 그러나 그 순간부터 여러분은 내 얼굴을 보지 못할 것이다. 감리교도들이 국교회를 떠나면 하나님이 그들을 떠날 것이다." 이렇게 자신의 뜻을 분명히 했음에도 불구하고 일부 모임이 국교회와 같은 시간에 예배를 드리게 된다. 고민하던 웨슬리는 하나의 타협안 또는 예외 규정으로, '같은 시간에 예배를 드리더라도 국교회의 성찬예배에는 참석해야 한다. 가까운 지역에 교회가 없는 경우에는 감리교 자체의 예배를 드릴 수 있다.'고 제시한다.

다섯째는 감리교 총회에 대한 규정을 제정하여 선포한 일이다. 웨슬리가 반복적으로 국교회로부터 독립할 의사가 없음을 표시하였지만, 한편으로 그는 그렇게 될 가능성을 예상하고 준비하려는 현실감을 보여준다. 1784년의 감리교 총회에서, 그는 자신의 사후에도 개혁운동이 계속되기를 바라는 마음에서 감리교의 체계를 세우기 위한 선언문(the Deed of Declaration)을 채택한다. 그것은 총회에 관한 15개의 규정들을 명시하고 있는데, 그 가운데는 민주적 표결방식(다수결에 의한 결정)도 있다. 그 규정들은 감리교가 미래에 독자적으로 움직일 수 있도록 하는 기초이다. 결국 그것은, 웨슬리 자신의 의도와 인식과는 상관없이, 감리교의 독립을 준비하는 것이 된다.

이상과 같은 원인 때문에 감리교의 독립은 불가피하게 진행된다. 결국 1795년의 총회는 모든 감리교회에서, 다수가 원하여 결정하면 성찬식과 세례식을 거행할 수 있도록 허용한다. 그래서 감리교는 독자적인 교회로 굳게 세워지고 국교회와 경쟁하는 관계 속에 부흥한다.

여기서 우리는 교회의 분열 원인에 대하여 생각해보자. 하나 되라는 예수님의 간절한 기도(요 17:21)와 바울 사도의 권고(엡 4:1-6)에도 불구하고, 현재 지구상에는 서로 다른 수많은 교회가 존재한다. 그들은 하나같이 자신이 진정한 교회, 하나님이 인정하는 교회, 사도권을 계승한 교회라고 주장한다. 지정학적 원인 때문에 불가피하게 생겨난 교파, 권세 다툼에 의해 갈라지는 교회, 순수한 복음운동이 하나의 교파로 발전한 경우, 개인의 카리스마 때문에 그를 중심으로 하여 형성되는 교파 등 그 분열은 다양한 원인에 의해 생성된다. 감리교의 독립은 어느 경우에 속하는가? 한국의 많은 교파는 어떤 원인 때문에 발생한 것인가?

XII. 사랑, 결혼, 가정

웨슬리가 복음운동을 시작한 지 10년이 지났을 때, 그의 사역은 성공적이었으며 80개의 지역 협회가 생기고 21명의 설교자가 9개 설교지역을 다니면서 그와 같은 일을 하게 된다. 조지아에서 소피아와의 관계 때문에 어려움을 겪은 그는 더 이상 여자를 사랑하거나 결혼하는 일에 관심이 없는 듯했다. 그런데 그의 주변에는 열성적으로 헌신하고 그를 존경하는 많은 자매가 있었다. 1740년에 이미 한 친구가 말하기를, "존과 찰스는 많은 아가씨에게 위험한 함정이다. 몇 명은 그들을 사랑하고 있다." 웨슬리는 여전히 결혼보다는 독신을 선호하며 그것의 가치가 우월하다는 것을 설교와 글을 통해 전하고 있다.(1748년의 감리교 총회는 그의 독신에 관한 의견을 비판하는데, 그는 결국 결혼에 어떤 잘못도 없다고 확신하기에 이른다.) 그러나 이제 그런 태도에 변화의 바람이 불게 된다.

1748년 8월, 웨슬리가 뉴캐슬에 있을 때 심한 두통 때문에 일주일간 침대에 누워 지낸다. 이때 그를 보살핀 여인은 32세의 매력 있고 부유한 과부 그레이스 머레이(Grace Murray)였는데, 그녀는 집을 관리할 뿐 아니라 여성 신도모임을 인도하고 환자와 배교자를 방문한다. 웨슬리는 그녀를 좋아하게 되었고 "내가 (어느 여인과) 결혼한다면 당신이 바로 그 사람일 것이다."라는 말로 자신의 마음을 표현한다. 다시 일어나 설교여행을 떠나면서 그는 그녀를 동행하는 그룹에 포함시킨다. 그레이스의 행동을 주의 깊게 살펴본 웨슬리는 그녀가 말할 수 없이 유용하다고 생각하며 선언하기를, "나는 당신이 복음 안에서 나와 함께 동고동락해야 한다고 확신합니다. 내가 봄에 당신과 함께 아일랜드에 가려고 합니다. 이제 우리가 한 계절 동안 떨어져 있어야 하지만, 다시 만나게 되면 항상 함께할 것이라고 믿습니다."

그러나 그녀는 이 말을 잘 이해하지 못했고 그에게서 어떤 따스한 감정도 느끼지 못한다. 그레이스는 존 베넷(John Bennet, 평신도 설교자)의 집에 머물게 되는데, 베넷도 그녀의 간호를 받은 적이 있었고 그녀와 결혼할 마음도 갖고 있었다. 그들은 결혼하기 원해서, 감리교의 규칙에 따라 웨슬리에게 동의를 구하는 편지를 보낸다. 웨슬리는 그가 그레이스와 결혼하지 말도록 종용하는 글을 보내는데, 그는 하나님이 자신과의 결혼을 인정하는 것 같다고 응답한다. 이에 웨슬리는 그녀를 아일랜드로 데려가는데, 가는 길에 가스(Garth)에 들러 동생 찰스의 결혼식을 집례한다.

찰스(40세)는 설교하는 기간에 샐리 귄(Sally Gwynne, 21세) 자매를 만나, 수입이 들쭉날쭉하다는 신부 측의 반대를 형의 도움으로 해결하고, 1747년 4월에 결혼한다. 웨슬리는 일기에 "내가 내 동생과 샐리 귄을 결혼시켰다. 오늘은 엄숙한 날이었다."고 기록하였고, 동생은 자신의 결혼에 대하여 좀 더 시적으로 속마음을 묘사하고 있다.

달콤한 날! 아주 시원하고 조용하며 밝은 날, 땅과 하늘의 신부.
아침부터 밤까지 구름 한 점 없네.
나는 4시에 일어나, 내 형과 샐리와 벡(Beck)과 함께,
3시간 반 동안 기도하며 찬양했다.
그리고 나의 샐리를 교회로 이끌었네.
지금은 가장 엄숙한 사랑의 계절!

나는 그 결혼식에서보다 더 하나님의 임재를 느낀 적이 없다.
기도와 감사드림이 우리가 할 모든 일이었네.
우리는 유쾌함 없이 즐거웠고 슬픔 없이 진지하였지.
우리의 기쁨을 모르는 참견하는 이가 평하기를,
"그것은 결혼식보다는 장례식 같았다."
무리 중에서 내 형이 제일 기뻐하는 것 같네.

찰스의 결혼생활은, 자신의 표현대로 유쾌함은 없었지만 행복하고 성공적인 것이었다. 웨슬리는 동생의 결혼식을 마치고 아일랜드로 가서 많은 핍박을 받으면서도 하나님의 능력과 섭리를 경험하며 전도한다. 그러는 동안 그는 그레이스를 가까이 살피면서 더욱 감동을 받아 서로 결혼할 것을 약속하고 맹세하기까지 하는데, 그 당시의 법에 의하면, 그 맹세는 구속력이 있는 것이다. 그러나 브리스틀에 왔을 때, 그녀는 그가 다른 여자 회원과 친하게 지내는 것을 시기하고 오해하여 베넷에게 편지를 보낸다. 1749년 9월 1일에 베넷, 그레이스, 웨슬리 세 명이 엡워스에서 만나는데, 처음으로 그녀는 자신에 대한 웨슬리의 감정을 알게 된다. "웨슬리는 자신이 오랫동안 억압해 왔던 나에 대한 열정을 공표한다. … 나는 그가 결혼할 것이라고 생각하지 않았기 때문에, 달이 그 궤도에서 떨어져 나가는 것과 같이 크게 놀랐다."

그 대면에서도 어떤 결론에 도달하지 못한 가운데, 웨슬리는 뉴캐슬로 떠나고 그레이스는 두 남자 사이에서 고민하게 된다. 거기서 그는 베넷에게 보낸 신랄한 편지에서 이렇게 말하였다. "내가 모든 면에서 신뢰하는 당신이 그 신뢰를 저버리고 그녀에게도 그렇게 하도록 했소. 당신은 나에게서 가장 충성스럽고 유용한 종을 빼앗아 가려고 했소. 당신은 맹목적이고 충동적인 열정 대신에, 성서를 보며 자신의 원칙에 대하여 판단해야 할 것이오." 소피아와의 경험을 반복하지 않으려는 의도인지 확실하지 않지만, 결국 웨슬리는 찰스에게 그녀에 대한 감정과 결혼하려는 뜻을 밝힌다.

그런데 찰스는 형의 결혼에 극렬하게 반대한다. 표면적인 이유는 그녀의 천한 출생배경, 나쁜 소문, 성격, 베넷과 약혼했다는 확신 같은 것이다. 한편 내면적인 이유는 결혼이 형의 목회에 방해가 될 것이라는 생각, 그리고 형이 결혼한다는 사실 자체에 대한 이해하기 어려운 두려움이다. 뉴캐슬로 달려간 찰스는 그곳의 여자들로부터 그레이스에 대한 좋지 않은 이야기를 듣고는, 그들에게 자기 형이 "자신의 기술과 권위를 이용하여 다른 남자의 아내를 유혹한다."고 말한다. 이 말을 들은 이들은 웨슬리와 더 이상 함께 일하지 않겠다고 하며, 그가 마귀의 자녀라고 떠들거나 웨슬리가 벌받지 않으면 하나님은 없는 것이라고 외친다. 심지어 어떤 이는 그가 지옥에 있는 꿈에 시달린다.

말을 타고 달려가 형을 만난 동생은 격렬하게 그 결혼을 만류하게 되고, 웨슬리는 온건하고 논리적으로 자신의 입장을 설명한다. 그러나 찰스는 형을 이해하지도 않고 믿으려고 하지도 않는다. 그날 밤에 홀로 앉아서 그는 동생과 다른 이들이 자신의 결혼에 반대하는 이유들을 생각하며, 조목조목 반박하는 자신의 논리를 전개하고 자신이 그녀와 결혼하는 것이 옳다는 결론에 이른다. 다음날 아침에 두 형제는 다시 논쟁한 후에, 형이 케직(Keswick)으로 설교하러 갔다가 다시 돌아오니 동생이 없었다. 찰스가 그레이스를 단념시켜 베넷과 결혼하도록 설득하기 위해 그녀가 머물던 힌들리 힐(Hindley Hill)로 간 것이다.

웨슬리는 밤의 안개와 습지대를 통과하며 그곳으로 달려간다. 도착했을 때 찰스와 그레이스는 이미 떠나고 없었고, 그는 설교 약속 때문에 추적을 포기하는 대신에 친구를 보낸다. 며칠을 비참하게 보낸 웨슬리는 설교하면서 겨우 평안을 찾는다. 1749년 10월 1일에 그는 하나님이 꿈을 통해 자신에게 말씀하실 것을 간구하는데, 그날 밤에 그는 목이 매달린 그레이스를 꿈에 보게 된다. "나는 그녀의 얼굴이 검게 변할 때까지 그녀를 바라보았다. 나는 참을 수 없어 나가 버렸다. 그러나 다시 속히 돌아와 그녀가 내려지기를 원했다. 그러자 그녀가 침대에 눕게 된다. 아침까지 그녀 옆에

앉아 있었다. 그녀가 정신을 차리고 말하기 시작했고, 나는 잠에서 깨어났다." 웨슬리는 그 꿈을 그레이스와의 관계가 종결되었다는 주님의 말씀으로 해석한다. 그는 기도하고 금식하며 다음날을 보낸다. "우리는 그 은혜의 보좌에 자유롭게 나갈 수 있다. 그리고 나는 내 의지가 좀 더 (하나님께) 맡겨진 것을 발견한다."

그 다음날 화이트필드의 요청으로 웨슬리는 찰스를 만나러 가지만, 찰스는 그레이스와 베넷이 결혼하기 전까지는 형을 만나지 않는다고 한다. 형의 마음은 몹시 산란해지고 조지는 눈물을 흘리며 기도하고 그를 위로하였지만 소용이 없다. 웨슬리는 자신의 고통이 나누어진 충성심과 설교의 태만에 대한 하나님의 형벌이라고 생각한다. 그리고 며칠 후에 그들이 결혼했다는 소식을 웨슬리는 양립적인 마음(담담함과 씁쓸함)으로 받아들인다. 찰스가 와서 형과 다시는 만나지 않겠다고 하자 조지가 기도하며 말리게 된다. 이때 베넷이 도착하자 웨슬리는 눈물을 흘리며 그와 포옹한다. 그들은 이 모든 일이 그레이스의 잘못 때문이라고 하며 화해하는 모습을 보였지만, 그 감정의 골이 완전히 회복되기는 어려워진다.

우리는 그 네 사람 사이에 어떤 일이 있었는지, 어떤 말이 오갔는지 정확하게 알 수 없다. 전해진 정보는 부분적이다. 자서전을 기록하는 사람들은 주로 웨슬리의 일기에 근거하여, 그의 관점에서 서술하는 경향을 보인다. 그것은 피할 수 없는 일인데, 그의 기록이 제일 많고 잘 기술되어 있기 때문이다. 그러나 웨슬리의 관점이 편파적일 가능성이 있고 기록하는 데 오류나 일관되지 못한 면이 있을 수 있다. 분명한 것은 그가 그레이스에 대한 열망이 있었는데 그녀와 베넷이 배반했다고 생각한다는 것이다. 결국 샐리, 소피아, 그레이스(Sally, Sophia, Grace)와의 사랑은 결실을 맺지 못한 채, 웨슬리의 마음에 남아 신학적 고뇌의 원인이 된다. 수잔나가 말한 것처럼, 웨슬리에게 가정적 행복은 기대하기 어려운 일인 것 같다. 어찌되었든 그 위대한 전도자는 중단 없이 설교하며 자신의 사명을 감당한다.

그러다가 1751년 초에 빈센트 페로넷(Vincent Perronet) 목사와 상담하면서, 웨슬리는 결혼하기로 마음을 정한다. 이제는 결혼하여 부인의 도움을 받으며 전도하는 것이 더 좋다고 본 것이다. 그 둘은 당시 41세인 과부 메리 바자일(Mary Vazeille)이 적절한 여인이라고 생각한다. 그녀에게는 네 자녀가 있었는데, 그의 첫 인상은 "슬픈 마음의 여인"이라는 것이다. 한편으로 그는 그녀가 근면 검소하고 정결하게 사는 모습을 좋게 평가한다. 둘이 결혼할 것이라는 소식을 들은 찰스는 또다시 며칠을 신음하며 식사를 거부하고 형과 함께 모임에 가지 않으려고 한다. 그는 아내 샐리와 함께 슬퍼하며 칩거하게 된다. 그의 이런 행동은 쉽게 납득이 가지 않는데, 정확한 이유를 알 길이 없다. 자신은 어린 신부와 함께 행복하게 살면서 형의 결혼을 극구 반대하는 데는 그 나름의 이유가 있었을 것이다. 이런 태도가 위선적인 모순을 드러내는 것인지 형을 위한 진심 어린 관심인지는 그 자신만이 알 것이다.

동생의 반대에도 불구하고 웨슬리와 메리는 1751년 2월 18일, 아니면 19일에 결혼한다. 그가 가진 한 가지 염려는, 메리의 재산을 보고 그가 결혼한다고 오해할 사람들이 있으리라는 것이다. 탐욕은 웨슬리와 어울리지 않지만, 그런 중상모략에 대하여 변호하기 위해, 아내의 재산과 수입을 모두 그녀 자신과 자녀들에게 법적으로 계승시킨다. 그는 3월에 가족을 두고 브리스틀에 간다. 초기에 그가 아내에게 쓴 편지는 애정으로 가득했지만 설교조의 내용이 더 많았다. 모순된 일은, 그가 결혼하였지만 미혼의 남녀 교인들에게 독신의 가치를 더 강조했다는 것이요, 결혼이나 아내가 전도에 전혀 방해가 되지 않기를 원했다는 것이다. 그는 아내가 "모든 삶을 믿음의 일과 사랑의 수고로 가득 채우기"를 원했으므로, "내가 당신을 사랑하지만, 독신일 때보다 내가 결혼하여 설교를 한 번 덜하고 1마일 덜 가야 한다고 생각한다면, 다시는 당신의 얼굴을 보지 않을 것이요."라고 말한다. 그는 결혼해서도 아내를 여성으로 대하기보다는 동역자로 생각한 것이다!

웨슬리가 조지아에 있을 때, 자신을 좋아하는 자매들을 여자로 대하지 않게 기도해 달라고 부탁한 일이 있다고 앞에서 언급했다. 그런데 그의 결혼생활과 여자를 대하는 자세를 보면, 이상하게도 그 기도가 응답되었다는 느낌을 받는다. 그것이 또한 그의 여성관이기도 하다. 그의 최우선적 관심은 복음을 전하는 것이기에, 그 일에 방해되는 모든 것을 제거하려는 자세를 견지한다. 이런 상황에서 메리가 모든 여인이 결혼하여 누리기를 원하는 행복을 기대하기는 어려웠을 것이다. 그녀는 웨슬리 부인으로 산다는 것이 어렵다는 것을 실감하게 되고, 자연스럽게 남편에 대하여 불평하기 시작한다. 그가 아내와 함께 전도여행을 갈 때 종종 그녀는 어려움을 겪지만 웨슬리는 눈치 채지 못하고, 그런 남편이 아쉽고 자신이 소홀하게 대접받는다는 생각을 한다. 더 나아가 자유롭게 남편의 편지를 볼 수 있도록 허락 받은(웨슬리의 실수?) 메리는, 그가 다른 여성 신도들과 교류한다는 것에 당혹을 느낀다. "내 아내는 내가 사랑하지 않는다고 생각하고 그녀보다 다른 이들을 더 신뢰한다고 가정하기 때문에 거의 죽을 정도로 안달한다."

메리가 브리스틀에 왔을 때, 그는 그녀와 보낸 시간을 낭비라고 생각하며 편지에 쓰기를, "내가 두려워했던 일이 벌어졌소. 내가 당신하고 진지하게 대화했어야 하는데 그렇게 하지 못했소. … 우리는 서로에게 천사로 있어야 하오. … 그리고 내가 당신과 함께 있을 때 한순간이라도 웃거나 실없는 소리를 할 수 있소? 아, 그런 순간이 다시는 오지 않도록 합시다!"

1755년 봄에 부부는 중북부 지역을 돌며 전도하게 된다. 메리는 음식, 숙소, 침대, 도로, 궂은 날씨 등에 대하여 불만을 표시한다. 웨슬리는 자신은 어떤 것도 불만스럽지 않다고 하며 영적으로 성숙하지 못한 아내를 책망한다. "모든 일에 칭얼거리고 투덜대는 사람과 가까이 있는 것은 내 뼈에서 살을 찢어내는 것과 같다." 그는 그런 부인을 참지 못하며, 여인의 연약함과 불평 때문에 하나님의 일을 소홀히 하거나 타협하고 싶지 않았다. 한번은 설교하러 가기 위해 마차에서 기다리고 있는데, 그녀는 준비가 덜 되었고 그는 기다리고 있었다. 10분을 기다리다가 아내가 나오지 않자 그는 그냥 떠나 버린다. 웨슬리가 혼자 런던을 떠나 콘웰(Cornwall)로 가면서 "나는 사슬에서 벗어난 것처럼 마음이 설레었다."고 한 말은 그 당시 그와 아내의 관계를 잘 보여준다.

메리와 웨슬리의 관계를 악화시킨 원인 중의 하나는, 그가 여성 지도자들에게 편지하면서 쓴 표현법이다. 아내가 본 편지에는 연정을 묘사하는 것으로 해석될 여지가 많은 애매한 문구가 여기저기 있었는데 그것이 문제가 된다. 웨슬리가 중요한 직책을 맡긴 사라 라이언(Sarah Ryan)에게 보낸 글을 보면, 아내에게 하듯이, 책망과 교훈을 한 후에 다음과 같이 말하였다.

> "당신은 주님 안에서 내 속을 시원하게 해주었소. 나는 당신의 말을 느끼며 당신 때문에 하나님을 찬양합니다. 나는 당신의 단순성을 좋아하오. 당신의 편지가 가뭄에 단비처럼 알맞은 때에 왔소. 당신과 대화하는 것이 말로 하든 글로 하든, 나에게는 형언할 수 없는 축복이오. 내가 하나님을 생각함 없이는 당신에 대해 생각할 수 없소. 다른 이들이 나를 그분께 인도하지만, 그것은 돌아가는 것이오. 그러나 당신은 나를 그의 임재 앞에 곧바로 인도하는구려."

이 말 속에는 분명히 어떤 존경, 확신, 애정의 감정이 나타나 있다. 이 편지가 전달되기 전에 아내 메리에게 발각되고, 그날 1758년 1월 20일에 그녀는 남편을 떠날 것이라고 선언한다. 그러나 웨슬리가 나간 사이에, 그녀가 다시 돌아와 간음의 증거를 찾으려고 하였지만 발견하지 못하자 후회하는 마음을 가지고 집에 머물게 된다. 그러나 메리의 의심, 시기, 비난, 잘못 찾기는 계속되고, 웨슬리도 자신이 원하는 대로 원하는 사람과 자유롭게 교류할 수 있다는 자세를 굽히지 않는다. 그가 일시적으로 그런 편지를 자제하였지만 근본적인 변화는 없었다. 아내는 그 편지를 타인에게 보여주고 남편은 자신이 계속 감시를 당한다고 다른 이에게 말하면서 그들의 관계는 파국을 향하게 된다. 그 부부가 다시 연합하는 모습을 보였지만, 결국 아내는 남편이 간음하였다며 공격하고 "창세기에서 계시록까지 나오는 모든 저주"를 퍼붓는다.

메리는 1758년, 1768년, 1771년 세 번 가출하였다가 다시 집으로 돌아오고 1774년(결혼한 지 23년)에 완전히 남편 곁을 떠난다. 1771년 1월 23일의 일기에는, "내 아내가 다시는 돌아오지 않는다고 뉴캐슬로 떠났는데, 나는 오늘까지 그 이유를 모르겠다. 내가 그녀를 떠난 것이 아니며 보낸 것도 아니다. 나는 아내를 불러들이지 않을 것이다."라고 기록한다. 그녀가 마지막으로 집을 나가기 한 달 전쯤에 웨슬리는 무분별하게 아내의 모든 잘못을 들추어내는 편지를 쓰면서, 아내는 완전히 겸손하고 하찮아야 하며 남편에 의해 통제되어야 한다고 결론을 내린다.

> 더 이상 지배력, 권세, 돈, 칭송을 위해 다투지 마시오. 사적이고 미미한 존재로, 하나님과 내가 알고 사랑하는 존재로 만족하시오. 내가 하나님과 사람의 법에 근거하여 주장하는 나의 자유를 축소하려고 더 이상 시도하지 마시오. 나를 하나님과 내 양심에 의해 다스려지도록 내버려 두시오. 그러면 나는 당신을 부드러운 지배력으로 다스릴 것이오.

이리하여 두 사람은 서로 합의한 후에 헤어지게 되지만, 1778년까지는 편지를 주고받는다. 1781년 10월에 메리가 죽었을 때 웨슬리는 즉시 알지 못했으며 장례식에 가지도 못했다. 알았어도 그는 가지 않았을 것이라고 추정할 수 있다. 어찌되었든 간에 그들의 불행한 결혼생활은 그런 식으로 해서 종말을 고하게 된다.

오늘날의 우리는 그의 사랑, 결혼, 가정, 여성관을 어떻게 이해해야 할 것인가? 하나님의 일을 한다는 미명하에 아내를 여자로 대하지 않고 한낱 동역자로 본 것은 아닌가? 그의 행동은 당시의 남성 중심적인 문화에서 비롯된 것이므로 정당한 것인가? 그는 아내를 자신의 위대한 어머니에 미치지 못한다고 보고 무시한 것인가? 웨슬리가 아내를 대하는 방식과 그들의 관계는 당시의 문화와 관습, 그들의 성격과 세계관, 상대에 대한 이해와 자세, 웨슬리의 소명과 권위주의, 메리의 여성성 같은 요소들이 복합적으로 작용하여 형성된 것이다. 그러므로 그들의 삶에 대하여 단편적으로 접근하기보다는 좀 더 통합적인 이해가 요구된다.

XIII. 영원한 보좌를 향하여

웨슬리는 평소에 자신이 쓸모없는 존재로는 살지 않을 것이라고 한다. 이 말은 죽을 때까지 온 힘을 다하여 하나님과 이웃을 위해 살 것이라는 자기 확신이다. 그 신념과 같이 그의 삶은 종말 그리고 영광스런 출발을 향하여 진행된다. 1790년 초에 그는 "결혼 예복"이라는 설교를 하는데, 그 예복은 성도의 성결을 의미하는 것이며, 그 설교는 신자가 천국에 들어갈 자격을 얻고 그 영광에 합당하게 되기 위한 성화의 필요성을 강조하고 있다. 그것은 또한 자신이 성화된 삶을 살다가 영원한 하나님의 보좌를 향하여 가까이 왔다는 뜻을 내포하는 것이다.

같은 해 9월에 웨슬리는 성화 또는 그리스도인의 완전을 "하나님이 감리교도라고 불리는 사람들에게 맡기신 숭고한 기탁물"(the grand depositum which God has lodged with the people called Methodists)이라고 하며, 그래서 감리교도들은 주로 그 교리를 전파하기 위해 세워진 것이라고 강조한다. 이 말은 곧 자신의 삶의 줄거리이며 간증이다. 웨슬리는 자신의 마지막 10여 년을 그런 삶을 정리하며 결론을 내리게 된다.

80세 되었을 때, 그는 자신이 놀랄 정도로 건강한 상태를 유지한 채 전국을 돌며 복음을 전한다. "이 세상에서 휴식은 나를 위한 것이 아니다." 반세기 동안 그렇게 활동한 결과, 그는 국가의 보물 같은 존재로 변한다. 주위 사람들의 증오와 두려움은 존경하는 마음으로 부드러워졌으며, 그를 거부하던 교회들이 그의 설교를 청하는 일이 늘어나 모두 수용할 수 없을 만큼 초대받는 상태에 이른다. 82세 되었을 때 그는 가난한 사람들을 위하여 200파운드를 얻기 위해, 눈 덮인 런던 거리를 하루 종일 걸어 다니며 구걸

하다가 열병을 얻어 잠시 고생했을 뿐 건강했다. 84세에 그는 언덕을 오르고 책을 읽으며 기억하는 데 좀 느려진 자신을 발견하고, 85세에는 왼쪽 눈이 나빠지고 오른쪽 눈과 관자놀이, 오른쪽 손과 어깨에 통증을 느낀다.

그래도 그는 여기저기 다니며 설교하는 데 별 문제가 없었다. 자신의 건강에 대하여 그는, 자신에게 맡기신 일을 잘 감당하도록 하나님의 능력이 함께했기 때문이며 성도들의 기도 덕분이라고 한다. 그리고 자신이 계속 운동하고 여행하며 걱정하지 않는 삶을 사는 것, 항상 잠을 잘 자고 4시에 일어나 5시에 설교하는 것을 그 이유로 들고 있다. 그런데 그가 85세가 되기 3개월 전에 동생 찰스가 소천한다. 웨슬리는 그의 장례식에 참석하지 않았고 "희망이 없는 사람들처럼 슬퍼하지도 않는다." 그러나 3주 후에 찰스를 기념하는 예배를 인도하며, 그가 작사한 찬송을 어린이 성가대를 통해 듣고는 앉아 머리를 숙이고 울게 된다. 그 형과 동생의 관계는 긴장과 갈등이 많았지만, 혈연관계 이상으로 끈끈한 것이었으며, 웨슬리는 그의 세 자녀와 가까이 지낸다.

1790년 첫날에 기록한 그의 일기를 보면, 다음과 같다. "나는 이제 노인이며 머리에서 발까지 쇠약해졌다. … 나는 거의 매일 몸의 고열을 느끼며, 내 동작은 약하고 느리다. 하지만 하나님의 복이 있기를, 나는 내 할 일에 태만하지 않는다. 나는 아직 설교하고 쓸 수 있다." 이어서 87세가 되는 날에는 다음과 같이 지난 1년을 회상한다. "내 눈이 너무 희미해서 안경도 도움이 안 된다. … 그러나 머리부터 발까지 어떤 통증도 느끼지 않는다. … '드디어 지친 생명의 동력이 정지된다.'" 그해에 웨슬리는 설교여행을 계속하다가 10월에 윈첼시(Winchelsea)의 한 나무 아래서 마지막 야외설교를 하는데, 그가 죽은 후에 그 나무는 베어져 일부가 지금도 유물로 남아 있다. 그 이후에 그는 주로 런던에 머물며 1791년 2월 말에 레더헤드(Leatherhead)에서 마지막 설교를 한다.

집으로 다시 돌아온 웨슬리는 병이 들었고 점점 약해져 겨우 말할 수 있게 된다. 3월 1일에 그는 펜과 잉크를 요청하지만 글을 쓸 수 없었다. 수

종하던 헌신적인 그룹 리더인 베치 리치(Betsy Ritchie)가 "선생님을 대신해서 제가 쓰겠습니다. 무슨 말을 하실지 제게 말씀하세요."라고 말하자 "아무것도, 하지만 하나님이 우리와 함께하시네."라고 그가 답하였다. 그날 오후에 놀랍게도 그는 일어나 갑자기 아이작 와츠(Isaac Watts)의 찬송곡을 부르기 시작한다.

내가 숨 쉬는 동안 나의 창조주를 찬양하리.
그리고 죽음으로 내 목소리를 잃게 될 때,
찬양이 나의 더 숭고한 힘을 쓸 것이라.
찬양하는 나의 날들이 결코 지나가지 않을 것이니,
살아 생각하며 존재하는 동안, 아니면 영생이 지속되는 동안에.

이스라엘의 하나님께 희망을 거는 이는 행복하여라.
그가 뒤따르는 모든 것과 함께 하늘과 땅과 바다를 만드셨네.
그의 진리는 영원히 확고하게 세워지며,
그는 억압받는 자를 구하시고, 가난한 자를 먹이시네.
그리고 그의 약속을 헛된 것으로 알 사람은 아무도 없네.

이 찬양이 울리는 그 방에 화이트헤드 박사, 엘리자베스 리치, 찰스의 부인과 딸, 그 외에 다른 9명이 있었다. 웨슬리는 다시 힘을 모아 "무엇보다 좋은 것은, 하나님이 우리와 함께하신다!"(The best of all is, God is with us!)라고 외쳤는데, 천국을 향하는 그는 그날 밤에 종종 그 찬송시를 반복하였다. "나는 찬양하리 … 나는 찬양하리." 그 다음날 3월 2일 수요일 오전 10시경에, 웨슬리는 마지막 말을 토한다. "안녕히!" 그리고는 어떤 몸부림이나 신음 없이 숨을 거두었다.

소천하기 전에 웨슬리는 자신의 장례를 간소하게 할 것을 주문하였으며, 하나님의 사랑에 관한 자신의 설교를 인쇄하여 무료로 배포해 달라고 요청한다. 모범적이며 성스럽게 하나님과 이웃을 사랑하는 삶을 체현한 웨슬리가 영원한 보좌를 향하여 이 세상을 떠나는 날 아침에, 그 성자와의 이별을 아쉬워하는 많은 이들은 어떤 숭엄함, 경외심, 신성함, 은혜와 진리를 강하게 느꼈을 것이다. "주님의 눈에 성도의 죽음은 소중한 것이라."(시 116:15)

사람들은 "웨슬리의 시신이 웨슬리 예배당(Wesley's Chapel)으로 옮겨질 때, 그는 많은 책이 있는 개인 서재와 닳아빠진 성직자 예복과 감리교회를 남겼다."고 말하였다. 그가 남긴 것이 어디 이뿐이겠는가? 웨슬리가 소천할 당시 감리교 설교자는 300여 명, 교인은 7만 명이 넘었다. 그가 하나님과 복음에 대한 확신과 열정과 사랑으로 행하는 모습, 그의 생각과 말과 행동, 사랑으로 실천하는 신앙(faith in action through love)을 후세의 많은 이들이 마음에 품고 있다. 현대사의 한 면을 긍정적으로 장식한 그의 유산이 남아 있고, 그를 따르는 이들이 지금 여기저기서 인류를 구원하시는 성삼위 하나님의 활동에 참여하고 있다.

제2장
웨슬리의 신학사상

웨슬리의 신학은 학문으로서의 신학이라기보다는 삶으로서의 신학이다. 그는 현대적 관점에서 전문적 신학자가 아니라, 실용적 신학자라고 할 수 있다. 그의 신학은 신학 자체를 위한 것이 아니라 인간의 구원을 위한 것이요, 목회의 기초적 철학을 위한 것이며, 성스런 삶과 천국의 구현을 위한 것이다. 이 말을 그가 신학자로서 부족하다는 뜻으로 이해하는 것은 잘못이다. 그 전도자는 자신만의 창의적인 사상체계를 전개하고 있으며, 인류의 삶과 역사를 변화시키는 동력이 되는 신념을 제시한다. 영국에서 출발하여 전 세계로 퍼져나간 그의 신앙과 신학은 관념론이 아니라 변혁의 원동력으로서 현대 역사에 지대한 영향을 주고 있다. 따라서 그를 주요한 신학자 중의 하나라고 해도 과언이 아닐 것이다.

웨슬리 신학의 특징 가운데 하나는, 그가 서로 상반되는 것 같은 내용을 통합적으로 다루고 있다는 것이다. 예를 들면, 구원의 주체가 하나님의 은혜인가? 인간의 선택인가? 하는 난제를 다루면서, 그는 인간은 하나님의 은혜 없이는 구원받을 수 없다는 주장과 함께 우리의 참여 없이 그 은혜가 우리를 구원하지 않을 것이라는 주장을 하고 있다. 그는 키에르케고르가 나중에 밝힌 대로, 신학적 교리에 나타나는 모순을 간편하게 해소하는 것이 아니라 그 모두를 포괄적으로 논하려는 진지함을 드러낸다. 이런 접근법은 이것과 저것 양쪽을 아우르는 방식으로, 자연의 이치에 부합하고 세계의 복잡성과 다양성에 대한 인식에 근거한 것으로서 성서적으로 변호할 수 있는 것이다. 그 방식은 놀랍게도 그리스도가 율법에 대한 입장을 명확히 하면서 제시한 것이요(마 23:23－"이것도 하고 저것도 하라"), 포스트모더니스트(postmodernist)가 옹호하는 것이다.

웨슬리의 사상이 세월의 흐름에 따라 변화되었다는 주장을 하는 이들이 있다. 이 말에는 일리가 있다. 누구나 바르트(Barth)와 같이, 오랫동안 살다 보면 자신의 생각이나 세계관에 약간이나마 변화가 생기는 것은 자연스런 일이다. 시간과 공간 속에 존재하는 것 가운데 변하지 않는 것이 어디 있으랴! 그런 변화에도 불구하고 그가 일관되게 주장하는 것들이 있다. 하나님의 은혜, 인간의 참여, 성서의 우월성, 거룩한 삶과 같은 것이다. 지엽적인 문제에 있어서 웨슬리가 생각을 바꾼 경우가 있지만, 성도의 삶에 대한 중요한 교리에 있어서는 일관성을 유지한다. 초기의 웨슬리는 엄격한 도덕적 삶을 중시하고, 중기에는 은혜에 의한 구원, 그리고 후기에는 구원에 있어서 은혜의 탁월함과 함께 성화의 필요성을 강조한다. 나중에 그가 초기와 중기의 주제를 통합하는 모습을 보여준 것이다. 그의 이런 흐름은 지향성(orientation)의 변화이지 근본적인 관점의 변화라고 하기는 어렵다. 이런 웨슬리를 적절하게 이해하기 위해서 필요한 것은, 그와 같이 통전적인(holistic) 시각을 갖는 일이다!

웨슬리의 사상은 통합적일 뿐 아니라 절충적이기도 하다. 절충이란 말이 부정적으로 사용되는 경우가 있는데 여기서 그 말은, 자신의 신학을 만들기 위한 최선의 노력이란 뜻을 내포하는 것으로 사용된다. 이것은 그의 신학적 배경이 다양하다는 사실을 통해서 증거할 수 있는데, 그에게 영향을 준 것은 청교도, 영국교회, 경건주의, 동방정교회(초대 교부), 가톨릭 교회 등이다. 우리는 그가 각기 다른 신학사상 가운데 최선의 것을 선택하여, 자신만의 신학사상을 형성하게 되었다고 할 수 있다. 그 과정에서 절충하고 타협하는 모습을 찾는 것은 어려운 일이 아니다. 물론 그가 모든 것을 성서에 기초하여 평가한 후에 자신의 것으로 용납하였지만, 균형을 잡고 절충하려는 의도를 버릴 수는 없었던 것 같다.

I. 신학의 근거와 방법

웨슬리는 신학의 가능성을 어디서 발견하는가? 신학의 근거와 자료로서 그가 생각하는 것은 무엇인가? 그리고 그의 신학적 신념 또는 교리는 어떤 과정을 통해서 성립되는 것인가? 이 장에서는 이런 질문에 웨슬리가 어떻게 대답하는지 살필 것이다.

1. 신학의 근거 – 신적 계시

우리는 초월적이며 영적인 존재인 하나님을 어떻게 인식할 수 있는가? 그 절대자가 자신을 계시해야만 알 수 있다. 그 인식을 근거로 하여 신과 세상과 자신에 대한 신념이 생성되는 것이다. 이런 면에 있어서 웨슬리도 예외가 아니다. 그는 사람이 하나님에 대해서, 인간의 정체와 운명에 대해서 알 수 있는 가능성이 신의 자기계시에 있음을 인정한다. 그런데 인간이 예수의 삶에 나타난 신적인 계시를 떠나서 하나님에 대한 지식을 얻을 수 있는가? 자연신학이 가능한가? 자연계시와 특별계시가 모두 필요한 것인가? 이 질문에 대한 대답은 보통 두 가지로 나누어지는데, 보편적 계시가 있다고 하거나 불가능하다는 것이다.

웨슬리는 '둘 중의 하나'(either A or B)의 입장을 취하지 않고, '양쪽 모두'(both A and B) 포함하는 견해를 갖고 있다. 그의 견해는 초기의 헬라 신학자들과 동방정교회의 입장과 유사한 것인데, 그들은 일반계시와 특별계시를 분명하게 구분하지 않는다. 모든 계시는 하나님의 은혜로 인류를 위하여 주어진 것이며, 그리스도 안에서 그 완성된 형태를 갖게 된다. 예수가 율법을 완성하기 위해 이 땅에 오신 것처럼, 애매하고 부분적인 계시가 그를 통해 명확해지고 완성되는 것이다. 그들은 또한 인간의 타락 이후에도 하나님은 계속해서 회복의 은혜를 베푸신다고 주장하는데, 그것이 바로 선행적 은총(prevenient or preventing grace)이다. 이 은혜의 개념을 통해서, 웨슬리는 하나님에 대한 지식이 모든 인간에게 가능하다는 입장을 정리한다.

그러나 그 가능성을 인정한 것이 곧 모든 인간에게 신에 대한 내적인 지식이 있다는 말은 아니다. 웨슬리는 그 지식을 습득하기 위해서, 사람은 창조된 세계를 관찰하면서 추론하든지 주어진 영적인 감각(spiritual sense)을 활용해야 한다고 강조한다. 하나님에 대한 보편적 지식은 그런 과정을 통해 가능해지는 것이다. 그러나 그 과정을 거치지 않으면 그 지식의 가능성은 하나의 잠재적인 형태로 남아 있을 뿐, 그 지식을 얻을 수 없는 것이다. 구원의 성취에서와 같이, 이 문제에 있어서도 인간의 의식적인 참여가 요구되는 것이다.

자연계시의 가능성에 대한 웨슬리의 입장이 항상 같은 것은 아니다. 그에 대한 입장은 낭만적인 것에서 부정적인 것으로, 부정적인 것에서 긍정적인 것으로 변하게 된다. 그가 낭만적인 견해를 가진 것을, 우리는 원주민들에 대한 그의 시각에서 알 수 있다. 조지아 선교를 떠나기 전에, 그는 자신이 그곳의 인디언들에게 복음을 전하면 그들은 즉시 그것이 참인지 거짓인지 분별할 것이라고 주장한다. 그들을 순진하고 겸손하며 배우기를 원하고 하나님의 뜻을 행하려는 열정을 가진 존재로 본 것이다. 하지만 그는 그런 생각이 비현실적인 것이라는 사실을 알게 되고, 그리스도의 계시가 없는 이들의 종교가 사악한 것이라고 인식하게 된다.

앨더스게이트(Aldersgate) 이후에 웨슬리는 하나님의 은혜를 강조하면서 보편적 계시를 완전히 부정하지는 않았지만, 거의 공허한 것으로 이해하게 된다. 자연 세계를 연구하면서 하나님의 존재를 확신할 수 있을지 모르지만, 그것이 그의 성품에 대해서 알려줄 것은 하나도 없다. 그는 하나님을 알고 그의 뜻에 순종할 수 있을 정도로 인간에게는 충분한 지식과 능력이 있다는 이신론자들의 주장을 반박하는 글을 남기고 있다.

시간이 흐르면서 웨슬리는 자연계시에 대한 좀 더 긍정적인 견해를 피력한다. 1748년에 그는 만물을 통해서 인간이 하나님의 전지 전능한 지혜를 추론할 수 있다고 하고, 1754년에는 선과 악에 대한 희미한 인식이 누구에게나 가능한 것으로 서술한다. 모든 이가 선행적 은총에 의해 회복된 부분적인 지식을 가질 수 있으며 그것이 덕 있는 삶, 거룩한 삶에 효과가 있다고 본다. 더 나아가 1780년대에, 그는 사람이 자연계시를 통해서 능력 있고 지혜로우며 정의롭고 자비로운 신이 있다는 것과 사후의 심판과 보상에 대하여 생각할 수 있다고 주장하게 된다. 하나님은 내적인 음성을 통해서 이방인들에게 종교의 참된 본질(성화)에 대하여 가르칠 수 있으며, 선행적 은총으로 인간의 영감에 어떤 제안을 할 수도 있는 것이다. 그러나 웨슬리는 자연계시가 특별계시의 필요성을 방해하지 않도록, 그 보편계시를 통해 알게 되는 지식은 기독교 내에서 얻는 것보다 덜 순수하고 덜 흔한 일이라고 강조한다. 또한 그런 이방인은 성령을 통해 주어지는 그리스도인의 확신을 소유하기도 어렵다.

이와 같이 자연계시가 은혜롭게 주어졌으며 인간이 하나님을 향하도록 촉진하는 데 도움이 되는 것이 사실이지만, 결정적인 계시가 될 수는 없다. 웨슬리에게서, 하나님에 대한 결정적인 지식과 구원을 위해 필수적인 지식은 추론에 의해 모두에게 주어지는 것이 아니다. 그 지식은 하나님으로부터 직접 얻어야 하는 것이다. 그가 이런 직접적인 지식에 대하여 강조하자 열광주의요 신비주의라고 비평하는 이들이 생긴다. 이에 대하여 웨슬리는 모든 내적인 계시나 지식은 성서의 검증을 받아야 한다고 말한다. 성령이 신자에게 말씀하신다면 그것은 성서의 말씀과 일치되어야 하기 때문이다. 그런데 결정적인 계시는 성서보다는 성령을 통해 직접 하나님이 부여하는 것이라고 하는 이들이 있다. 그들에 대하여, 웨슬리는 성서가 하나님의 직접적인 말씀이라는 입장을 제시한다.

자신의 이런 입장을 보강하기 위해서, 웨슬리는 성서 영감설을 현재의 성도들에게 적용한다. 초기에 성령께서 성서 저자들의 영감에 직접 감동을 주어 하나님의 계시를 기록하게 된다. 그래서 그 계시가 그들에게 직접 알려지게 되고, 그때 활동한 성령을 통해서 오늘날의 신자에게도 그것이 직접적인 신의 계시가 되는 것이다. 성령께서 그리스도와 성서를 통해서 하신 말씀, 즉 하나님의 계시가 참된 것이라는 사실을 성령이 우리에게 알려주기 때문에 그것이 직접적인 신의 말씀이 되는 것이다. 신자의 입장에서 그것이 신적인 계시라는 사실을 확인하는 길은 성령의 내적인 증거와 삶의 변화이다. 그리고 성서의 권위는 그 말씀이 그것을 읽는 사람을 구원의 자리로 인도하기에 충분하다는 데 있다.

2. 신학의 자료와 방법

웨슬리는 무엇을 자료로 하여 자신의 신학을 전개하고 있는가? 이에 대하여 앨버트 오틀러(Albert Outler)는, 웨슬리가 사용한 신학의 근거 자료를 '성서, 이성, 전통, 경험' 네 가지로 나누어 설명하고 있다. 그의 설명이 완전한 것은 아니지만, 웨슬리의 생애와 사상을 종합적으로 고려할 때, 아주 적절한 것이라고 할 수 있다. 웨슬리는 이 네 가지를 신학의 자료로서 조직적으로 제시하지는 않고, 성서와 이성, 성서와 전통, 또는 성서와 경험 등으로 함께 또는 나누어 설명한다.

1) 성서

웨슬리는 지속적으로 성서를 신자의 신앙과 실천을 결정하는 가장 기초적인 권위로 인정하고 있다. 때로는 성서가 유일한 권위라고 하기까지 한다. 그러나 그는 항상 균형감을 가지고 다른 요소들을 자신의 신학에 연루시킨다. 그래서 그는 성서 외에 다른 어떤 책도 필요 없다는 사람을 열광주의자라고 하며, 종교개혁의 주제인 '오직 성서'(sola Scriptura)를 성서가 배타적이 아닌 최고의 권위를 가지고 있다는 뜻으로 해석한다. 그에게 성서는 인간의 모든 성품과 말과 행위를 위한 항구적인 기준이며, 사람을 타락한 상태에서 각성시키는 가장 효과적인 수단이고, 영적이고 도덕적인 변화를 위한 가장 신뢰할 만한 안내서이다.

이런 의미에서 성서의 해석이 중요해지는데, 웨슬리는 성서의 문자적인 의미에 초점을 맞춘다. 그리고 비유적이고 영적인 해석을 경계하는데, 그 이유는 그런 해석이 유동성(가변성)이 강하기 때문이다. 좋은 목회자나 신학자가 되기 위해서는 성서의 원문에 능통해야 한다고 주장하는 웨슬리는 성서의 내용이 상충되거나 성서가 언급하지 않는 사항에 대한 지침을 제공한다. 같은 내용을 나타내는 두 개의 구절이 모순되는 경우에, 해설자는 보다 더 분명한 구절에 비추어 다른 구절을 설명해야 하며 전후 문맥을 살펴서 판단해야 한다. 그리고 성서가 명확하게 진술하지 않는 사항, 금하거나 허용하지도 않는 사항에 대해서 그는 루터와 비슷하게, 신자가 자유롭게 이해해도 좋다는 입장을 취하고 있다. 그러나 성서가 그런 문제에 대한 어떤 원리(다른 것에 적용할 수 있는 기본 원칙)를 밝히고 있을 수 있다는 가정하에, 그는 그 원리에 따라 적용할 것을 주문한다.

이런 면을 고려할 때, 우리는 웨슬리를 단순한 성서주의자나 문자적 해석만을 고집하는 근본주의자라고 분류할 수 없다. 그가 영감설을 말하면서 구술론을 연상시키는 언급을 하였지만 한편으로, 성서 서술의 과정에 저자의 참여와 의도가 영향을 준 증거를 인식하고 있다. 성서가 무오류하여 완전히 신뢰할 만한 것이라고 하지만, 그를 현대적 의미에서 무오류론자라고 보기는 어렵다.

웨슬리가 내세우는 올바른 성서해석의 원리 가운데 '성서로 성서를 해석한다.'(analogy of faith)는 것이 있는데, 이것은 종교개혁자들이 선호하는 방법으로서 성서의 일치성과 전체의 일관성을 전제로 한 방식이다. 성서가 한 하나님의 계시이므로 기록된 모든 계시에는 모순이 없을 것이다.

하나님은 성격상 같은 문제에 대하여 상충되는 말씀을 할 수 없으며, 그것을 성령의 영감으로 기록한 성서는 신뢰할 만하고 그 내용이 분명한 것이다. 그래서 어떤 구절이 불분명하면 다른 구절을 통해서 그 뜻을 분명히 정할 수 있는 것이다. 이런 해석 방법은 성서 전체를 관통하는 일관된 주제가 있다는 개념과 연관되어 있다. 웨슬리는 그 통일된 주제에 비추어 해석하는 것을 강조하는데, 그가 생각하는 성서의 주제는 인간의 구원 그리고 구원을 이루는 하나님의 은혜와 인간의 책임이다.

2) 이성

웨슬리는 초기 계몽주의가 시대적 흐름인 상황에서 활동한다. 따라서 계몽주의 정신에 깊은 감동을 받게 된다. 당시 계몽주의는 전통적 권위에 대한 의존에서 탈피하여 지식을 위한 합리적 접근을 추구하고, 신비하며 초자연적인 것을 향한 열광주의를 배제하면서 특별계시까지 부정한다. 이에 영향을 받은 웨슬리는 어떤 교리의 진실성을 판단하는 데 있어서, 성서 다음으로 이성을 중요시한다. 실제로 그는 성서만을 참조하기보다는 종종 성서와 이성에 함께 호소하는 경향을 보인다. 그리하여 그는 비성서적이고 비이성적인 것을 모두 거부하는데, 비합리적인 종교의 열광주의와 초자연성을 거부하는 합리주의가 거기에 속한다.

그에게서 지식의 자료는 성서와 전통과 경험인데, 그 자료들을 체계적으로 정리하고 분별하여 자신의 지식으로 만드는 역할을 하는 것이 이성이다. 그것이 이성의 능력이며 동시에 한계이다. 이성은 영혼의 능력 가운데 하나인데 인식, 판단, 추론 이상의 역할을 감당하기는 어렵다. 이와 같이 이성의 역할을 규정하면 계시와 이성을 양극화하는 경향을 해소할 수 있게 된다. 그러니까 이성은 계시를 이해하고 분별하는 기능을 하기 때문에, 계시와 그에 대한 신앙과 충돌할 이유가 없게 되는 것이다. 신앙과 이성은 모순이 아니다! 전통적인 견해와 유사하게, 웨슬리는 이성을 성서에 나타난 신적 계시를 분석, 해석, 적용하는 데 도움을 주는 수단으로 용납한다.

당시 영국의 사상적 성향과 호흡을 같이하며, 웨슬리는 이성을 상식과 동일시한다. 인간이 자신의 능력의 한계 때문에 어떤 문제에 대한 절대적인 확실성에 도달하기는 불가능하다. 따라서 사람이 성스럽게 살거나 구원을 받기 위해서 또는 신의 존재를 믿기 위해서 그런 절대적 확실성이 필요한 것이 아니다. 대신에 상식적인 수준의 증거와 확신이 요구된다. 이런 입장은 신학적 교리나 계시를 다루는 이성의 한계를 설명하는 데 도움이 되며, 모든 진리 주장(truth claim)을 하나의 의견으로 이해하고 토의하는 길을 열어준다. 또한 그것은 절대적인 증거가 부족한 어떤 신학적 주장을 합리적이라고 말할 수 있도록 격려한다.

3) 전통

웨슬리는 모든 기독교 전통을 비판 없이 받아들이지 않는다. 그가 성도의 신앙과 실천을 위해 가장 권위 있는 것으로 생각한 것은 영국교회와 초대교회의 전통이다. 그래서 그는 영국교회의 법 조항, 설교, 공동기도문 같은 것을 규범적인 것으로 인정하고 애용하게 된다. 그 교회와 교회의 구조, 안수의 권위 문제 때문에 갈등을 빚은 적이 있지만, 그가 평생 성공회의 성직자로 활동한 것을 보더라도, 웨슬리는 자신의 신앙적 모태가 되는 국교회를 자연스럽게 하나의 모범적인 전통으로 간주한 것이다.

그가 생각한 권위를 가진 또 다른 전통은 초대교회, 특히 니케아 공의회(325년) 이전의 교회이다. 그 교회의 전통을 권위 있게 받아들인 이유는 다음 세 가지이다. 1. 초대교회는 성서시대와 가깝다. 2. 그 교회는 탁월하다. 3. 성령의 특별한 역사가 그 교회에 있었다. 그의 이런 생각 이면에는 기독교가 로마의 국교가 된 이후에 높은 지위와 부를 누리게 되었지만, 모순되게도 오히려 더 퇴보하였다는 신념이 있다. 웨슬리가 초대교회를 귀감으로 여기는 자세는 경건주의나 재세례파와 같이 교회의 원상회복을 바라는 교파에서도 발견된다. 때로 그는 초대교회를 기준으로 하여 성공회의 제도를 비평할 정도로 그 전통을 귀하게 여기지만, 그렇다고 그를 단순한 원시주의자(naive primitivist)로 볼 수는 없다.

웨슬리는 초대교회나 다른 기독교 전통에서 문제점을 찾으면서, 전통의 한계를 인식하게 된다. 그 교회에 성서의 기준에 미치지 못하는 부족한 면이 있었다는 사실을 발견한 후에, 그는 전통의 종속적인 지위를 확인한다. 그리고 그 역할을 성서의 애매한 부분을 명확히 하며 성서의 일반적 원리를 적용하는 데 도움을 주는 것으로 한정한다. 더 나아가 그는 성서와 자신의 신념에 비추어 전통을 재조명하는 노력을 기울인다. 그 시도는 과거에 있었던 정통과 이단의 개념과 구분을 새롭게 이해하는 데서 분명해진다. 그 결과 가운데 한 가지는, 서방교회 역사에서 이단으로 정죄 받은 몬타누스, 노바티안, 펠라기우스(Montanus, Novatian, Pelagius) 같은 이들의 사상을 복원하여 긍정적으로 용납한 일이다. 그는 그들이 하나님의 은혜로 용서 받아 구원의 과정에 있는 신자들이 성화하는 데 있어서 인간의 책임을 강조한 것을 좋게 받아들일 뿐 아니라, 그들을 성스런 지도자로 이해한다.

4) 경험

웨슬리가 쓴 논문 "원죄의 교리"(The Doctrine of Original Sin) 앞부분을 보면, 인간의 행위에 대한 역사적이고 현상학적인 연구 평가가 나온다. 그리고 결론 부분에서, 그는 죄의 보편성이 가장 경솔하고 부정확한 관찰자에게조차 분명하다고 주장한다. 이 진술은 인간의 경험을 근거로 해서 죄론을 전개하려는 것처럼 보인다. 그러나 그것은 당시의 이신론자들이 원죄를 부정하기 때문에, 그에 대한 답변을 하면서 원죄와 그 보편성이 옳다는 것을 인간의 일반적인 경험에 호소하여 보충하는 것일 뿐이다. 그는 인간의 행위를 분석하는 한편 그것을 성서적 관점에서 해설하고 있다. 그는 일관되게 어떤 교리를 논하는 데 있어서, 성서적 확언에서 출발하고 매일의 삶이 그것을 확인하도록 하는 방식을 취한다. 그것은 성서가 우선이요, 경험은 확인을 위한 수단이라는 말이다.

웨슬리는 일반적으로 경험을 성서적 교리를 확인하는 보조적인 수단으로 삼고 있지만, 때로는 그것을 주요한 판단의 기준으로 여긴다. 그때는 어떤 문제에 대하여 성서가 침묵을 지키고 있는 경우이다. 예를 들어, 온전한 성화가 점진적으로 성취되는가 아니면 순간적으로 달성되는가 하는 문제에 대해 성서는 아무 말도 분명히 하지 않는다. 이런 경우에 그 문제의 해답을 찾기 위해서 경험이 중요한 역할을 하는 것이다. 예정론의 진위여부 또는 성도견인의 진실성을 결정하는 데 있어서도 성서보다는 경험이 더 분명한 잣대가 될 수 있다. 성서가 그 문제에 대하여 분명한 답을 제시하지 않고 있기에, 그리스도인의 보편적인 경험이 판단의 근거로 작용할 수 있는 것이다. 이렇게 웨슬리는 자신과 타인의 경험을 통해서 모호한 교리를 명료화한다.

이상 언급한 네 가지, 즉 성서, 이성, 전통, 경험이 신학적 교리의 진실성을 판단하는 데 있어서 각각의 서로 다른 역할을 감당하지만, 최종적인 기준은 성서이다. 이런 면에서 웨슬리는 분명히 종교개혁의 전통을 이어가고 있다. 그렇다면 그는 어떤 과정을 통해서 하나의 결론에 도달하는가? 그는 먼저 성서에 나오는 내용을 연구하고 분석하면서, 엄격한 논리적 추론을 통하여 하나의 잠정적 교리를 설정한다. 그리고 그것을 이성과 경험과 전통에 비추어 수정하고 확인하는 과정을 거쳐 자신만의 결론에 이르게 된다.

1. 웨슬리를 실용적인 신학자라고 한다면 그 의미는 무엇인가?
2. 서로 모순되는 주장을 포괄적으로 다루는 일이 가능한지 예를 들어 설명해 보자.
3. 웨슬리의 신학 사상이 어떤 과정을 거쳐 정립되고 있는지 살펴보자.
4. 자연계시의 가능성에 대한 웨슬리의 입장은 어떻게 변하고 있는가?

5. 자연계시와 특별계시를 구분하는 이유는 무엇인가?
6. 성서가 하나님의 직접적인 말씀인가, 간접적인 말씀인가? 그것이 직접적인 말씀이라는 말은 무슨 뜻인가?
7. 웨슬리가 신학의 근거 자료로 제시하는 것에는 어떤 것이 있는가?
8. 웨슬리의 신학에서 성서는 어떤 위치를 차지하는가?
9. 성서가 명확하게 진술하지 않는 사항, 금하거나 허용하지도 않는 일에 대하여 우리는 어떻게 판단해야 할 것인가?
10. '신앙의 유추'(analogy of faith)의 뜻을 찾아보자.
11. 성서를 해석하고 신학을 하는 데 있어서 이성의 역할에 대하여 논하라.
12. 이성과 신앙은 서로 충돌하는 것인가? 갈등 없이 융합될 수 있는가?
13. 현대의 신자는 교회의 전통을 그대로 수용해야 하는가?
14. 기독교 전통의 긍정적인 기능에 대하여 토의해보자.
15. 신학적 교리를 정립하는 데 있어서 인간의 경험은 어떤 역할을 하는가?
16. 경험이 판단의 근거로서 중요해지는 때는 언제인가?

II. 하나님

성서의 저자들은 창조주 하나님의 실존을 전제하고 글쓰기를 시작한다. 그들은 하나님의 존재와 위대함을 찬양하는 데 관심을 보이는 만큼 그것을 실증하려고 하지 않는다. 아마도 그들은 그런 시도가 무익하며 불가능하다는 것을 인식했을 것이다. 아니면 신을 대면한 것이 너무 분명하여 그 존재를 확인하는 일이 불필요하다고 생각했을 수도 있다. 그들은 하나님의 출현에 놀라고 감동하여 그분이 어떤 존재인가에 더 큰 호기심을 갖게 된다. 다시 말해, 신을 경험한 이들은 그의 실존보다는 그의 능력과 성품을 알아, 그에 호응하고 그와 적절한 관계를 맺어 자신의 안전과 행복을 확보하려는 것이다.

우리는 이와 유사한 입장을 웨슬리에게서 발견한다. 그는 하나님의 실존보다는 그의 성품, 특히 그가 세상을 다루거나 인간을 구원하기 위해 활동하면서 나타내는 지혜와 성품에 더 많은 주의를 기울인다. 그렇다면 신학의 본질적 대상인 하나님에 대한 지식을 어디서, 어떻게 얻을 수 있는가 하는 문제가 대두된다. 인간의 제한된 인식능력과 언어를 통해서 그 지식을 묘사할 수 있는 것인가? 이 문제에 대한 답을 찾아야 신론을 전개할 수 있게 된다. 그러면 웨슬리는 이에 대하여 어떤 생각을 갖고 있는가?

그는 하나님에 대한 인간의 모든 지식은 다른 지식과 마찬가지로, 인간 자신의 경험에서 비롯되는 것이라고 주장한다. 그 경험은 우리의 영감(spiritual sense)을 통해서 하는 것이며, 주로 성서를 읽거나 자연을 관찰하면서 이루어진다. 웨슬리는 그런 경험에 근거하여 하나님의 실존과 성품에 대한 증거를 찾으려고 한다. 그런데 그는 그의 존재에 관한 고전적 논증방식보다는 과학을 통해서 그 증거를 구하고 있다. 그런 노력이 "창조에 나타난 하나님의 지혜에 대한 조사"(Survey of the Wisdom of God in the Creation)에서 결실을 보게 되는데, 그의 결론은 자연에 대한 탐구가 신의 존재뿐 아니라 성품(사랑, 지혜, 능력, 선함)도 확인해 준다는 것이다. 그러나 앞 장에서 언급한 것과 같이, 웨슬리에게 가장 중요한 지식의 근거는 성서이다. 그가 자연이 주는 증거에 호소하는 것은 성서의 교훈을 확고히 하고 보충하기 위함이다.

이어지는 문제는, 인간에게 은혜롭게 주어진 그 지식과 그 증거를 어떻게 서술하는가이다. 이성과 언어가 소중하기는 하지만 한계가 있기 때문에 하나님, 그 신비하고 위대한 분에 대하여 적절하게 이해하고 표현할 수 있느냐 하는 문제가 생긴다. 어떤 이들은 인간에게 부여된 능력으로 충분히 하나님을 이해할 수 있다고 한다. 하지만 웨슬리는 그 능력의 한계를 강조하며, 사람이 스스로 하나님을 파악하는 데 역부족이라는 사실을 실감한다. 강아지가 자기 주인을 안다고 하는 것이 아주 희미하고 부분적인 것 이상으로, 사람이 하나님을 아는 일은 어렵고 기껏해야 애매한 정도이다. 그런데 인간은 막다른 골목(한계성의 절벽)에서 희망의 빛을 찾는다!

하나님이 주도적으로 자신을 알리려고 한 것, 그 신적인 활동이 바로 계시이다. 자신을 드러내되 인간이 인식할 수 있도록 하신 것이다. 그는 인간의 눈높이에 맞게 자신을 낮추어 예수를 통해서 성육신한다. 우리와 함께하면서 그리스도는 하나님의 실존과 성품을 드러내며, 우리가 인간의 이성과 언어를 가지고 하나님을 알고 경험할 수 있는 길을 열어 놓는다. 이제 인간은 하나님을 부인할 수 없을 정도로 분명한 지식을 소유할 수 있게 되었다. 그러면 예수는 어떤 방식으로 아버지 하나님에 대하여 소개하고 있는가? 그가 사용한 방법에는, 하나님의 경험에 대한 사실적인 보고, 비유, 신인동형동성적(anthropomorphic) 묘사 등이 포함된다.

웨슬리도 이와 비슷하게, 하나님이 자신을 계시할 때는 그 목적이 자신을 인류에게 알리는 것이기 때문에, 그가 우리의 수준에서 이해하도록 하였을 것이라고 한다. 그래서 사람이 이성과 언어의 한계에도 불구하고, 그분에 대하여 인식하고 표현할 수 있게 된 것이다. 여기서 신인동형동성적 묘사와 비유에도 역시 한계가 있고 문제가 생길 수 있는데, 웨슬리가 생각한 문제는 같은 말을 창조주와 피조물에 사용했을 때의 차이, 하나님을 인간으로 축소시킬 가능성과 같은 것이다.

사실 강아지가 충성스럽다는 것과 어떤 사람이 충성스럽다는 말 사이에는 유사성과 차이점이 동시에 있다. 이와 같이 하나님이 사랑한다는 말과 사람이 사랑한다는 것 사이에도 그런 차이와 공통점이 발견되는데, 여기에 문제가 있는 것이다. 우리는 인간의 부족한 부분을 제거하고 사람의 장점을 극대화하여 신의 위대함이나 완전성을 말할 수 있지만, 이런 시도가 하나님의 능력과 성품을 그대로 노출시킬 수는 없는 것이다. 그러므로 신자는 항상 자신의 한계를 인정하고 하나님의 은혜를 통해서 그를 더 알고 사랑하려는 자세를 유지해야 한다.

1. 하나님의 성품

웨슬리는 하나님의 속성을 보통 자연적 속성(natural attribute)과 도덕적 속성으로 구분하여 설명한다. 자연적 속성은 하나님의 본래적인 성품이며 하나님만의 고유한 특성을 뜻하고, 도덕적 성품은 인간이 소유할 수 있는 사랑이나 공의 같은 것을 말한다. 전자는 우리가 인간으로 존재하는 동안 경험할 수 없는 영역이며 후자는 이 세상에서 사람이 부분적으로 받아 누릴 수 있는 것이다. 이제 그의 견해를 좀 더 상세히 살펴보자.

1) 자연적 성품

무엇보다 먼저 초대교회와 성공회의 전통에 따라, 웨슬리는 하나님이 영이라는 사실을 확언하고 있다. 하나님이 영적인 존재이기 때문에 그에게는 물질적인 육체가 없으며 나누어질 수 없는 단일성이 나타난다. 그가 이 문제에 대하여 다른 이들과 같은 생각을 가지고 있지만, 하나님이 감정이나 열정을 갖고 있는가 하는 것에 있어서는 다른 입장을 나타낸다. 전통적으로 교회는 하나님을 최대한 인간과 차별화하기 위해서 사람이 가진 것과 같은 감정이 그에게는 없다는 견해를 설정한다. 물론 이 말은 하나님에게 사랑이나 애정이 없다는 것이 아니라, 외적인 상황 때문에 하나님이 원치 않는 변화에 시달려서는 안 된다는 의미를 담으려고 하는 것이다. 그것이 문제가 되는 이유는, 하나님이 좋은 편이나 나쁜 쪽으로 변한다고 하면 그가 원래 완전하지 않았다는 것을 나타내기 때문이다.

현대에 와서 특히 과정신학자들이 하나님의 가변성을 강조하고 있는데, 웨슬리도 그런 면에 관심을 표한다. 기본적으로 그는 하나님이 인간과는 다르게 불변하는 것이 특징이라고 하지만, 한편으로 신의 변화의 가능성을 암시하고 있다. 그는 성서에 하나님이 한 인간이 회심하면 기뻐한다는 말이 나오는데, 그것을 적절한 표현이라고 판단한다. 그런데 회심한 성도가 타락할 수 있다는 것을 가정한다면, 그와 반대로 하나님의 마음이 변하여 그의 타락과 변심을 슬퍼한다고 할 수 있다. 이런 반응의 변화는 인격적인 존재인 하나님 자신과 인간을 위해 바람직하고 자연스런 일이다. 그래서 웨슬리는, 하나님이 인간의 변하는 반응을 고려하지 않는다면 그의 항구적인 공의와 자비는 중단될 것이라고 주장한다.

둘째로, 하나님은 영원하다. 그가 영원하다는 말은 웨슬리에 의하면, 하나님이 영원한 시간이나 끝이 없는 시간을 보낸다는 뜻으로서 시간에 대한 유대인의 견해와 유사한 것이다. 그가 비시간적(nontemporal)인 헬라의 개념을 가지고 그 영원성을 설명한 경우가 있는데, 그것은 하나님이 인간의 시간 인식과는 다르게 모든 시간－과거와 현재와 미래 또는 영원한 시간－을 동시에 인식할 수 있다는 것을 나타내기 위함이다. 인간은 모든 상황과 정보를 파악하고 어떤 선택에 따르는 결과를 완전히 예측할 수 없기 때문에 잘못된 선택, 차선의 선택을 하는 때가 있다. 그러나 하나님은 모든 전후 사정과 인과관계를 알고 있으므로 항상 최선의 선택을 할 수 있는 것이다. 이 문제는 예정론이나 악의 실재와 연관되어 복잡하고 난해하게 전개될 가능성이 있으므로 여기서는 더 이상 다루지 않을 것이다.

셋째로, 하나님은 무한하고 편재하는(ubiquitous) 분이다. 영원, 무한, 편재와 같은 개념을, 그것을 경험할 수 없는 우리 인간이 구체화하기는 어렵다. 다만 우리는 성서가 하나님에 의해서 성령의 감동으로 기록되어 신뢰할 만한 것이기에, 그렇게 기록한 성서의 구절을 신앙으로 받아들일 뿐이다. 웨슬리도 그런 하나님의 속성을 이해하려고 하기보다는, 그것이 주는 교훈을 설교나 신자의 삶에 적용하는 일에 더 큰 관심을 갖고 있다. 그에게 하나님은 동시에 여러 곳에서 활동하실 수 있을 만큼 위대한 분이다. 그래서 인간은 그 어떤 상황에서도 하나님의 은혜와 진리 그리고 자신의 책임에서 벗어날 수 없게 되는 것이다.

마지막으로, 하나님은 전지전능한 분이다. 그는 모든 미래와 인간의 운명을 미리 결정하는 것이 아니라, 그것에 대하여 미리 알고 대비하며 창조적으로 자신의 목적을 성취하는 지혜를 갖고 있다. 창조주는 절대적인 권위와 능력을 가지고 자신의 의도를 실행할 수 있지만, 일단 인격적이고 자유로운 존재인 인간을 만들었기 때문에, 피조물의 자유를 존중하는 방식으로 행동하고 결정한다. 그의 이런 방식을 우리가 현상학적으로 이해한다면, 하나님에게 우리가 이해할 수 없는 어떤 한계가 있든지 아니면 자신의 능력을 자제하는 것이라는 결론에 이르게 된다. 사실 성서는 그런 예를 기록하고 있다. 예수님이 십자가를 지기 전에 자신을 포박하러 온 군인들에게, 지금이라도 하늘의 천사들이 군단처럼 몰려와 너희를 물리칠 수 있다(마 26:53)고 말한 것이다. 그러나 실제로 그렇게 하지 않은 것은 바로 '스스로의 능력을 절제하는 하나님'(self-limiting God)을 나타내는 것이다.

2) 도덕적 성품

전통적으로 기독교회는 하나님의 도덕적 속성을 두 가지로 요약해 왔다. 사랑과 공의가 그것이다. 거룩하심과 선하심 또는 정의와 자비 등으로 다르게 표현하기도 하지만 기본적인 의미는 같다. 웨슬리도 이 전통에서 크게 벗어나지 않는다. 이 두 가지 성품에 대하여 그가 강조하는 것은 하나님의 사랑이 공의보다 더 근본적인 성품이라는 것이다. 그는 하나님은 "결점이 없는 정의와 진리의 하나님이다. 그러나 무엇보다 위에 있는 것은 그의 자비이다."라고 말하였다. 사랑은 하나님의 지배적인 성품이기 때문에 그의 공의조차도 사랑의 정의인 것이다. 다시 말해 그는 인류에 대한 사랑을 나타내기 위해, 인간의 행복과 구원을 위해 자신의 정의를 시행하는 것이다. 그러므로 하나님의 사랑과 공의를 별개의 것으로 또는 서로 대치되는 개념으로 이해하는 것은 잘못이다.

이와 같은 하나님의 성품은 그의 행동의 원리로 작용하며, 그의 의지와 밀접하게 연관되어 있다. 창조주의 성품을 통해서 그의 권위가 확립되고 그의 주권이나 통치권이 제 위치를 갖게 된다. 이 말을 설명하자면, 하나님은 사랑이기 때문에 인간에게 자신의 통치권을 행사하면서도 그의 자유와 책임을 저해하지 않는다. 그분에게 인간의 자유를 억누르면서(무효로 하고) 세상의 도덕적 죄악을 제거하려는 의도는 없다. 그렇게 한다면 그것은 신적인 지혜가 아니라 전능한 힘을 독재적으로 사용하는 것이 된다. 하나님이 비인격적인 세계를 창조하거나 유지하기 위해서 독자적으로 일하실 수 있지만, 인간을 다룰 때는 그렇게 하지 않는다. 그것이 인간의 자유를 무시하고 책임을 제거하는 일이기 때문이다. 그는 사람이 자신에게 순종하도록 격려하고 힘을 부여하지만, 강제로 그렇게 하도록 하지 않는데, 그런 접근은 자신의 성품과 어울리지 않는 것이다.

웨슬리는 하나님의 능력과 통치권을 통제나 압도함과 같은 말이 아니라 인간이 무엇인가 할 수 있도록 힘을 주는 지혜의 의미로 설명하고 있다. 이런 식으로 자신의 주권을 행사하면서, 하나님은 자신의 능력을 약화시키는 것이 아니라 자신의 위대한 성품을 드러내는 것이다. 이에 관하여 웨슬리가 즐겨 쓰는 말은, 하나님이 "강하지만 달콤하게 일하신다."라는 것이다. 인간의 삶과 구원을 위해 그가 강력하게 활동하지만 사람이 거부할 수 없을 정도로 하는 것은 아니다. 결국 하나님은 인간의 자유와 책임을 유지한 채, 우리의 능력을 강화하면서 자신의 의도를 실현하는 방식을 택한다.

2. 하나님에 대한 비유

웨슬리는 성서의 저자나 다른 성도와 비슷하게, 비유를 통해서 하나님의 능력과 성품을 구체화하려고 한다. 하나님의 어떤 특성을 묘사하기 위해 그를 왕이나 아버지로 비유하는 것이다. 이렇게 영적인 존재나 신비한 영역을 사람이 경험하여 익숙한 것으로 비유하는 일에는 분명한 이점과 함께 한계가 있다. 장점이라면 그 비유의 대상, 즉 하나님의 희미한 부분을 분명히 하는 데 도움이 된다는 것이다. 또한 비유는 그 대상에 대하여 친근하게 접근할 수 있도록 길을 열어주며 인간의 수준에서 이해할 수 있게 한다. 그러나 한편으로, 비유는 그 대상에 대한 어떤 다른 부분을 더욱 불분명하게 하는 부작용을 나타낸다. 하나님을 왕으로 비유한다면 그 비유는 그의 주권적 통치를 설명하는 데 도움을 주지만, 이 세상 왕의 모든 것을 그에게 그대로 적용할 수 없기 때문에, 하나님의 참된 모습을 왜곡시킬 수도 있다. 세상의 악한 왕들과 같이, 하나님도 백성들을 무시하고 권세를 휘두르는 분으로 생각하도록 유도할 수도 있다는 것이다.

비유의 이런 한계와 문제점에도 불구하고, 현실에서 직접적인 경험을 통해서 알 수 없는 하나님을 좀 더 구체적으로 이해하기 위해 비유를 사용하는 것이 적절한 경우가 많다. 그러면 웨슬리는 하나님을 어떤 존재에 비유하고 있는가?

1) 아버지 하나님

하나님을 설명하기 위한 모델로서, 웨슬리가 선호하는 것은 왕보다는 사랑하는 부모이다. 그중에서도 아버지를 비유로 하여 하나님을 이해하려고 한다. 물론 그 시대가 남성 중심적이고 가부장적인 사회였기 때문에, 그가 하나님의 여성적 이미지를 부각시키거나 그를 어머니로 호칭하기는 어려웠을 것이다. 현대보다는 더 권위주의적인 문화권에 있던 웨슬리가 하나님을 아버지라고 비유했을 때, 그가 생각한 아버지는 권위가 있고 도덕적으로 바른 삶을 살며 자녀들을 넓은 안목과 애정으로 양육하는 사람일 것이다.

> 여러분이 볼 수 없는 하나님은 하늘 위에 계시고, 태양보다 더 밝은 분입니다! … 그가 무엇을 할 수 있는지 생각하십시오! 그는 자신이 원하는 것은 무엇이든지 할 수 있습니다. 그는 한순간에 나나 여러분을 쳐 죽게 할 수도 있습니다. 그러나 그는 여러분을 사랑하며 여러분에게 선을 행하기를 좋아하십니다. 그분은 여러분을 행복하게 만드는 것을 사랑합니다. 그러니 여러분은 그를 사랑해야 하지 않습니까! 내가 여러분을 사랑하고 선을 행하기에 여러분이 나를 사랑합니다. 그런데 내가 여러분을 사랑하도록 하는 분이 하나님입니다. 그러므로 여러분은 그를 사랑해야 합니다. …

하나님이 아버지라면 그는 선하시며 그의 자녀들을 사랑하십니다.

2) 창조자요 부양자인 하나님

창세기가 선포하는 대로, 하나님이 창조주라는 것을 모든 교회가 믿음으로 받아들인다. 그러나 창조의 작업을 마친 후에 그가 계속해서 피조물을 보호, 부양, 재창조하느냐 하는 문제에 대해서는 의견이 갈리고 있다. 이신론(deism)은 하나님이 그 작업을 완성한 후에 자연법에 따라 우주가 진행되도록 하고는 다른 일을 한다고 주장한다. 세상을 위한 프로그램을 설정하여 자동으로 움직이도록 한 후에, 다시는 세상사에 관여하지 않는다는 것이다. 그러나 이것은 전통적인 교리가 아니며 성서에 나타난 하나님의 모습을 정당하게 묘사하는 것도 아니다. 성서는 하나님이 창조 이후에도 계속 자신이 만든 세계에 관심을 가지고 관리한다는 입장을 보여준다. 웨슬리의 입장도 마찬가지이다.

웨슬리는 하나님이 존재하는 모든 것의 원천이기 때문에, '무로부터의 창조'(creatio ex nihilo)를 강조한다. 세상은 하나님의 원대하고 온전한 설계에 따라 창조되었고, 거기에 자연법칙이 작동의 원리로 작용하기 때문에 질서 있게 움직이고 있다. 이렇게 하여 안정된 세계에는 신의 특별한 개입이 필요하지 않다는 것이 당시 계몽주의 학자들의 견해이다. 웨슬리는 그들의 견해를 용인하면서도, 하나님의 간섭이나 초자연적인 개입(기적)의 가능성을 배제하지 않는다. 그에게 하나님은 우주의 모든 움직임의 배후에 있는 궁극적인 행위자(agent) 또는 동인(cause)이며, 세상이 허무와 파괴의 혼돈(chaos) 속으로 돌진하는 것이 아니라 일정한 질서(cosmos)를 유지하도록 하는 분이다.(히 1:3)

3) 군주이며 재판관인 하나님

하나님을 군주로 비유할 때, 신자는 힘 있고 지혜로우며 자비로운 왕을 생각한다. 그는 인간이 생각할 수 있는 최고의 통치 능력을 가진 가장 위대한 존재 이상도 이하도 아니다. 그리고 그런 군주는 이 세계의 질서와 정의를 수호하고 그 속의 모든 생명체가 생존하기에 필요한 최고의 환경을 조성할 것이라고 기대된다. 그런데 이런 기대와 다른 현실을 경험하게 될 때 의심이 생긴다. 왜 이 세상에는 그렇게 많은 죄악과 고통이 있는가? 하나님은 사랑과 능력이 충만한 분인데 왜 이런 세계를 천국으로 만들지 않고 수수방관하는가?

난해한 죄악의 문제를 해소하려는 웨슬리는, 이원론적 접근법을 사용하지 않는다. 다시 말해 모든 악의 원인이 사탄이며 모든 선의 원인을 하나님이라고 하거나, 이분법적으로, 인간에게는 아무 잘못이 없고 창조주에게 궁극적인 책임이 있다고 하지 않는 것이다. 첫 사람인 아담과 이브처럼, 사람들이 어떤 살못에 대하여 하나님이나 타인 또는 주변 환경에 책임을 돌리려고 하는데, 웨슬리는 인간 자신에게 그 책임을 묻고 있다. 하나님이 인간에게 죄악을 택할 수 있는 자유를 부여했기 때문에 그에게 간접적인 책임이 있다고 할 수 있지만, 웨슬리는 그가 죄를 선택하도록 한 것이 아니기 때문에 그 책임이 선택의 주체인 사람에게 있다고 한다.

웨슬리는 자연재난에 대해서도, 인간의 죄 때문에 천사와 같은 하나님의 대리자가 형벌로서 발생시키는 것으로 이해한다. 나중에 그는 그 재난을 하나님이 허용하는 것뿐이라는 생각을 하게 되었으며, 비극적인 일들이 모두 직접적으로 인간의 죄와 연관된 것은 아니라는 견해를 갖게 된다. 그런 생각의 변화는 형벌로서 악과 재난이 발생한다는 개념에 문제가 따르기 때문이다. 악한 자가 번성하고 무고한 자가 고통을 당하는 현실, 고통이 종종 적절한 형벌보다 무거움, 고통이 형벌로서 그치고 어떤 보상적 차원(영적인 성숙과 같은)이 부족함 등이다. 그는 이런 어려운 논의에 몰두하기보다는 전악위선(making good out of evil)의 하나님, 세상의 모든 죄악과 고통을 멸하고 승리하는 그리스도에 초점을 맞추려고 한다. "세상이 항상 이와 같지는 않을 것이다. 이런 (비극적인) 일들은 세상의 위대한 군주가 일시적으로 허용하는 것뿐이며, 결국에는 그가 이 잠정적인 악으로부터 엄청나고 영원한 선을 이끌어 낼 것이다."

4) 공급자 하나님

창조주는 자신이 창조한 세상을 보호하고 자신의 계획에 따라 운영하기 때문에, 우주와 인간의 역사에 우연이란 있을 수 없다. 우리가 그것을 분명히 알 수 없다고 해서 우연이라고 하거나 아무런 의미가 없다고 하는 것은 바람직하지 않다. 하나님은 모든 세상의 일에 보편적으로 섭리하고, 인류를 위해서는 특별하게 간섭하신다. 자연법을 통해 세상을 다스리지만 때로는 기적과 같은 특별한 방식으로, 개별적으로 인류의 역사와 개인의 삶에 개입하신다. 웨슬리는 가끔 책점이나 제비뽑기를 하면서 자신을 향한 하나님의 개별적인 뜻을 구하는 태도를 갖는다. 그리고 그는 하나님의 자비로운 섭리를 강조하지만, 그것이 인간의 자유와 이성을 무효로 하면서 시행된다는 것에 대해서는 조심스런 입장을 보이고 있다.

5) 치료자 하나님

웨슬리에게 하나님은 또한 가장 위대한 의사요 치료자이다. 그는 죄 때문에 타락하여 발생한 피해를 복구하고 상처를 치유하는 분이다. 통합적 균형감을 가진 그는 창조주를 인간의 영혼뿐 아니라 육체까지도 치료하는 능력을 가진 분으로 묘사한다. 더 나아가 그 치료자는 동물을 포함한 모든 생명체를 회복시킨다. 하나님은 회복과 치료에 만족하지 않고, 자신이 창조하였지만 고통을 당하는 모든 자연계와 인류를 자신의 영광스런 차원으로 인도한다. 그 결과로 모든 생명체, 특히 회복된 인간은 더 큰 능력을 소유하고 더 많은 축복을 경험하게 될 것이다.

토의문제

1. 인간이 어떤 과정을 통해 하나님에 대한 지식을 얻게 되는지 살펴보자.
2. 하나님을 포함한 영적인 일을 이해하는 데 있어서 인간의 이성과 언어의 능력과 한계는 무엇인가?
3. 하나님은 어떤 의미에서 불변하는가? 그에게 변하는 모습이 나타나는가?
4. 웨슬리에게 하나님이 영원하다거나 편재한다는 말은 어떤 말인가?
5. 하나님은 인간의 자유를 존중하여 스스로 절제하는 태도를 취하는가?
6. 하나님의 사랑과 공의를 별개의 것으로 또는 서로 대치되는 개념으로 이해하는 것은 잘못이다. 이 말에 동의하는가?
7. '하나님의 공의는 사랑의 정의이다.'라는 말을 해설하라.
8. 인간의 자유를 보장하면서 하나님이 자신의 의도를 실현할 수 있을 만큼 위대하다는 말을 구체화시켜 보자.
9. 영적이고 신비한 일을 비유로 설명하는 것의 장점과 단점은 무엇인가?
10. 하나님은 어떤 의미에서 아버지가 되시는가?
11. 하나님이 세상을 완전하게 창조하였다면 재창조의 필요성이 없는 것이 아닌가?
12. 하나님을 왕으로, 재판관으로 비유한다면, 그는 어떤 분이 되는가?
13. 하나님이 사랑과 능력과 지혜로 충만하다면 왜 세상에는 그렇게 많은 죄악과 고통이 있는가?
14. 하나님은 어떤 방식으로 세상의 죄악을 해소하고 있는가?
15. 세상에 우연이란 없는 것인가? 신자에게는 모든 일이 필연인가?
16. 하나님을 치유자라고 하는 비유의 깊이와 넓이를 음미해보자.

III. 예수 그리스도

예수는 누구인가? 그는 하나님의 아들로서 인류를 구원하고 인간의 정체와 운명을 계시하기 위해 성육신한 분인가? 아니면 온전한 인간으로 출생한 후에 성스런 삶을 살아 구원의 본을 보이고 하나님의 아들로서 인정받은 자인가? 그는 신앙의 대상이거나 모방의 대상이 아니라 그 모두라고 해야 하지 않는가? 예수를 완전한 신이요 완전한 인간이라고 하기보다는 한 편만을 주장하는 것이 용이하고 합리적인 것이 아닌가? 이런 질문들에 대한 다양한 견해가 제기된다. 그에 대한 서방교회와 동방교회의 의견 사이에 기본적인 유사성이 있지만, 피하기 어려운 차이점도 드러나고 있다. 웨슬리는 어떤 위치에 있는가? 그의 기독론은 동방과 서방 양측의 영향을 보여준다.

1. 예수의 본질

니케아 신조(325년)의 2항은 예수에 대한 신앙을 이렇게 고백한다.

> 우리는 하나님 아버지께서 낳은 아들 예수 그리스도를 한 주님으로 믿습니다. 그는 빛의 빛이며 하나님의 하나님이고 아버지와 같은 본질을 가진, 만들어진 것이 아니라 아버지가 낳은 분입니다. 하늘과 땅에 있는 모든 것이 그에 의해 만들어졌습니다. 주님은 우리 인간을 위해서, 우리의 구원을 위해서 내려오시고 육신을 입어 인간이 되셨습니다. 그는 고난을 당하였고 삼일 만에 다시 일어나셨으며 하늘로 승천하셨습니다. 그리고 그는 산 자와 죽은 자를 심판하기 위해 거기서 다시 오실 것입니다.

381년의 콘스탄티노플 공의회에서 채택한 신조는 니케아 신조보다 확대된 것인데, 그 2항을 보면 다음과 같다.

우리는 만물이 있기 전에 하나님이 낳은 유일한 아들 예수 그리스도를 한 주님으로 믿습니다. 그는 빛의 빛이며 하나님의 하나님이고 아버지와 같은 본질을 가진, 만들어진 것이 아니라 아버지가 낳은 분입니다. 만물이 그에 의하여 만들어졌습니다. 주님은 우리 인간을 위해서, 우리의 구원을 위해서 내려오시고 처녀 마리아의 성령에 의해 육신을 입어 인간이 되셨습니다. 그는 총독 빌라도에 의해 십자가에 못 박혔으며 고통을 당하셨고 장사되었는데, 성서에 따라 삼일 후에 다시 일어나셨습니다. 그리고 승천하셔서 아버지의 오른편에 앉아 계십니다. 주님은 거기서 영광 가운데 다시 오셔서 산 자와 죽은 자를 심판하실 것이며, 그의 왕국은 영원할 것입니다.

웨슬리는 "가톨릭 신자에게 보낸 편지"에서 그 니케아-콘스탄티노플의 신조와 유사한 입장을 확인한다. "그리스도는 적절하고 자연스런 하나님의 아들, 하나님의 하나님, 참된 하나님의 참된 하나님입니다. 그는 한 인격 안에 신성과 인성이 합하여 인간이 되셨습니다." 이렇게 그가 전통에 따라 자신의 신앙을 고백하고 있지만, 실제 그의 설교와 실천을 살피면, 그가 예수의 인성보다는 신성에 더 초점을 맞추고 있다는 인상을 받게 된다.

웨슬리는 그리스도의 신성을 일관되게 주장하면서, 그의 충만한 신성을 부정하는 자들과 그들의 사상(Arianism, Socinianism과 같은)을 비난한다. 그에게 그 사상은 기독교의 뿌리를 공격하고, 인간의 모든 희망의 기초를 제거하는 중대한 위협인 것이다. 그는 예수의 신성에 대하여 자세히 논하기보다는, 단순히 선언하고 주장하며 그것이 주는 실제적인 교훈에 집중하게 된다. 그 교훈 중에 가장 중요한 것은, 하나님에게 하듯이 그리스도를 경배하는 일이 적합하다는 것이다. 웨슬리가 이렇게 그 신성을 강조하는 것이 그 인성을 소홀히 다루거나 종속적인 것으로 취급하는 하나의 원인이 된다. 이 논의에 있어서 그의 특징적인 균형감이 약화되지 않았나 하고 의심할 정도로 편향된 모습을 보이고 있다.

그 누구도 예수가 완전한 신이요, 완전한 인간이라는 말을 완전하게 설명하거나 균형감을 가지고 해설하기는 불가능하다. 서로 상반되는 것 같은 요소가 있으면, 항상 사람들은 어느 한 쪽을 강조하거나 아예 다른 쪽을 제거하려는 경향을 보인다. 웨슬리도 예외가 아니다. 그는 성서에서 그리스도의 인간성을 드러내는 구절들에 대한 불편한 감정을 가지고, 그것들을 새롭게 전망하는 태도를 보이고 있다. 그래서 요한복음 11장에 나오는 죽은 나사로의 재생 사건에서 '예수께서 울었다.'는 말에 대해서, 그는 예수가 친구의 죽음에 대하여 실제로 슬퍼했다고 하는 것은 부적절하다고 이해한다. 그의 울음은 그 죽음을 슬퍼하는 이들을 향한 동정심에서 나온 것이며, 죄가 인간성에 미친 비참한 영향에 대한 인식에서 비롯된 것이다. 예수가 나사로를 위해 기도하기 위해 눈을 들었다는 것에 대해서도, 웨슬리는 그가 하나님의 도움이 필요하였기 때문이 아니라 자신의 능력을 나타내기 위한 상황에 대하여 아버지에게 감사하기 위한 행동이라고 해석한다.

더 나아가 웨슬리는 예수가 다윗의 후손으로 출생했다는 내용을 의도적으로 생략하고, 그가 인간성을 띠게 된 것을 신성을 내려놓는 행위(kenosis)로 해석하지도 않는다. 빌립보서 2:6-7을 설명하면서, 그는 그리스도가 단순히 사람들의 시야로부터 자신의 신성을 가린 것이지 거부한 것이 아니라고 주장한다. 웨슬리는 예수가 '그날과 그때'를 모른다고 한 것과 그의 지혜가 자란다고 한 것은 그가 취한 인간성에만 적용되는 것이라고 하며, 그의 신성은 그것을 알았을 것이라고 변호한다. 또한 그는 예수가 마리아를 '여자'라고 호칭한 것을 좋게 생각하며, 그것이 그의 신성의 우월성을 보여준 것이라는 입장을 나타낸다. 그에게서 예수의 인성은 불확실하지만, 그의 신성은 그가 하나님의 아들이라는 점에서 분명한 것이다. 그 아들은 인간성을 취한 것뿐이지 진정한 한 인간이 된 것은 아니다!

웨슬리는 이 문제에 대하여 여러 가지 가능한 설명 가운데 한 가지를 선택한 것이다. 그러면 그는 왜 그런 주장을 하는 것인가? 예수의 인성을 인정하면서도 신성에 종속하는 것으로 해설하는 이유는 무엇인가? 이에 대한 분명한 답을 본인이 하지 않기 때문에, 우리는 그 이유를 추측할 뿐이다. 가능한 이유 가운데 하나는, 예수의 인성을 지나치게 강조하면 그와 우리의 차이가 좁혀져서 그 신성이 약화되는 결과를 그가 두려워했다는 것이다. 어머니를 여자라고 부른 데서 알 수 있듯이, 그는 그리스도의 신성을 최대한 부각시켜 왕이요, 구세주인 그의 독특성을 주장하려는 것이다.

가능한 또 다른 이유는, 웨슬리는 예수가 타락한 인간성과 지나치게 결부되는 것을 방지하고 싶었다는 것이다. 그래서 예수는 그 인간성과 일치되는 것이 아니라 그것을 예속시켜야만 된다. 그러나 그 이유는, 웨슬리가 인간이 하나님의 형상으로 창조된 존재라는 사실을 강조하는 것과 모순되기 때문에 적절한 것이라고 하기 어렵다. 좀 더 유력한 이유는, 그가 예수를 하나님의 능력을 통해서 인간성이 어떻게 변화될 수 있는가를 보여주는 증거로 인정하기보다는, 그리스도를 하나님의 구원하는 은혜와 진리의 구현(활동)으로 추앙하는 데 더 큰 관심을 갖고 있기 때문이다.

2. 예수의 삼중적 직무

예수의 구원 활동이 지금도 계속되고 있는가? 그의 행위는 과거사이며 현재는 성령이 활동하기 때문에 그리스도의 직무는 종결된 것인가? 우리는 삼위일체론적으로, 지금도 예수의 일이 하나님의 섭리 아래 성령을 통해서 계속되고 있다고 묘사할 수 있다. 오늘날도 예수는 생명의 주요, 구세주로서 그 영향력을 발휘하고 있으며, 그 당시나 지금이나 그는 제사장이며 선지자이고 왕이시다. 전통적으로 교회는 그리스도의 직무를 그 세 가지로 나누어 이해해 왔다. 웨슬리는 그 전통을 이어받을 뿐 아니라, 그것이 주는 실제적인 의미를 자신의 목회에 활용하게 된다.

무엇보다 먼저, 그리스도는 제사장의 직무를 감당한다. 웨슬리는 이 직무를 다른 모든 직무의 전제로 간주한다. 히브리서 4-5장이 전하는 대로 예수는 대제사장으로서 한번 인류의 죄를 대속하기 위해 자신을 희생한다. 그 십자가의 죽음을 통해서 구원의 초석이 놓이게 되고 사람은 진정한 희망을 갖게 된다. 이 말은 그 일이 과거의 한 시점에 일어난 것이지만 현대를 사는 우리에게도 영향을 준다는 것으로 받아들일 수 있다. 사실 우리는 하나님의 은혜와 자신의 믿음을 통해서 그 일을 현재화하여 자신의 구원을 이루게 된다. 과거의 그 일이 성령의 사역에 의해 현재적 효과를 발생하는 것이다. 웨슬리에게 제사장인 예수는 지금도 중보하는 활동을 하는 분이다.

그는 제사장 예수의 중보가 죄인을 향한 하나님의 마음을 변경하는 것보다는, 하나님에 대한 죄인의 마음을 변화시키기 위한 것이라고 강조한다. 그의 활동은 능력이 많아서 그 당시의 사람들에게 했던 것처럼, 현대인의 교만과 자기중심적 태도를 제거하고 그의 믿음을 갱신하여 죄인이 하나님의 은총을 회복할 수 있도록 돕는다. 그 후에 중생한 신자는 그리스도 안에 나타난 하나님의 은혜와 진리를 더욱 갈망하게 되며, 성화되어 갈수록 그 마음이 약해지는 것이 아니라 더욱 간절해진다. 그것은 그가 자신의 죄와 연약함을 더 민감하게 인식하면서 그 은혜의 필요성을 더 느끼기 때문이다. 성도는 그리스도와 성령의 중보하는 활동을 통해서, 구원을 확신하고 영적인 성숙을 경험하며 하나님과 천국에 합당한 존재로 변하게 된다.

둘째로, 그리스도는 선지자의 직무를 감당한다. 웨슬리는 예수가 선지자로서 하는 주된 일은 인간을 위한 하나님의 뜻에 대한 지식을 은혜롭게 회복시키는 것이라고 강조한다. 즉, 그것은 하나님의 법을 계시하는 일이다. 이 계시의 좋은 예가 산상보훈에 나오는 팔복(the Beatitudes)이다. 그에게 그 팔복은 하나님이 손수 그린, 자신의 모습을 담은 그림이다. 그리고 예수는 스스로 그런 삶(힘과 강요보다는 사랑과 겸손으로 사는)을 살아 타락한 인간에게 본이 되고 교훈이 되는 분이다. 이런 그리스도를 바라보면서, 신자가 하나님의 법을 깨닫고 죄의 권세를 무너뜨릴 수 있는 것은 우리 삶 속에 이미 성령을 통해서 하나님이 은혜롭게 임하셨기 때문이다.

웨슬리에게 하나님의 법은 그 사랑에 반대되는 개념이 아니다. 오히려 그 법은 하나님의 은총의 표현이 된다. 선지자인 그리스도에 의해 계시된 그 법을 통해서, 사람은 자신의 죄에 대하여 인식하게 되고 용서의 필요성을 느끼며 타락한 성품의 갱신을 위한 길로 안내 받는다. 그는 하나님의 법이 그 은총에 반응하는 신자를 성화의 과정에 들어서도록 촉구하고, 성령의 임재에 더 깊고 민감하게 참여하도록 유도한다고 주장하고 있다.

셋째로, 그리스도는 왕의 직무를 감당한다. 왕의 이미지를 통해 알 수 있는 대로, 웨슬리는 왕이신 예수가 하는 일을 세 가지로 설명하고 있다. '예수 자신의 피로 산 모든 이들에게 하나님의 법을 수여하는 것, 그들을 하나님의 형상으로 회복시키는 일, 그가 만물을 자신에게 복속할 때까지 신앙인의 마음을 다스리는 것.' 이 해설을 살펴보면, 그 직무가 다른 직무와 중복되는 것과 종말과 우주 전체에 미치는 것을 알 수 있다. 그 왕이 인간을 죄로부터, 자연을 고통으로부터 해방시키며 그들을 하나님과 연합하도록 한다. 그리고 그는 또한 성령과 같이 치료자로서 인간의 상처를 치유하고 정화된 삶을 살 수 있도록 할 수 있다.

이상에서 언급한 그리스도의 세 직무가 중복되고 유사하기 때문에, 웨슬리는 감리교의 설교자들에게 그 모두를 종합적으로 설교할 것을 주문하게 된다. 그는 그 세 직무의 개념을, 신자의 신앙과 애착과 실천을 형성하기 위한, 규범적 목회 활동의 문법(grammar)으로 삼는다. 세 직무가 밀접하게 연결되어 있기 때문에 설교자들은 은혜를 떠나서 율법만 말하거나, 제사장인 예수 없이 선지자 그리스도만 소개하거나, 그의 왕의 직무를 무시하고 제사장 직무만을 따로 선포해서는 안 되는 것이다. 웨슬리는 그렇게 설교하고 그것을 기본으로 하여 목회하는 일의 중요성을 잘 인식하고, 율법과 복음을 창조적 상호관계(creative interrelation) 안에서 유지하려고 한다. 또한 그는 칭의와 성화를 서로 대치하는 개념으로 제시하는 것을 피하고, 복음의 사법적인 측면과 치료적인 차원을 통합적으로 소개하고 있다.

3. 그리스도의 대속 활동

예수께서 인류의 잘못을 속죄하기 위해 십자가의 고난을 당하였다는 것에 대하여 대부분의 교회가 동의하고 있다. 그러나 그 죽음의 의미와 효과, 속죄의 방식에 관한 의견이 나누어지면서 다양한 속죄론이 등장하게 된다.

* 속량 이론(ransom theory): 그리스도가 사탄과 싸워 승리하기 위해 몸값으로 제공된다. 승리한 그리스도에 의해 사탄의 통제하에 있던 인간들은 해방되어 하나님과 화해하게 된다. 왕 같은 예수의 사명을 강조.(Irenaeus, Origen, Luther, Gustaf Aulen)
* 충족 이론(satisfaction theory): 타락에 의해 인간은 하나님에게 빚을 지게 되고 그의 위엄에 손상을 입힌다. 예수는 대제사장으로서 그런 인간을 위해, 십자가의 죽음을 통해 상처 입은 하나님의 명예를 만족(빚을 갚음)시킨다. 그리스도의 제사장 직무를 강조.(Anselm, Aquinas)
* 도덕 감화론(moral influence theory): 예수의 예언자적 사명을 강조하는 이론으로서, 예수의 죽음에 나타난 사랑과 희생의 위대한 모범이 인간에게 주는 감화력에 초점을 맞춘다. 그리스도의 자발적인 희생은 하나님의 용서하는 사랑을 표시한다.(Abelard, Horace Bushnell, Hastings Rashdall)
* 형벌 대속 이론(penal substitution theory): 그리스도는 타락한 인류를 대신해서 하나님의 진노의 벌을 받는다. 십자가의 고통은 인간을 위하여 하나님의 진노를 진정시키는 역할을 한다.(종교개혁자들)
* 통치 이론(governmental theory): 그리스도는 인간을 위해 고통당한다. 그래서 하나님은 자신의 공의를 유지하면서, 인간을 벌주지 않고 용서할 수 있게 된다. 형벌의 목적은 불법을 방지하고 도덕적 질서를 유지하는 것이다. 그것은 보복이 아니라 인간의 순종을 회복하기 위한 일이다.(Hugo Grotius)

웨슬리는 역사의 예수가 아니라 그리스도요 구세주인 예수에 관심을 표하며, 특히 그의 활동(업무, 노력)에 집중한다. 그중에서도 가장 중요한 것은 그리스도의 속죄 활동이다. 그는 기독교 교리 중에서 가장 의미 깊은 것이 속죄론이라고 규정하며, 그것은 이신론과 참된 기독교를 구별하는 요소이고, 기독교가 단순한 인간적 도덕주의가 아니라 은혜로운 구원의 종교라는 사실을 유지시키는 것이라고 주장한다. 그러면 다양한 전통의 영향을 나타내는 그의 속죄론은 무엇인가?

먼저, 그리스도의 희생의 목적은 죄를 속량하기 위한 것이다. 웨슬리는 그 죽음이 속죄하기 위한 것이 아니라, 타락한 인간성을 새롭게 하는 것이라는 윌리엄 로(William Law)의 주장을 비평한다. 도덕적 변형이나 갱신이 그 희생의 부차적인 효과일 수는 있지만, 근본적인 목적이라고 할 수는 없다는 것이다. 그는 속량 이론의 활용을 회피하면서, 타락한 인간이 사탄보다는 자신에게 더 속박되어 있다는 견해를 내세운다. 물론 그 이론을 완전히 부정한 것은 아니다. 그리스도의 속죄가 참으로 죄와 사탄의 속박에서 우리를 해방시킨다. "우리 주님의 자발적인 고난이 아버지의 진노를 달래며 우리가 용서받게 하고, 결과적으로 사탄이 우리의 죄 때문에 우리에게 휘두르던 권세와 지배를 제거해 버린다."

웨슬리는 예수의 의로움과 순종이 신자들에게 전가(귀속: imputation)된다는 주장에 반대한다. 신자에게 어떤 의로움이 생긴다면 그것은 그가 성령의 영감적 활동에 적절하게 반응한 결과이지 그리스도의 의가 귀속되었기 때문이 아니다. 그가 이런 견해를 밝히는 것은, 자유를 가진 책임적 존재인 신자가 하나님의 은혜에 호응하고 참여하여 성장하는 것을 강조하기 위해서이다. 우리가 믿는 순간부터 그리스도의 순종과 의가 우리의 것이 된다면, 우리의 구원을 위해 더 이상 필요하고 추가해야 할 것이 무엇이란 말인가?

사람이 하나님으로부터 용서 받고 구원의 길을 가기 위해 필요한 모든 일을 그리스도가 다 이루셨다면, 그것은 불가피하게 보편주의나 제한적 속죄론(universalism or a limited Atonement)으로 귀결될 것이다. 그런데 웨슬리는 그 두 가지를 일관되게 거부하는데, 그 이유는 그것이 성서와 일치하지 않으며 하나님의 공의에 해롭고, 율법무용론에 도움이 되는 것이기 때문이다. 대신에 그는 그리스도가 공인으로서 자신의 희생적 속죄를 통해서, 하나님이 모든 인간을 용서하기에 충분한 역할을 했다는 것을 강조한다. 예수 안에서 우리의 죄책감의 문제가 온전하게 다루어졌고, 그래서 하나님은 자신의 공의를 침해하지 않으면서 자비롭게 인간을 용서할 수 있게 되는 것이다.

존 렌쇼(John Renshaw)가 웨슬리 형제들의 속죄론에 대한 적합한 결론을 내리고 있다. 하나는, 그들이 하나님의 균형 잡힌 성품(사랑과 공의 사이에서)이 그리스도의 속죄 활동에서 폐기되지 않았다고 선포한다는 것이고, 다른 하나는 그들이 아주 강조하는 것이 하나님의 진노가 아니라, 우리의 구원을 이루는 그의 사랑이라는 것이다. 그 형제들의 입장에서 그리스도의 삶, 죽음, 부활, 중보에 대하여 설교한다는 것은 근본적으로 하나님의 사랑을 선언하는 것과 다르지 않다.

예수의 속죄 행위에 하나님의 사랑이 분명하게 드러났기 때문에, 죄인이 하나님에게 돌아가는 데 두려워할 것이 없다. 믿음으로 은혜의 보좌에 나아가 죄를 용서 받고 그의 자녀로 살게 되면서 순종하는 법을 배우게 된다. 그런데 웨슬리가 강조하는 것은, 신자는 두려움 때문에 하나님의 법에 순종하는 것이 아니라 하나님의 사랑에 감동하여 그리한다는 것이다. 그러면 우리가 그 사랑을 어떻게 확신할 수 있는가? 그것은 십자가를 통해서 가능해진다. 십자가 위에 매달린 그리스도는 인간의 대표 이상으로 하나님을 대표하는 분이다. 그의 용서하고 회복하는 사랑을 보여주는 것이 예수의 대속 사건이다. 여기서 하나님은 자신과 인간 사이에 놓인 장벽을 그리스도 안에서 초월하게 된다. 이제 우리가 그 사랑에 반응하고 우리의 삶에서 하나님의 임재를 허용한다면, 우리는 죄의 속박에서 벗어나 창조주가 원래 의도한 충만한 모습으로 변형되는 과정에 들어서게 될 것이다.

토의문제

1. 웨슬리가 예수의 인성보다는 신성을 더 강조한 이유가 있는가?
2. 예수의 인성과 신성을 조화롭게 설명할 수 있는 방법을 찾아보자.
3. 그리스도의 세 가지 직무에 대하여 말하라.
4. 예수는 대제사장의 직무를 감당하였으며 지금도 그렇게 하고 있는가?
5. 제사장 예수의 중보 활동은 지금 어떤 식으로 나타나는가?
6. 예수가 선지자로서 지금 신자를 위해 어떤 방식으로 활동하는가?
7. 그리스도에 의해 계시된 하나님의 법의 기능은 무엇인가?
8. 왕 같은 그리스도의 직무에는 어떤 것이 있는가?
9. 예수가 가지는 세 가지 직무 사이의 공통점과 차이점은 어떤 것인가?
10. 다양한 속죄론을 검토하고 자신에게 가장 호소력이 있는 이론을 제시해보라.
11. 웨슬리의 속죄론의 핵심에 대하여 논하라.
12. 예수의 의와 순종이 신자에게 전가(귀속)된 것이 아니라는 말을 구체화시켜 보라.
13. 예수가 인간의 구원을 위한 모든 일을 성취하여 사람이 할 일은 없어진 것인가?
14. 신자가 하나님의 법에 순종하는 적절한 이유는 무엇인가?

Ⅳ. 성령

예수 그리스도께서 다시 오시기 전에 제자들에게 성령을 보낸다는 약속을 한다. 그분이 와서 자신의 하던 일을 다른 방식으로 계속할 것이라고 하며, 또한 그가 진리와 죄와 심판에 대하여 가르치고 경고할 것이라고 예언한다. 그 예언은 성취되고 지금 교회는 그의 섭리와 능력을 경험하고 있다. 이 성령에 대한 웨슬리의 생각은 무엇인가? 그는 타락한 인류에게 하나님이 선행적 은총을 주셨지만 그것을 가지고 하나님의 구원의 역사에 참여하기는 충분하지 않다고 이해한다. 그래서 하나님이 아들 예수를 보내서 구원의 길을 열고, 성령을 보내어 구원을 성취하게 하는 것이라고 주장한다. 웨슬리에게 성령은 하나님의 사랑과 구원을 구체적으로 실현하는 능력적 임재이다.

1. 성령의 정체와 목적

성서는 하나님과 예수에 대한 여러 가지 기록을 포함한다. 그 기록을 통해서 우리는 어느 정도 구체적인 신론과 기독론을 전개할 수 있다. 그러나 성령에 대한 문제는 좀 다르다. 체계적인 성령론을 설정할 만큼 충분한 자료를 찾기가 어려운 것이다. 그래서 교회 역사를 보면, 성령을 등급이 낮은 신으로 묘사하거나 하나님의 성품, 말씀, 능력, 에너지 등으로 취급하는 사람들이 생긴다. 심지어는 그를 교회의 성스런 분위기(기운)나 천사와 같이 창조된 매개체와 동일시하는 이들도 있다. 서방교회의 신학자들은 대체로 성령을 하나님의 은총이나 교회 자체로 설명하면서 그의 인격성을 부정한다. 그러나 동방교회는 전통적으로 성령을 인격적인 존재요, 하나님과 예수와 동일한 분으로 인정한다. 웨슬리는 서방교회의 전통 속에 성장하였지만, 성령론에 있어서는 동방의 전통에 더 친근한 모습을 나타낸다.

> 하나님의 은혜는 때때로 하나님의 값없는 사랑, 공적 없이 얻은 자비로 이해되어야 한다. 그 은혜로 말미암아 죄인인 나는 그리스도의 공적을 통해서, 지금 하나님과 화해되었다. 그러나 여기서 그 은혜는 오히려 "우리 안에서 하나님의 선하신 뜻을 행하고 성취하기 위해 활동하는" 하나님의 능력, 곧 성령을 의미한다.

이 글에서 웨슬리는 성령의 정체를 하나님의 은총과 능력이라는 용어로 설명하려고 한다. 그에게 성령은 인간을 구원하기 위해 은혜로운 능력으로 임재하시는 하나님이다. 그는 "어린이를 위한 교훈"에서 은혜를 "우리로 하여금 하나님을 믿고 사랑하며 섬길 수 있도록 하는 성령의 능력"이라고 정의한다. 그에게 은총이란 하나님이 인간에게 제공하는 어떤 제품이 아니라 사람의 삶 속에 나타나는 하나님 자신의 활동이다. 다니엘 루비(Daniel Luby)가 말한 대로, "웨슬리에게 은혜는 성령의 내주하시는 인격성 안에서 우리에게 주어지는, 하나님의 용서하고 변형시키는 사랑이다." 이런 식으로 성령의 인격적이고 은혜로운 성격을 해명하면서, 그는 성령이 하나님 아버지와 아들 예수 그리스도와 동등한 존재라는 삼위일체 교리의 기초를 튼튼히 하고 있다.

이와 같은 성령이 강림하여 활동하는 목적에 대하여, 웨슬리는 성화를 말한다. 하나님이 창조자요 부양자라면 그리스도는 구원자이며 성령은 성화자인 것이다. 예수를 통해서 구원의 지위를 얻지 못한 이들을 하나님의 은혜로 인도하는 성령의 주요한 역할은 신자가 된 이들을 성화하는 것이다. 이 성화 작업은 창조 때에 원래 의도된 대로 인간이 하나님을 사랑하고 섬기도록 하는 것과 다르지 않다. 하나님이 기뻐하는 의도를 알고 실천하는 것이 곧 거룩하게 되는 통로인 것이다. 따라서 성령의 목적은 자연인의 중생, 신자의 성화, 하나님을 사랑하고 그 뜻을 실현하는 것인데, 그중에서 가장 중요한 것이 성화이다. 거룩한 하나님의 영보다 그 일을 더 효과적으로 수행할 이가 누구랴!

> 나는 아버지와 아들과 동등한, 무한하고 영원한 하나님의 영을 믿습니다. 그는 완전히 거룩할 뿐 아니라 우리 안에 있는 모든 거룩함의 직접적인 원인입니다. 성령은 (신자가) 하나님의 충만하고 영원한 즐거움에 이르도록 우리의 이해를 각성시키고, 우리의 의지와 애정을 수정하며, 우리의 성품을 갱신하고, 우리의 인격을 그리스도와 일치시키며, 우리가 (하나님의)

자녀로 입양된 것을 확신시키고, 우리가 행동하는 것을 인도하며, 우리의 영혼과 육체를 정화하고 성화시키는 분입니다.

2. 성령의 주요한 활동

성령은 신자들만을 위해 활동하지 않는다. 웨슬리에게 하나님의 은혜로운 능력의 구현으로서, 성령은 선행적 은총을 통해 모든 인간을 위해 바람같이 움직인다. 그가 세상에 강림한 이유 중의 하나는 사람들에게 자신의 죄를 확신시켜서 하나님의 구원의 초청에 적절하게 호응하도록 하기 위함이다. 그런데 사람이 그 성령의 움직임을 환영하다면 그는 더 깊은 은혜를 경험할 것이며, 부분적인 치유에서 더 나아가, 예수의 속죄 때문에 근본적인 치유의 은혜를 입게 될 것이다. 이것이 웨슬리가 생각한 성령의 초기 활동이다.

그 활동에 믿음으로 반응하여 신자가 된 이들에게, 성령은 계속해서 영감을 불어넣어 성화의 길을 가도록 돕는다. 보통 영감이란 말은, 성서의 저자들에게 하나님의 계시를 오류 없이 기록하도록 성령이 주는 인지적 영향력을 의미한다. 그러나 웨슬리는 다른 의미로 그 말을 사용하는데, 그것은 단순히 성령이 사람의 영혼에 불어넣는 영향을 말한다. 그가 오해의 여지가 많음에도 불구하고 영감을 그런 식으로 활용하는 이유는 두 가지 오해를 피하기 위해서이다. 1. 성령이 신자에게 임재하는 것은, 신자의 반응과 상관없이 영구적인 것이다. 2. 성령이 임하시면 신자는 능력을 얻을 뿐 아니라 피할 수 없이－자신의 의지와 무관하게－순종하게 된다.

다시 말해서, 웨슬리는 성령이 신자의 의지나 선택과 상관없이 마음대로 활동하는 분이 아니라는 것을 강조하려는 것이다. 예정론, 불가항력적 은혜, 성도견인의 개념을 거부하는 그에게 그런 주장은 당연한 것이다. 성령이 역사하는 방식은 영감을 인간의 영에 불어 넣어 그가 구원의 길을 가도록 격려하고 돕는 것이지 그것을 강제하는 것이 아니다. 그 방식은, 삼위 하나님 사이에 어떤 갈등이나 부조화가 있을 수 없기 때문에, 하나님과 예수님의 방법과 같은 것이다. 성령님이 하나님의 뜻에 정통하기 때문에 그와 다를 수 없고, 예수님의 일을 계속하기 때문에 또한 그의 방식과 다르지 않다.

성령께서 신자의 삶의 초기에 하는 활동 중의 하나는 증거하고 확신시키는 일이다. 신앙이 어린 신자에게 그가 하나님의 자녀라고 그의 영혼에 속삭인다. 의심과 유혹에 빠지기 쉬운 신자에게 그가 죄와 그것의 비참한 결과에서 구원받았다는 사실을 확인시키면서, 계속해서 신앙으로 나가며 승리하도록 촉구한다. 웨슬리는 성령의 증거하는 일을 중요하게 생각하는데, 그것은 구원의 문제에 있어서 확실성을 추구하는 것과 종교의 감정적 요소를 유지하려는 데 있다. 그러나 더욱 중요한 이유는 그 증거의 활동 안에서 하나님의 신뢰성 있는 은혜를 발견할 수 있기 때문이다. 사실 웨슬리는 성령의 영감, 신자에게 증거하는 일, 믿음의 확신, 신자 내에서의 그리스도에 대한 계시 같은 개념들을 밀접하게 연관시켜 해설하고 있다.

성령의 또 다른 활동은 신자를 인도하는 일이다. 하나님의 은혜로운 능력으로서 성령은 중대한 일이나 집단의 일에만 개입하고 인도하는 분이 아니다. 그는 구원의 일을 주도하면서 신자 개인의 선택과 행동이 하나님의 뜻에 부합하도록 인도할 수 있는 지혜를 갖고 있다. 웨슬리도 이런 점에 동의하며 신자들이 성령의 인도하심을 청할 것을 권한다. 그 결과로 그의 부흥회에서 그 인도하심이라고 볼 수 있는 초자연적 은사가 나타나게 된다. 이 때문에 열광주의(enthusiasm)라는 비평을 듣게 되자 그는 양면적으로 대응한다. 성령의 개인적인 인도하심은 성서가 증언하는 일이라고 변호하면서 한편으로는, 그런 일이 참된 성령의 역사인지 잘 시험해볼 것을 주장한 것이다.

웨슬리는 성도 개인의 삶을 인도하는 성령의 활동을 확신하지만, 이미 계시된 하나님의 말씀이 담긴 성서는 무시하고 성령의 인도하심만을 강조하고 기다리는 신비주의, 경건주의, 영성주의를 반대하는 편이다. 종교개혁의 전통에 선 그는 성서를 신자의 삶에 적용해야 하는 최고의 기준이요, 권위로 인정하기 때문에, 성령이 그런 역할을 한다는 것을 그대로 받아들이지 않는 것이다. 성령께서는 신자를 인도하는 데 항상 성서에 일치되는 방식으로 한다. 다시 말하면, 성서의 계시를 대체하거나 그에 반대되는 방식으로 하지 않는다. 웨슬리가 책점이나 제비뽑기를 한 것에 대하여 비난하는 이들이 있는데, 그는 그것이 성서적이라고 하며 자신이 일반적으로 성서와 이성의 안내를 받는다고 응답한다.

3. 성령의 열매와 은사

복음을 듣지 못하고 예수를 구주로 영접하지 못한 이방인 가운데 자비롭고 정의로운 삶을 사는 이들이 있다. 우리는 그들이 나타내는 덕을 어떻게 이해해야 할 것인가? 웨슬리는 그 덕을 인정하지만, 그리스도인의 덕과 구별하고 있다. 이방인의 덕은 선행적 은총 또는 성령의 초기 활동에 의한 것으로서 미숙한 것이며, 성도의 덕은 성령의 깊고 왕성한 활동의 결과로 나타나는 좀 더 완성도가 높은 것이다. 그러나 그것이 어떤 덕이든지 모두 하나님의 은혜로운 선물이다. 그리고 어떤 덕이 있든지 사람이 더 큰 덕과 은혜를 갈망하면 성령은 그 소원을 만족시키지만, 그 반대로 기존의 덕을 양육하지 않고 성령의 은혜에 반응하지 않으면 그것은 위축되거나 사라질 수 있다.

웨슬리는 갈라디아서 5장에 나오는 성령의 열매들 가운데 사랑과 기쁨과 평화를 가장 중요한 것으로 받아들인다. 그런 덕은 단순한 감정이 아니라 어떤 행동으로 나타내고 선한 뜻을 성취하려는 의지, 애착, 애정과 같은 것이다. 그는 "사랑은 감정의 문제가 아니라 의지의 문제이다."(Love is more a matter of will than a matter of emotion)라는 말에 기꺼이 동의할 것이다. 사랑과 기쁨과 평화는 하나의 애착이기 때문에, 거기서부터 거룩한 생각, 말, 행동이 유래되는 거룩한 기질(holy temper)과 같은 것이다. 성화란 어떤 의미에서 성령의 활동과 신자의 호응이 합하여, 그런 기질(성질)이 갱신되고 생성되는 내적인 변화의 과정이라고 할 수 있다.

상기한 세 가지 덕 중에서 웨슬리가 제일 중요하게 생각하는 것은 물론 사랑이다. 그에게 우리를 향한 하나님의 사랑을 인식하는 것은 신자의 삶의 기초이며, 하나님을 사랑하고 이웃을 사랑하는 것이 그 삶의 초점이 된다. 모든 다른 열매들은 그 사랑에서 흘러나오는 것이며 그 사랑과의 관계 속에서만 어떤 의미를 갖는 것이다. 그 열매가 무엇이든지 그것은 자연인이 내재적으로 소유하는 것이 아니며, 성령의 활동에 의해서 발생하고 성장하는 것이다.

이와 같은 성령의 열매가 중요하며, 그것이 지금도 계속 맺히고 있다는 데 반대하는 신자는 없을 것이다. 그러나 성령의 은사에 관한 문제는 다르다. 그 은사가 중단되었다고 하는 이들이 있는 반면에 오순절 운동가들은 그것의 역사적 연속성을 강조한다. 그러면 웨슬리는 어떤 생각을 가지고 있는가? 그는 성령의 은사보다는 그 열매를 중요시할 뿐 아니라, 그 은사에 대하여 자주 언급하지 않으며 대신에 성령의 통상적인 활동(ordinary operation)에 관심을 갖고 있다. 그 활동은 성령이 신자를 성화시키는 일 또는 그 열매를 의미하지만, 그 은사는 성령의 특별한 활동(extraordinary operation)의 결과인데, 그 이유는 그것이 사도시대 이후에는 중단되었기 때문이다. 당시의 국교회나 가톨릭의 입장도 이와 유사하다. 그러나 웨슬리는 기본적으로 그 주장에 동조하지만 은사의 가능성을 완전히 거부하는 것은 아니다. 그는 그 은사들을 구분하여 일부는 지금도 유효하다고 본다. 방언, 신유, 예언, 통역 같은 것은 특수한 것으로서 중단되었지만, 설교, 지식, 목회, 전도, 교사와 같은 은사는 지속적으로 나타나는 것이다.

4. 삼위일체(Trinity)

서방 기독교와 신학의 선구자로 알려진 테르툴리아누스(Tertullian,

160–225년)는, 삼위일체 교리는 이성적인 인간이 만든 것이 아닌 계시라고 한다. 그는 그 교리가 이 세상에서 비슷한 예를 찾기 힘든 불합리한 것이라고 하며, 그것이 불합리하기 때문에 믿음으로 수용해야 한다고 주장한다. 테르툴리아누스가 말한 대로 삼위일체 교리는 난해한 신비이기 때문에 논쟁거리가 된다. 대부분의 이성적인 인간이 그렇듯이, 서방교회는 성령에 대한 직접적인 연구를 주저한다. 가톨릭은 성령을 교회와 은혜의 수단과 동일시해 왔으며, 때로는 아버지와 아들과 교회라는 삼위일체론을 주장하기도 한다. 개신교도 성령을 신자 개인의 구원과 관계된 주관적인 문제로 취급하거나, 교리서에서도 소홀히 다루는 경향을 갖고 있다.

그러나 웨슬리는 성령의 활동을 은혜의 수단이나 구원의 성취와 연관시키고 있지만, 성령을 비인격적이고 부수적인 다른 어떤 것으로 축소하지 않는다. 그는 당시의 청교도나 퀘이커교도와 같이, 성령에 대한 직접적인 관심을 표출하고 있다. 이런 면에서 그는 동방교회와 친숙한 입장을 드러내는데, 그 교회는 서방교회가 성령을 말씀(그리스도와 성서)에 종속시키며 비인격화하고 그의 활동을 지나치게 제한한다고 공격한다. 실제로 서방교회는 신조에 '필리오케'(filioque: 라틴어로 '그리고 아들[로부터]'란 뜻)란 말을 첨가하여 성령의 기원에 대한 논란을 일으킨다. 성령이 아버지와 아들로부터 오는가, 아니면 아버지로부터만 오는가 하는 문제는 표현상의 차이일 뿐 지엽적인 것이라고 하는 이들이 있지만, 그것이 내포하는 바는 작은 문제가 아니다.

웨슬리는 서방교회의 전통에 서서 그 입장을 유지하며, 성령의 활동이 그리스도의 일을 대체하거나 그것과 모순되는 것이 아니라고 주장한다. 하지만 그는 동방교회와 함께, 성령의 일을 지나치게 그리스도의 일에 종속시키지 않으려고 한다. "가톨릭 교인에게 보낸 편지"에서 그는 필리오케를 생략하는 대신에 아버지와 아들과 성령의 동등성을 확언하게 된다. 서방은 삼위의 일체성을 강조하여 유일신론으로 갈 위험성이 있고, 동방은 삼위의 독특성에 더 관심을 보여 삼신론으로 귀결될 수 있다. 웨슬리는 양편의 견해를 조화롭게 주장하는 감각을 나타내는데, 서방의 영향을 볼 수 있는 내용이 그 편지에 나온다. "나는 (세상에) 무한하고 독립적인 존재가 있다는 것과 그런 존재가 하나 이상 있다는 것은 불가능하다고 확신합니다. 그래서 나는 그 한 하나님이 만물의 아버지라고 믿습니다."

한편, 그는 아버지, 아들, 성령을 단순히 서로 다른 직무를 가진 존재가 아니라 독특한 인격체라고 강조한다. 여기서 그 독특성은 분리나 반대를 의미하는 것은 아니다. 동방교회가 나중에 삼위 사이의 완전한 내속적(coinherence) 성격을 표현하는 '페리코레시스'(perichoresis)란 개념을 발전시키게 되는데, 웨슬리도 비슷하게 삼위께서 "본질, 지식, 의지, 증언에 있어서 하나이다."라고 한다. 이 말이 그 독특성을 저해하는 것이라고 볼 수도 있지만, 그는 삼위의 일체성과 독특성 모두를 유지하려는 것뿐이다.

어찌 인간이 차원이 다른 영역에 있는 하나님의 존재방식에 대하여 유한한 이성과 언어를 가지고 분명하게 알고 표현할 수 있겠는가! 그것의 난해성과 그 논의의 애매함을 고려하여, 웨슬리는 삼위일체가 기독교의 핵심이라는 믿음을 확고히 하지만 그것을 주제로 설교한 것은 한 번뿐이다. 그는 삼위일체에 대하여 깊이 있게 논하기보다는 그것이 사실임을 선언하고 그것이 주는 실제적 교훈에 더 큰 관심을 보이고 있다. 그는 예배에서 신자가 하나님께 영광을 돌리듯이 예수에게도 그 영광을 돌리고, 성령의 임재와 영감을 항상 하나님의 은총과 그리스도의 대속과 관련지어 이해할 것을 주문한다.

성도는 거룩한 사랑을 가지고 인류의 구원을 계획하고 시행하는 하나님을 경외해야 하며, 우리를 죄와 그 비참한 결과에서 구원하기 위해 대속의 죽음을 당한 그리스도에게 감사해야 하고, 인간의 구원과 성화를 위해 영감으로 활동하는 성령을 환영하고 그에 적극적으로 반응을 보여야 하는 것이다.

1. 성령론을 정립하기 어려운 이유는 무엇인가?
2. 성령을 하나님의 능력적 임재라고 하는 웨슬리의 말을 설명하라.
3. 성령의 인격성이란 무슨 말인가?
4. 성령이 강림하여 활동하는 가장 주요한 목적은 무엇인가?
5. 성령은 신자만을 위해 움직이는 분인가?
6. 성령이 사람의 영혼에 작용하는 방식에 대하여 논하라.
7. 초기의 신자에게 성령은 주로 어떤 역할을 하시는가?
8. 삼위일체론의 관점에서, 성령이 성서에 반대되는 방식으로 활동하는 것이 가능한지 해명하라.
9. 웨슬리는 이방인의 덕과 성도의 덕을 어떤 식으로 구분하고 있는가?
10. 사랑의 본질이 감정인지 의지인지 검토해보자.
11. 성령의 열매로서 사랑의 중요성은 어디에 있는가?
12. 성령의 은사에 관한 웨슬리의 입장은 다른 이들의 견해와 어떤 면에서 다른가?
13. 삼위일체 교리는 불합리하기 때문에 신앙으로 수용해야 한다는 말을 설명해보라.
14. 삼위일체론을 알기 쉽게 해명하는 데 도움이 되는 비유는 무엇인가?
15. 삼위일체론에 대한 서방과 동방교회의 입장에는 어떤 차이가 있는가?
16. 삼위의 일체성과 독특성을 보여주는 '페리코레시스'의 개념을 설명해보자.
17. 신비하고 영적이어서 이해하기 어려운 문제들에 대하여 신자는 어떤 자세를 가져야 할 것인가?

V. 인간이란 무엇인가?

인간의 정체와 운명에 대하여 호기심을 가지고 분명한 답을 얻으려는 마음은 보편적이다. 이 문제에 관해 문화, 시대, 종교에 따라 다른 의견을 제시하는데, 기독교의 입장은 무엇인가? 웨슬리는 성서에 일치하고 경험적이며 일관성 있는 인간론을 제시하고 있는가? 그의 인간론의 성격을 살펴보자.

웨슬리의 인간론은, 다른 것과 비슷하게 통합적이다. 그는 다양한 기독교 전통에 영향을 받았는데, 어느 한 가지에 집착하기보다는 자신의 관점에서 그것들을 창조적으로 복구하며 통합적으로 이해하려고 한다. 서방교회가 인간의 전적인 타락과 죄의 유전 그리고 하나님의 은혜의 절대적 필요성을 강조하는 반면에, 동방교회는 신의 형상의 부분적 상실을 주장하면서 원죄의 유전에는 반대한다. 또한 후자는 상실한 하나님의 형상을 점진적으로 회복하고 그의 은혜로 타락한 인간의 성품이 치료받는 것에 큰 관심을 나타낸다. 서방이 인간을 어둡게 묘사한다면(타락) 동방은 좀 더 밝게 그려내고 있다.(창조) 그런데 웨슬리의 견해는 서방과 동방교회의 영향을 모두 보여준다.

웨슬리의 인간론은 성서적인 기초 위에 정립된다. 이런 사실은 그가 인간의 구성에 대하여 이분설을 전개하는 데서 분명히 드러난다. 그는 인간이 육체와 영혼(마음, 정신) 두 가지의 요소로 형성되었다고 한다. 그래서 인간은 육체를 가진 영혼(embodied soul)이며, 이 주장은 인간의 경험적 입장에서 분명한 것이다. 그런데 이런 주장에 자연스럽게 뒤따르는 질문은, 그 두 가지의 구성요소가 어떻게 상호 연결되느냐이다. 일부 사람들은 이분설을 인정하지만, 그 두 요소가 완전히 다른, 심지어는 서로 적대적인 것이라고 하는 이원론적 경향을 보인다. 물질인 육체는 악하고 비물질인 영혼은 선하다고 하면서 영혼이 육체의 감옥에 갇혀 지내는 것이 현실이요, 타락이라고 하는 이도 있다. 그런데 이런 강한 이원론은 성서가 내세우는 느슨한 이원론(loose dualism)과는 다르다.

성서는 물질과 육체 모두 하나님의 선한 창조의 일부라고 말하며, 죄악은 인간의 삶의 모든 차원에서 나타나는 왜곡과 변형이라고 한다. 그리하여 '성서 한 권의 사람'인 웨슬리는 육체를 경시하거나 물질을 악의 원천이라고 하는 주장을 강하게 반박하고 있다. 그는 성서가 말하는 죄 많은 '육체'라는 말은 육체 자체가 아니라 인간성 전체의 타락을 의미한다고 주장한다. 사실 바울 서신에 나오는 영이나 영혼과 대비되는 개념인 육 또는 육체란 단어들의 대부분은 인간의 죄성을 나타내는 것이며, 오직 3분의 1 정도만 사람의 실제적인 몸을 칭한다. 물론 웨슬리가 약간의 이원론적 성향을 보이지만, 그의 주장은 단순하고 강한 이원론이 아니라 영과 육의 긴밀한 연관성을 강조하는 성서적 교훈을 간직하고 있다.

1. 창조된 인간

인간에 대한 웨슬리의 근본적인 확신은 하나님이 사람을 창조하였으며, 그래서 인간은 의존적인 존재라는 것이다. 그리고 그는 우리가 존재하는 것 자체와 우리가 누리는 모든 것, 가진 모든 자원과 재능은 모두 은혜로운 하나님의 선물이라고 본다. 사실 인간은 스스로 발생한 것이 아니기 때문에 독립적으로 자신의 힘만 가지고 존재할 수 없으며, 자신의 원천에 대해서도 스스로는 알 수 없는 위치에 있다. 여기에 계시의 필요성이 생기고, 교회는 우리가 예수 그리스도를 통해서 하나님과 인간에 대한 지식을 갖는다고 고백한다. 그런데 사람이 자신의 의지와 상관없이 지구상에 존재하게 되어 책임적인 삶을 살 필요가 없다고 할 수 있지만, 반대로 삶의 모든 조건이 은혜롭게 주어진 것이라고 하면서 감사하며 어떤 소중한 일을 성취하며 살아갈 수도 있다.

웨슬리는 성서가 선포하는 대로 사람이 하나님의 형상으로 창조되었다고 가르친다. 때때로 그는 그 형상의 세 차원을 말하는데, 자연적 형상, 정치적 형상, 도덕적 형상이다. 정치적 이미지는 인간이 위임받은 다스리는 권세와 연관되지만, 그는 그 형상에 많은 관심을 보이지 않는다. 대신에 그는 종종 인간의 자연적 이미지와 도덕적 이미지를 구분하고 있다. 이 구분은 동방교회의 입장과 유사한데, 그 교회는 형상(image)과 모습(likeness)을 구별한다. 전자는 사람이 하나님의 삶에 참여하기 위한 자유, 이성, 애착과 같은 능력을 갖고 있다는 것을 의미하는 반면에, 후자는 하나님이 원래 의도한 사랑과 거룩함과 같은 도덕적 성품을 뜻하는 것이다. 동방교회는 인간이 타락하여 후자를 상실하였지만 전자는 계속 보유한다고 고백한다.

이와 비슷하게 웨슬리는 인간이 원래 창조주의 존재와 영광에 참여할 수 있도록 만들어졌고, 그렇게 할 때 비로소 사람이 하나님의 도덕적 성품을 체현하고 그에게 주어진 목표를 달성하게 된다고 주장한다. "아담은 하나님과 비등한 가운데 그와 교제할 수 있는, 하나님을 알고 사랑하며 순종할 수 있는 피조물이었다. 그런데 실제로 그는 하나님을 알았고 가식 없이 사랑하며 한결같이 그에게 순종했다. … 그 옳은 상태에서 그의 모든 능력을 올바르게 사용함으로, 자연스럽게 그의 행복이 생성되었다."

웨슬리에 의하면, 인간은 관계를 맺고 그 안에서 삶의 의미와 행복을 찾아야 하는 존재로 창조된다. 그래서 사람의 참된 경험 가운데 중심적인 것이 관계성인 것이다. 그 관계성은 하나님, 다른 인간, 하등 동물, 자신과 연결되는 것이기 때문에, 거룩하고 온전한 사람은 그 관계를 올바르게 맺고 사는 자이다. 웨슬리에게서 하나님과의 올바른 관계란 우리 사람이 그를 알고 사랑하며 순종하고 누리는 것이다. 이웃과의 바른 관계는 그를 사랑하고 섬기는 것이며, 동물과의 그런 관계는 그를 사랑하며 보호하는 것이다. 그리고 이상의 모든 관계가 바르게 정립되어 표출된다면, 사람은 자신과도 올바른 관계를 갖게 된다.

사람은 또한 남자와 여자로 구분되어 창조된다. 이 양성의 존재는 인간의 관계성을 보여주는 원초적이고 대표적인 경우이다. 초기에 웨슬리는 여성과 남성의 차이에 집중하였지만 나중에는 그들의 공통점에 더 많은 관심을 보인다. 당시의 견해를 따르면서, 그는 여성이 남성보다 좀 더 감정적이며 덜 지적이고 용감하지 못하다는 생각을 갖는다. 그는 그 차이점이 무엇이든지 간에 모든 인간은 하나님과 관계를 맺고 순종할 수 있는, 영적으로는 같은 존재라는 데 동의한다. 그러나 그는 여자가 남자에게 종속되어야 한다는 생각을 하고 실제 삶에서 여자를 그렇게 대한다. 조물주가 남자 다음으로 여자를 창조한 것은 여자의 종속이 원래의 의도라는 것을 드러낸다!

그런데 놀랍게도 1760년대부터, 웨슬리는 하나님이 남녀를 모든 면에서 동등하게 창조하였다는 사상에 동조하게 되며, 여자가 남자에게 복종하는 것은 창조주의 의도가 아니라 타락의 결과 중의 하나라는 생각을 하게 된다. 물론 그렇다고 그가 여성의 차이와 종속에 대한 기본적인 관점을 완전히 바꾼 것은 아니다. 그는 여전히 밀턴(Milton)의 시각으로 창세기 3장을 왜곡하는 당대의 사람들에 속한다. 여자(하와)는 죄를 짓는 성향이 남자보다 강해서 먼저 선악과를 따먹게 되고, 아담은 단지 하와를 사랑하는 마음에서 그녀가 주는 것을 먹은 것뿐이다! 그러니 여자는 육체적, 영적으로 남자의 보호를 받아야 하는 것이다. 오늘날의 복음주의 입장에서 보면, 여성의 열등한 지위가 타락의 결과이든지 아니면 남자의 현실적 욕망(남성주의적 관점)의 결과이든지, 그것은 현실이지 이상은 아니다. 그러므로 그 상황을 바로잡아야 하고 치유해야 한다.

2. 타락한 인간

인간이 타락하여 죄악 가운데 살고 있다는 점에 동서교회 간의 이견은 없다. 그러나 어떤 면에 더 초점을 두느냐의 문제에 있어서는 차이가 있다. 서방교회는 타락한 인간이 하나님에게 무엇을 어떻게 해야 하느냐를 강조하지만, 동방교회는 타락의 결과로 연약해진 죄인 자신에 집중한다. 웨슬리는 양쪽 교회의 영향을 보여주는 견해를 밝히며, 죄악의 현실을 부정하는 것은 인간의 보편적 경험에 반대되는 것이며 기독교를 근본적으로 거부하는 것이라고 한다.

우리 자신과 연관시켜 생각하면, 우리의 죄는 철의 사슬이며 놋쇠의 족쇄이다. 죄는 상처와 같은데, 세상과 육신과 마귀가 그것으로 우리 모두를 난도질하고 깊은 상처를 주었다. 죄는 우리의 피와 영(정신)을 다 빨아 마시고 우리를 무덤(죽음)의 방으로 끌어 내리는 병이다. 그러나 하나님과의 관계 속에서 생각하면, 우리의 죄는 크고 수많은 빚과 같다.

웨슬리는 초기에 인간의 원죄와 그것의 유전을 강조하는 서방교회의 입장에 서 있었지만, 시간이 지날수록 그 유전의 개념에 대한 불편한 느낌을 갖게 된다. 당시의 예정론자들과 논쟁하면서, 그는 결국 그리스도의 대속의 은혜 때문에 사람이 출생할 때에 그 유전된 죄가 보편적으로 폐기된다고 선언한다. 죄의 유전에 대한 그의 생각이 선행적 은총에 대한 인식이 발동하면서 폐지된 것이다! 이런 생각은 하나님이 인간의 죄를 개인적으로 다루신다는 확신과 죄에 대한 개인적 책임을 강조하는 데서 비롯된다. 그래서 그는 죄를 조상의 문제보다는 개인의 문제로 취급하려고 한다. 관심이 죄의 원천보다는 죄의 현실적 차원에 있기 때문에, 웨슬리는 원죄보다는 내재적인 죄(inbeing sin)라는 말을 선호한다.

서방교회는 로마서 5:12를, 한 인간 아담 때문에 세상에 죄와 죽음이 발생하게 되었다고 읽지만, 동방교회는 '모든 사람이 죄를 지었기 때문에 죽음이 모두에게 퍼진다.'라고 읽는다. 개인적인 책임을 더 강조하는 이런 해석이 웨슬리에게 더 큰 영향을 준다. 그런데 죄와 죽음의 관계, 죄의 유전에 대하여 그가 선언하기는 하지만 자세히 설명하려고 하지는 않는다. 동방교회가 일반적으로 신비한 일에 대하여 설명하기를 주저하는데, 웨슬리도 비슷한 자세를 나타낸다. "나는 그 사실을, 성서와 경험을 통해서 알고 있다. 그것이 전염되고 유전되는 것을 안다. 그러나 나는 그것이 어떻게 그리 되는지 알지도 못하고 알려고 하지도 않는다."

그러나 그가 타락과 죄의 유전에 대한 설명을 기피한 것은 아니다. 1730년의 설교에서 웨슬리는 그에 대한 생물학적 해설을 시도한다. 첫 사람이 먹은 선악과에는 분자(입자)가 포함된 주스가 들어 있었는데, 그것이 혈관에 착 달라붙어서 그 핏줄을 막아 버린다. 그래서 그가 죽게 되었고 육체적 부조화를 일으키며 그의 능력을 손상시킨다. 그리고 그 타락의 매개체가 후손들에게 전달되어 그들에게 자연스럽게 타락이 생성된다.(naturally engendered) 웨슬리는 나중에 이런 생물학적 전이의 개념을 정제하고, 그것을 정당화하기 위해 아담이 인류의 대표라는 주제를 첨가한다.

웨슬리는 1755년에 리처드 톰슨(Richard Tompson)으로부터 편지를 받는데, 거기서 그는 죄에서 자유를 얻은 부모가 어떻게 타락한 인간성을 그 자녀들에게 전달하는가 하는 질문을 던진다. 이에 답하면서, 웨슬리는 완전히 성화된 두 사람이 결혼하여 자녀를 얻는 상황은 결코 일어나지 않는다고 한다. 현문우답이다! 나중에 그는 자신이 그 문제에 충분히 답하기에 시간이 부족하였다는 말로 사과하게 된다. 그 후에 웨슬리는 종교개혁자들의 견해인 '전가된 타락(부패)'의 개념에 관심을 보이지만, 그에 대한 분명한 정의를 내리는 것을 거부한다. 더 나아가 하나님이 적극적으로 아담의 타락이 유전되기를 의도한다는 것에 대하여 확언하려고 하지 않는다.

후에 웨슬리는 전가된 의의 개념이 개인적 책임과 상충되는 면을 인식하면서 아담의 영적인 죽음에 관심을 기울이게 되고, 아담이 인류를 대표한다는 언급을 중단한다. 그리고 말년에는 다시 생물학적 전이의 개념을 강조하면서, 그 타락이 인류의 삶에 죽음을 들여왔다고 말하게 된다. 이어서 그것이 나이가 들고 혈관이 굳어지는 과정을 통해서 인간의 능력을 부패하게 만든다고 주장한다. 아담과 이브가 하나님의 임재와 은혜에서 분리되면서, 그들은 하나님의 도덕적 이미지(모습)를 상실하고 자연적 이미지(형상)는 왜곡되고 상처를 입게 된다. 모든 후손들은 이제 이미 하나님과 분리된 세상에 영적으로 죽은 상태로 태어나는 것이다.

웨슬리에게 내재적인 죄는, 하나님으로부터 분리되어 나타나는, 인간 능력의 타락(부패)을 의미한다. 결과적으로 인간의 이해는 어두워지고 의지와 애착은 잘못된 성질에 장악되며, 자유는 상실되고 양심은 기준이 없는 상태로 남게 된다. 우리에게 본질적인 관계성은 일그러져, 사람은 더 이상 하나님과 이웃을 지속적으로 섬기지 못하며 하등동물들을 무시하거나 위협한다. 그런 태도는 자신의 행복과 자존감을 침식시키는 결과로 이어진다. 결국 그 내재적인 타락은 인간 존재의 모든 부분에 스며들게 되고, 그는 자신을 구원하기에는 완전히 불가능한 자리에 처하게 된다. 이런 의미에서 웨슬리는 인간의 전적인 타락과 함께 전적인 회복(성화)을 주장하는 균형감을 보여주고 있다.

3. 회복된 인간

웨슬리는 인간이 영적인 건강을 회복할 수 있는 가능성은 전적으로 하나님의 은혜에 달려 있다고 한다. 그 은혜가 곧 선행적 은총이다. 그는 칼빈주의의 전적인 타락과 예정론의 필요성을 반박하기 위해 그 은총의 개념을 활성화한다. 이 은총은 두 가지 측면에서 검토할 수 있는데, 좁은 의미에서 그것은 사람이 칭의되기 전에 나타나는 하나님의 구원 활동을 말한다.(알미니우스의 견해) 한편 넓은 의미에서의 선행적 은총은, 인간의 모든 선하고 유익한 행위나 덕의 기초가 되는 하나님의 은혜를 지칭한다. 서방교회는 그 은총을 하나님의 용서로 이해하고 동방교회는 치유하는 능력으로 받아들이는데, 웨슬리는 양편의 주장을 통합적으로 제시하려고 한다. 그러니까 치유를 위한 능력이라는 주제에 용서의 개념을 추가한 것이다.

웨슬리는 종종 하나님의 사랑과 은혜를 동일시하는데, 그 은총과 사랑은 현재 우리의 삶에서 활동하는 성령을 통해서 나타난다. 성령의 초기 활동은 우리에게 하나님의 용서를 확신시키는 일, 상실한 하나님의 형상(그리스도와 같은)을 회복하도록 주도하는 일, 그리고 영적인 회복을 위해 신자를 격려하고 힘을 부여하는 일 등이 포함된다. 그 은총은 사람을 감동시키고 할 수 있도록 힘을 주지만, 그를 압도하지는 않는다. 칼빈과 달리, 웨슬리에게 그 은혜는 거부할 수 있는 것이며 인간과 함께 움직이는(co-operant) 것이다. 그래서 그 은총은 우리의 반응을 유도하지만 그 반응을 강제하지는 않는다.

웨슬리는 "하나님에게서 태어난 사람들의 위대한 특권"(1748년)이라는 설교에서, 자기 안에서 성령이 활동하는 신자는 받은 은혜를 하나님께 돌려야 한다고 강조한다. 그 이유는 사람의 영혼이 하나님께 반응(re-act)하지 않으면, 하나님도 그 영혼을 위해 계속 활동하지 않기 때문이다. 하나님의 은혜로운 영향은 "우리 자신의 노력을 대체하는 것이 아니라 격려하는 것이다." 신자가 반응을 보이고 노력하는 가운데 그 은혜가 자라고 깊어지게 된다. 하나님은 신자에게서 그런 반응을 기대하고 기다린다. 그래서 웨슬리는 은혜의 정도(degree of grace)와 진행적 구원(progressive salvation)을 말하는 것이다.

타락한 인간에게 처음으로 나타나는 하나님의 사랑스런 접근이 선행적 은총이다. 이 은총은 보편적으로 누구에게나 임하는 것이지만, 거부할 수 없는 것은 아니다. 그러면 웨슬리가 생각하는 그 은총의 효과 또는 역할은 무엇인가? 선행하는 하나님의 은총이 타락하여 연약해지고 부패한 인간의 능력을 부분적으로 회복한다는데, 구체적으로 무엇을 회복시킨다는 것인가?

먼저, 그 은혜는 인간의 이해력을 어느 정도 회복시킨다. 이 일은 부분적인 계시를 부여함으로 가능해지는데, 그 계시는 영적인 일이나 신적인 일에 관한 것이다. 그래서 인간은 이성으로 알 수 없는 지식을 희미하게 갖게 되며, 선과 악 사이를 구별할 수 있는 기초적 지혜를 얻는다. 둘째로, 자유의 회복이다. 사람이 하나님의 용서하고 치유하는 은혜가 작용하고 있다고 인식하는 것으로는 충분하지 않으며, 어떤 방식으로든 그 은혜와 인식에 반응할 수 있어야 한다. 그것을 위해서 자유가 필요한 것이며, 그 은총에 의해 속박된 자유가 어느 정도 기능을 발휘하게 되는 것이다. 셋째로, 선한 의지 또는 애착의 회복이다. 하나님이 기뻐하는 일을 하도록 하는 애정적 의지(affectional will)는 저절로 생성되는 것이 아니라 그 은혜에 의한 것이며, 덕스런 성격과 행위의 가능성도 거기에 있는 것이다.

웨슬리가 생각한 선행 은총의 역할을 좀 더 넓게 요약하면 다음과 같다. 1. 사람에게 유전되고 전염된 죄를 그리스도를 통해서 하나님이 은혜롭게 제거한다. 2. 인간의 연약하고 부패한 능력을 부분적으로 회복하는데, 그 정도만 가지고도 사람은 하나님을 감지하며 그에게 반응할 수 있게 된다. 3. 끊어진 하나님과의 관계를 복원하도록 개인적으로 제안한다. 이런 제의를 우리가 환영한다면, 협동적이고 신행적인 변형이 시작되어 우리는 구원의 과정에 들어서게 된다. 물론 우리가 그 제안을 거부한다고 해서 그 은총의 효과가 상실되는 것은 아니다. 사람이 거부할 수 있는 것도 따지고 보면 그 은혜가 이미 역사하고 있기 때문이다! 어찌되었든, 웨슬리는 경고하기를, 하나님은 자신의 활동과 제안을 부정하는 사람에게 그 은총을 강요하지 않는 분이다.

그러면 선행적 은총을 통해서 부분적으로나마 회복된 인간의 상태는 어떤 것인가? 초기에 웨슬리는 중생하기 이전의 자연인에게 자신의 영적인 건강을 회복할 수 있는 약간의 능력이 남아 있다고 암시한다. 그런데 1738년의 앨더스게이트 회심 이후부터, 그는 '오직 은혜'를 강조하게 된다. 타락한 인간의 자연적 상태는 전적으로 부패하여 하나님의 활동에 반응할 수 없는 지경에 이른다. 그러나 후기에 그는 인간의 무능력을 강조하는 것이, 사람은 원래 그렇기 때문에 자신의 죄에 책임이 없다는 논리로 발전하는 것에 불편한 마음을 갖게 된다. 그래서 웨슬리는 그 누구도 단순히 자연의 상태에 있지 않기 때문에, 비록 사람이 죄로 말미암아 영적으로 죽은 상태이지만, 개인적 행위에 대한 책임에서 면제되는 것은 아니라고 강조한다.

이 모순된 문제를 해소하는 데 있어서도 웨슬리의 균형감은 빛나고 있다. 그는 인간의 전적인 타락과 하나님의 선행하는 은혜를 조화시키려고 한다. 그리고 사람이 죄 때문에 죽어 영적으로 무감각하고 회복할 능력이 없지만 그 위에 그 은총이 작용하고 있으며, 그래서 인간은 자신의 선택과 행위에 대하여 책임을 갖는다는 결론을 내린다. 이런 그의 방식은 구원의 성취에 있어서 하나님의 주도적인 역할과 함께 인간의 책임적 참여(responsible participation)를 함께 이해하는 데 도움이 된다. 사람은 타락과 상관없이 처음부터 하나님의 은혜 안에 있기 때문에 – 창조의 은혜, 선행하는 은혜, 구원하는 은혜, 완성하는 은혜 – 그의 주도적 접근에 반응하고 참여할 수 있는 것이다. 그렇다면 이 말은 구원에 있어서 신인 협동설이 성서적이며 경험적으로 정당하다는 것인가?

이 문제에 대한 웨슬리의 입장은 '하나님이 주도하는 신인 협동설'이라고 할 수 있다. 이 말에 반대하는 이가 있을 것이고, 그것을 다르게 칭하는 이도 있을 것이다. 그의 견해가 협동적(synergistic)이 아니라 단동적(monergistic)이라고 보는 소수 의견이 있지만 대체적으로 신인 협동적이라는 데 동의한다. 구원의 과정에 인간이 의미 있게 참여해야 한다. 그렇지 않으면, 어떤 의미에서 구원은 진행되지 않는다. 그러나 사람이 자기 마음대로 구원을 시작하거나 성취하는 것은 아니다. 우리의 존재 자체가 하나님에 의한 것이고 구원도 그의 은혜로 가능한 일이다.

웨슬리는 사람이 구원 받기 위해서는 그 은혜를 힘입어 성령과 함께 일해야 한다고 한다. 책임적인 자세를 가지고 거기에 참여해야 하는 것이다. 그렇지만 어디까지나 주도권은 하나님에게 있다. 그가 우리 안에서 선한 일을 의도하고 행하기 때문이다. 그래서 우리는 비로소 협력할 수 있으며 또 그렇게 해야 한다. 웨슬리는 이런 인간의 참여와 책임을 강조하지만, 항상 그것이 우리 자신의 내재적인 능력이 아니라 하나님의 은혜에 근거한 것이라고 첨가한다. 그는 "나 없이 너희는 아무 일도 할 수 없다."는 예수의 말씀과 "내게 능력 주시는 자 안에서 내가 모든 것을 할 수 있다."는 바울의 말을 긴장감을 가지고 유지해야 한다고 강조하고 있다. 그에게 하나님의 은혜는 모두 '함께하는 은혜'(co-operant grace)이며 인간의 책임은 '반응하는 참여'(responsive participation)이다.

1. 동방교회와 서방교회는 인간론에 있어서 어떤 차이를 나타내는가?
2. 성서가 내세우는 것을 느슨한 이원론이라고 하면, 그것은 강한 이원론과 어떻게 다른지 설명하라.
3. 육체와 물질을 죄악시하는 것은 어떤 의미에서 비성서적인가?
4. 인간은 스스로 존재하는 것이 아니기 때문에 의존적이고, 자신의 정체와 운명을 알기 위해서는 계시가 필요한 존재라는 말을 상세히 논하라.
5. 동방교회가 하나님의 형상과 모습을 구분하고 있는 것에 대해 알아보자.
6. 웨슬리에 의하면, 인간은 관계를 맺고 살도록 창조되었다. 그가 생각하는 올바른 관계는 어떤 것인가?
7. 여자와 남자의 평등에 대한 성서적 입장을 정리해보자. 또한 그에 관한 웨슬리의 견해는 어떻게 변하고 있는가?
8. 죄는 우리 조상의 문제인가? 각 개인의 문제인가?
9. 죄성의 유전과 전염을 생물학적으로 설명하려는 시도가 적절한 일인가?
10. 구원 받고 성화된 부모에게서 죄성을 가진 아기가 태어나는가?
11. 웨슬리는 인간의 전적인 타락과 전적인 회복(성화) 모두를 말하는가?
12. 선행적 은총에 대한 웨슬리의 견해는 무엇인가? 그 역할은 무엇인가?
13. 하나님의 은총은 우리의 반응을 유도하지만 그 반응을 강제하지는 않는다는 말을 구체적으로 설명해보자.
14. 사람의 영혼이 하나님께 반응(re-act)하지 않으면, 하나님도 그 영혼을 위해 계속 활동하지 않는다는 말에 동의하는가? 이 말을 경험적으로 논증할 수 있는가?

15. 신인협동설은 성서적이고 경험적인가?
16. 하나님의 주도적인 역할과 인간의 책임적 참여를 함께 주장하면서 구원의 성취를 말하는 것이 최선의 대답인가?

VI. 구원

각 사람의 성격, 외모, 취향, 세계관이 다르듯이 신학자들의 사상도 각기 다르다. 그것은 시대적 배경, 그들이 받은 교육, 자신의 경험, 성서에 대한 해석, 세계를 바라보는 시각 등이 다르기 때문에 생기는 자연스런 현상이다. 물론 그들의 사상 사이에는 모두가 같은 세상에 존재하므로, 연관성이 있지만 거기에는 피할 수 없는 차이점이 생기게 된다. 그러면 웨슬리의 신학, 특히 구원론에는 어떤 특징이 있는가?

1. 구원론의 성격

1) 균형과 조화

이미 언급한 대로 웨슬리는 다양한 신학적 전통의 영향 아래서 성장하였다. 그리하여 그는 각 전통에서 주장하는 다른 의견들 사이에서 갈등하며 자신의 신학을 정립하려고 한다. 그의 구원론도 예외가 아니다. 동방교회, 서방교회, 성공회, 경건주의, 청교도가 내세우는 견해들을 알고 선택하는 과정에서 그는 뛰어난 균형감을 가지고 논의를 하며 결론에 이른다. 그리고 그 결론이 성서적이고 경험적인지, 이성에 위배되지는 않는지 검토하게 된다. 구원에 대한 개념에 있어서 그의 균형감을 보여주는 예를 들어보자.

서방교회는 구원을 법적인 이행의 개념으로 이해한다. 사람이 하나님의 은혜로 용서 받아 의인이 되었다는 사실을 강조한다. 물론 구원 받은 이후에 신자가 성숙하는 것을 말하지만, 그 교회의 주요 관심은 칭의론에 있다. 한편 동방교회는 칭의 이후에 일어나는 타락한 인간성의 회복이나 치료에 더 집중한다. 그런데 웨슬리는 칭의와 성화 모두를 강조하는데, 어느 한 편도 소홀히 하거나 희생시키지 않는 방식으로 다룬다. 그의 구원론에 대하여 '행위에 의한 구원'을 말하고 있다거나 심리적 이점을 고려하여 논의를 전개한다고 비평하는 이들이 있다. 이에 대하여 웨슬리는 구원을 위한 하나님의 은혜의 주도적 역할을 강조하며 조화로운 응답을 한다.

비평가들은 웨슬리가 도덕적인 삶이나 성화를 강조하자 그것이 행위에 의한 구원을 말하는 것이라고 주장한다. 더 나아가 그런 구원은 인간에 의한 구원이기 때문에 복음적이지 못하며, 인간성에 대한 낙관적인 사상에 기초한 것으로서 용납할 수 없다고 지적한다. 이런 평가는 웨슬리와 그의 사상을 단편적으로 해석하기 때문에 생기는 것이다. 그는 항상 구원에 있어서 그 은혜가 우선하고 근거가 된다는 답변을 한다. 그리고는 즉시 인간의 반응과 참여를 내세우며, 구원이 하나님의 은혜와 사람의 책임적 참여에 의한 역동적 관계 속에서 시작되고 진행됨을 설명하고 있다.

구원의 시제의 문제에 있어서도 웨슬리는 균형을 추구한다. 1765년의 설교 "성서적인 구원의 길"에서 다음과 같이 말한다.

> 구원이 무엇인가? 여기서 말하는 구원은 우리가 종종 이해해 왔던 그 말이 아니다. 천국에 가고 영원한 행복을 얻는 것이 아니다. … 그것은 죽음 저 너머에 놓여 있는 하나의 축복이 아니다. 그것은 현재의 일이다. 구원은, 우리 영혼에서 은혜가 처음 동트는 때부터 그것이 영광 가운데 완성되는 때까지의, 하나님의 전체 활동으로 확대될 수 있다.

물론 웨슬리가 내세의 구원과 축복을 부정한 것은 아니다. 이 설교의 요점은 보통 신자들이 가지기 쉬운, 종교의 목적으로서의 내세주의적 구원사상을 바로잡기 위한 것이다. 그의 균형감은, 구교와 신교 사이에서 중도적인 입장을 취하려는 경향을 보이는 성공회의 영향에서 일부 비롯된 것이다. 또한 그는 극단적인 사상(행위 구원론, 내세주의, 율법 무용론, 강한 이원론과 같은)이 비성서적이며 위험하다는 생각을 하면서, 성서적 기초와 경험적 적합성과 합리성을 추구하는 가운데 그런 자세를 갖게 된 것이다. 우리는 그의 균형을 이루려는 정신이 기독교의 신학과 실천에 공헌하고 있다고 볼 수 있다. 그래서 앨버트 오틀러(Albert Outler)는 법률적이고 치료적인 요소를 융합한 웨슬리의 구원론이 그의 독특한 신학적 공헌이라고 주장한다.

2) 통전적 융합(holistic blending)

조화와 균형을 추구하는 웨슬리의 정신은 그의 통합적인 사상의 근거가 된다. 구원을 다루는 설교의 문제를 예로 든다면, 그는 편협하고 왜곡된 구원 개념을 지적하면서, 그의 설교자들에게 복음을 전체적으로 설교하라고 요청한다. 그가 말한 전체 복음은 칭의와 성화와 영화 등 모든 구원의 단계(과정)를 포함하는 것이다. 이 세 가지는 용서(시작된 구원), 성결(계속되는 구원), 천국(완성된 구원)이란 말로 표현되기도 한다. 더 나아가 그는 신자가 칭의를 통해 죄의 형벌이 즉시 사라지고, 성화에 의해 점차적으로 죄의 비참한 결과에서 구출되며, 종말에 영화되어 죄의 존재 자체와 그 결과에서 구원받는다는 것을 함께 말하고 있다.

웨슬리는 사람이 칭의의 순간에 즉각적으로 완전하게 구원받는다는 주장에 반대하며, 자신이 앨더스게이트의 회심을 통해서 완전한 치유, 회복, 구원을 경험한 것이 아니라고 한다. 그 순간적인 체험 이후에 계속되는 치료적 변형이 있음을 강조한 것이다. 죄의 문제가 죄나 죄책감 자체뿐 아니라 그 결과로 나타나는 무능력과 고통과 연관되기 때문에, 구원은 칭의(용서)뿐 아니라 성화(치유) 모두를 포함한다. 앞서 지적한 대로, 그에게 구원은 미래의 희망이며 또한 현재 성도가 누리는 실재이다. 천국에서 완성될 구원은 현세에서 시작되며, 그래서 구원의 현재적 경험은 천국의 맛을 보는 것이고 영원한 축복의 자격이며 약속이고 선구자이다. 그래서 이미 경험하는 구원, 천국은 시작된 종말론(inaugurated eschatology)과 연결된다.

우리는 영혼과 육체의 건강을 보는 웨슬리의 견해를 통해서도, 그의 통합적 접근법을 엿볼 수 있다. 많은 신자들이 구원을 영적이고 내면적인 차원으로 이해한다. 웨슬리도 그것이 진정한 구원이며 성화라고 하지만, 그가 거기서 머무는 것은 아니다. 구원은 그것뿐 아니라 실제적이고 도덕적인 행위의 변화를 포함하는 것이다. 성도는 단순히 지옥에서 구출 받아 천국에 가는 것이 아니라 현세에 죄에서 해방되고 원래의 신적인 형상으로 회복되어 간다. 신자의 구원은 모든 내면적 사상과 성품과 성결, 그리고 외면적 대화와 행위를 포괄하며 그것의 변화를 경험하는 것이다. 인간이 타락하여 모든 관계에 균열이 생겼기 때문에 구원은 또한 그 모든 관계의 복원을 의미하기도 한다. 내면과 외면의 변화 그것이 구원이며 참된 인간성의 구현이다. 그러므로 오틀러가 요약한 것은 아주 적절하다. "웨슬리가 생각하는 구원은, 간신히 인간인 데서 출발하여 진정한 인간으로, 충만한 인간으로 가는 여정이다."

3) 순간적이며 진행적인 구원

웨슬리는 현세에서 가능한 구원의 두 영역을 중생과 성화로 생각한다. 전자는 사람이 하나님과 회복된 관계를 시작하는 시기이며 후자는 시작한 구원을 완성해가는 과정이다. 그는 중생이 순간적으로 발생하지만 성화는 순간적 변화를 포함한 점진적 과정이라고 이해한다. 그가 구원의 순간적 요소를 강조하게 된 것은 모라비아 교도들의 영향 때문이다. 그들은 사람이 회심하는 일을 모든 죄와 두려움과 의심으로부터 순간적으로 완전하게 해방되는 것이라고 강조한다. 그러나 웨슬리는 순간적인 구원의 시작을 주장하지만, 자신의 경험과 신학적 교류를 통해서 온전한 영적인 변화가 순간적으로 일어나는 것이 아니라는 사실을 곧 인식하게 된다. 그런데도 그가 순간적인 면을 주장하는 이유는, 그것이 구원은 인간의 성취가 아니라 값없이 주어지는 하나님의 은혜라는 것을 설명하는 데 도움이 되기 때문이며(점진적이면 인간이 노력해서 성취했다고 하기 쉽다!) 성화 또한 순간적으로 이루어진다고 하면 그때를 위해 노력할 것이기 때문이다.

이와 같이 웨슬리가 구원의 과정에 나타나는 순간적인 전이를 인정하지만, 그것을 넓게 보면 어디까지나 점진적인 성숙의 과정에 속하는 것이다. 서방교회가 강조하는 칭의의 순간에 구원이 완성되고 보장되는 것이라는 주장을 반박하면서, 그는 구원이 진행과 성숙의 점진적 과정이라는 확신을 갖게 된다. 하나님 편에서 보면, 인간의 구원은 그 영혼에서 이루어지는 하나님의 점진적인 은혜요 활동이다. 이 진행적 측면을 위해 웨슬리가 종종 사용하는 비유가 사람의 성숙 과정이다. 사람이 아기로 태어나서 성인으로 성장하는 일이 점진적이듯이 중생으로 거듭난 신자가 성화되는 것도 하나의 연속적인 과정인 것이다. 그는 이런 구원의 특성을 고려하여 회심이라는 말을 자제하고 성화란 말을 자주 사용하게 되며, 어떤 완성되고 정적인 뉘앙스를 풍기는 성결(거룩)이라는 용어 대신에 변화와 진행을 내포하는 성화(sanctification)란 말을 선호하게 된다.

구원이 죽을 때까지 계속되는 과정이라는 확신을 가지고, 웨슬리는 신자들이 끊임없이 성숙하도록 노력할 것을 주문한다. 다른 생명체의 경우와 같이, 신자의 영적 성장이 정지되는 것은 심각한 영적 질병이 있기 때문이다. 신앙의 여정에 멈춤이 있어서는 안 되며, 늘 앞으로 전진해야 한다. 그렇지 않으면 퇴보가 일어난다. 사람의 구원이나 성화는 점진적이지만 자동적으로 성숙하는 일은 아니다. 따라서 신자는 성령을 통한 하나님의 계속적인 활동에 적극적으로 반응하고 참여해야 한다. 자신의 신앙의 문제점을 해소하고 그리스도 안에 있는 신의 온전한 형상을 형성하기까지 나아가야 하는 것이다. 이렇게 성화가 점진적이듯이, 언제나 일어날 수 있는 배교도 순간적인 것이 아니라 진행적이다.

4) 다양한 구원의 경험

초기에 웨슬리는 모라비아파의 영향을 받아 회심(중생)이 드라마틱한 것이며, 그 결과로 신자는 구원에 대한 완전한 확신을 가지며 그 중생의 날과 시간을 확실히 알게 된다는 생각에 이른다. 그러나 앨더스게이트 사건 이후에, 그는 회심한 이에게 그 절대적인 확신이 부족할 수도 있고 예외적인 경우도 있다는 사실을 경험적으로 인정하게 된다. 구원의 과정에 다양성이 있을 수 있다는 생각을 하며, 웨슬리는 모라비아파의 회심의 개념이 규범적이라고 보지 않게 된다. 신자들이 성령의 활동을 점진적으로 알거나, 때로는 인식하지 못하는 가운데 받아들일 수도 있다. 그래서 웨슬리는, 전에는 몰랐지만, 이미 앨더스게이트 이전부터 자신이 하나님의 종이었다는 것을 나중에 인정한 것이다. 그가 메리 쿡(Mary Cooke)에게 충고한 글을 보면 다음과 같다.

> 인간의 영혼, 특히 칭의에 대하여 성령이 작용하는 방식에는 타협할 수 없는 다양성(가변성)이 있습니다. 많은 이들이 성령이 급류처럼 자신에게 밀려들어 오는 것을 느끼며 그의 구원하는 은총의 압도적인 힘을 경험하고 있습니다. 그러나 다른 이들에게 성령은 아주 다른 방식으로 활동하고 있습니다. "성령은 신앙을 주입하기 위해 자신의 영향력을 내려주십니다. 조용한 이슬처럼 달콤하고 상쾌하게." 처음부터 당신 안에서 후자의 방식으로, 부드럽고 거의 감지할 수 없는 방식으로 성령이 활동하는 것을 기뻐하셨습니다. 성령께서 자신의 방법대로 하시도록 합시다. 그분은 당신보다 더 지혜롭고 모든 일을 잘하실 것입니다.

요한복음 3장은 성령이 바람같이 활동한다는 말을 기록한다. 이 말은 그가 때로는 인간의 논리, 경험, 이성, 예측, 기대, 교리를 넘어 자신의 신비한 방식으로 움직인다는 뜻으로 볼 수 있다.(당시 그 말을 듣던 사람들은 바람의 발생과 진행과 능력에 대하여 알 길이 없었다!) 웨슬리가 위에서 언급하듯이, 이 성령은 다양하게 활동하실 수 있다. 현상이 그렇고 우리의 경험이 그것을 인증하고 있다. 무엇보다 성서가 그것이 사실임을 증거한다. 이 다양한 방식 때문에 그에 반응하는 인간의 방식도 다르게 나타난다. 그래서 신앙적인 일, 영적이고 신비한 일에 대하여 어떤 공식이나 규범을 설정하는 것이 어려운 것이다.

2. 구원의 길

교회들이 신자의 구원을 하나의 여정으로 묘사하는 데 대체적으로 동의한다. 어떤 단계가 있는 방식 또는 과정을 통해서 구원이 성취된다는 것이다. 그런데 그 여정을 어떻게 규정할 것인가 하는 문제를 다루면서 의견이 갈라지고 있다. 영적인 일을 공식처럼 만들어 제시하기를 좋아하는 이들은, 구원에도 하나님이 정한 어떤 패턴이나 방식이 있다고 주장한다. 그들에게 구원은 어떤 분명한 단계에 따라 진행되는 과정이다. 그래서 그들은 구원의 순서(ordo salutis; order of salvation)란 용어로 그 과정을 해설하려고 한다.

그런데 웨슬리의 구원론에는 순서나 단계란 말보다는 '길'이라는 말이 더 어울린다. 실제로 그는 신자의 삶을 그런 식으로 표현하며 설교한 경우가 많다. "천국에 이르는 길"(The Way to the Kingdom, 1746), "성서적 구원의 길"(The Scripture Way of Salvation, 1765), "더 뛰어난 길"(The More Excellent Way, 1787). 구원의 길이란 말이 더 적절한 이유는, 웨슬리가 그 과정에 과거와의 단절 또는 순간적 측면이 있다는 것을 인정하지만, 그 진행과정의 연속성과 점진적 요소를 더 강조하기 때문이다. 그가 정적이고 완성된 상태를 가리키는 성결보다는 역동적인 진행을 나타내는 성화란 말을 선호하는 것과 연결된다. 이런 의미에서, 보통 우리가 구원의 순서로 생각하는 회개, 믿음, 재생, 칭의, 성화, 영화는 명백하게 구별되는 개별적인 것이 아니라, 그들 사이에 연속성과 불연속성 모두를 포함하고 있다고 할 수 있다.

개혁신학자들은 사람의 칭의가 순간적으로 이루어지며, 그 이후의 성화가 부족하다고 해도 그 지위가 위험해지는 것이 아니라고 한다. 그러나 웨슬리에게 구원은 분명한 단계가 정해져 있는 어떤 순서에 따라 진행되는 것이 아니라, 구원을 성취하는 일들이 상호 연관되어 온전한 성화를 향하여 진행되는 것이다. 세월이 지날수록 그는 이런 측면을 더욱 강조하게 된다. 1770년의 감리교 회의(Conference)에서 밝혀진 그의 확신은 그것을 분명히 하고 있다. "적당히 주의하고 경고하지 않으면서, 칭의되거나 성화된 상태에 대하여 말하지 마십시오. 그것이 사람들을 오도하는 경향이 있는데, 거의 자연스럽게 그들을 한순간에 이루어진 일을 신뢰하도록 유도하지 않습니까?"

1) 선행적 은총(Prevenient Grace)

하나님 편에서 인간의 구원을 위해 베푸는 최초의 행위는 선행하는 은혜를 제공하는 것이다. 우리가 구원의 과정에 진입하는 것은 사랑의 손길로 먼저 접근하는 하나님의 은혜에 달려 있다. 그 은혜는 사람이 구원의 길에 들어서기 전에 이미 활동하는 성령의 역사로서, 어두워진 인간의 영감을 밝히고 하나님의 부르심에 반응할 수 있는 힘을 주는 것이다. 그러나 그 일이 자동적으로 이루어지는 것이 아닌데, 그것은 그 은혜가 강제적으로 임하는 것이 아니라 자유를 가진 사람이 그것을 받도록 인도하기 때문이다. 주인이 자신의 말을 시냇가로 인도할 수 있지만 그 물을 먹는 것은 말이다! 강제로 말에게 물을 먹게 할 수는 없다.

하나님의 은혜도 이와 비슷하게 설명할 수 있다. 그가 인간을 은혜의 강가로 인도하지만 그 은혜를 받아 누리는 일은 사람의 몫이다. 자유가 있기 때문에 우리는 그 은총을 거부하거나 받을 수 있다. 이 말은 구원이 인간 자신의 노력과 능력에 달려 있다는 것이나, 모든 인간을 구원하지 못하는 하나님의 무능함을 의미하는 것이 아니다. 우리가 그 은혜를 거부하거나 받을 수 있는 것도 하나님의 은총이다. 또한 하나님은 인간에게 부여한 자유를 박탈하지 않고 존중하여 그가 자신의 초청에 자발적으로 응답하기를 원하는 분이다.

그러면 인간 편에서 구원을 위해 이루어지는 일에는 무엇이 있는가? 다시 말해서 성령을 통한 하나님의 선행적 은총이 구원의 과정을 진행하도록 인간에게 베푸는 일은 무엇인가? 논리적으로 어떤 일이 먼저 발생할 것인가?

2) 각성(Awakening)

사람이 선행적 은총에 반응하며 책임 있는 자세로 참여하는 첫 번째 일은 각성이다. 어떤 이들은 그 은총을 무시하거나 애써 잊으려는 경향을 보이지만, 진지하고 겸손한 이들은 그에 적극적으로 반응할 것이다. 자신의 상황과 현실적 필요에 대하여 냉철하게 인식할 것이며, 진정 행복하고 구원받는 삶을 갈망할 것이다. 그리고 그들만이 자신의 필요를 충족시키기 위해 구세주를 찾으려고 하게 된다. "자신이 병들고 그 사실을 온전히 인식하는 사람만이 그 의사(하나님)에게 올 것이다." 예수께서 병든 자에게나 의원이 필요하다고 한 것은, 자신의 질병과 고통을 인정하는 사람이 그것을 치유하기 위해 치료자에게 온다는 말이다. 자신의 비참한 상황을 인식하지 못하는 사람은 하나님을 찾지 않는 것이다.

웨슬리는 사람들이 비극적인 일을 당하거나 각성하라는 설교를 들으면 자신의 현실을 깨닫는 데 도움이 된다고 한다. 아니면 성령의 확신시키는 활동이 그를 각성하도록 할 수도 있다. 그는 초기에 하나님의 저주와 지옥의 형벌을 피하고 천국의 보상을 받기 위해 각성할 것을 설교한다. 그러나 점차적으로 그는 지옥의 공포를 각성을 유도하기 위한 막대기 정도로 말하게 되고, 후기에 가서는 그런 부정적인 방법보다는 선행적 은총이 죄인을 각성시키는 긍정적인 방식에 더 집중하게 된다. 용서하고 사랑하는 하나님에 대하여 깨닫게 하는 성령의 일이 거기에 속한다.

3) 회개(Repentance)

성령을 통한 선행적 은총으로 영적인 각성에 이른 사람이 자신을 죄인으로 인정하는 것이 회개의 시작이다. 웨슬리는 자신의 '사전'(Dictionary)에서 회개의 두 가지 측면을, "죄에 대한 완전한 확신과 마음과 삶의 온전한 변화"(a through conviction of sin, an entire change of heart and life)라고 규정한다. 여기서 회개는 하나님의 선물이며, 사람이 주도적으로 하는 것이 아니라 그 은총에 대한 반응이다. 온전한 변화는 삶의 점진적인 변형을 말하는 것인데, 개혁 전통은 그 개념이 계속적인 회개의 필요성을 요구한다고 하면서 반대한다. 그 전통은 한 번 의롭게 되면 과거와 미래의 죄를 모두 속죄 받기 때문에 구원하는 회개는 더 이상 필요 없다고 주장한다.

웨슬리가 구분한 회개의 두 측면은 중생하기 전의 회개와 그 후의 회개, 미신자의 회개와 신자의 회개와 연결된다. 전자와 후자를 구별하는 기준은 사람이 회개하면서 하나님의 용서를 동시적으로 의식하느냐 하는 것이다. 미신자와 다르게 이미 중생에 이르는 회개를 한 신자들은 다시 회개를 한다고 해도 두려움 가운데 하는 것이 아니라 하나님과의 새로운 관계(용서하고 사랑하는 관계)를 확신하면서 하는 것이다. 이미 중생한 신자도 순간적으로 모든 죄성과 연약함에서 해방되는 것이 아니기 때문에, 계속해서 죄의 유혹과 실수와 타락의 가능성이 있기 때문에 회개가 필요한 것이다. 실수나 연약함이 죄 자체는 아니더라도 그것이 타인에게 피해를 줄 수 있기 때문에 회개할 필요가 있게 된다.

4) 믿음(Faith)

히브리서 11:6은, 누구든지 하나님께 나가는 자는 그가 존재하며 그를 간절히 찾는 자에게 상을 주는 분이라는 것을 믿어야 한다고 전한다. 그 구절은 그런 믿음이 없이는 하나님을 기쁘게 할 수 없다는 것 또한 분명히 한다. 예수의 비유에 등장하는 탕자와 같이, 자신의 죄를 인식하고 회개한 사람은 구원을 경험하기 위해 하나님께 나와야 한다. 그런데 그 일은 믿음을 활용해야 가능한 것이다. 어떤 교회는 믿음이 칭의의 수단이기에 그것이 중생보다 선행한다고 하지만, 다른 교회는 칭의가 신앙을 유발하기 때문에 믿음이 나중이라고 한다. 그런데 웨슬리는 후자와 같이, 칭의가 믿음을 생성시킨다는 입장을 선호하는 편이다.

그에게 믿음은 단순히 영적인 진리나 하나님의 사랑에 대하여 주관적으로 동의하는 것 이상이다. 그것은 하나님의 용서하는 사랑에 대한 객관적 증거요 사람의 칭의와 입양에 관한 성령의 증거이다. 그런데 그 믿음은 다른 것과 마찬가지로, 내재적인 인간의 능력이 아니라 은혜로운 선물이다. 그것이 위에서 오는 선물이기에 사람은 그것을 받거나 거부할 수 있다. 그렇기 때문에 믿음이 칭의를 위한 하나의 필요조건이 된다고 할 수 있다.

5) 중생(Regeneration)

사람이 먼저 다시 태어나야 죄에 대하여 인식하고 회개한다고 보는 이들이 있지만, 웨슬리는 선행적 은총을 통해 회개하는 일이 우선한다고 이해한다. 그는 영적인 중생을 넓은 의미로 정의하고 있다. “하나님의 영의 전능한 작용에 의하여 내적으로 변화되는 것, 죄에서 거룩함으로 변화되는 것, 인간을 창조한 하나님의 형상으로 새롭게 되는 것.” 중생을 온전한 성화와 동일시하는 경향을 가진 동생 찰스와 달리, 웨슬리는 영적 재생과 성화를 구분하고 있다. 그에게 전자는 사람의 능력의 부활이며, 후자는 타락한 도덕적 성품의 점진적인 갱신이다. 중생을 성화의 시작이요, 입구라고 보는 것이다.

6) 칭의(Justification)

사람이 회개하고 믿음으로 하나님께 돌아올 때 중생하고, 그런 자를 하나님이 의롭다고 인정하는 법적인 선언이 곧 칭의이다. 회개가 우리의 깊은 죄에 대한 인식과 거기에서 해방되려는 갈망이라면, 칭의는 그에 대한 하나님의 은혜로운 대책이라고 할 수 있다. 웨슬리는 칭의를 용서라는 말로 설명한다. 그 칭의를 대속적 의미로 받아들이지 않으며, 그리스도의 공적 때문에 인간을 용서하는 하나님의 은혜라고 강조한다. 더 나아가 그는 사람이 그 은혜를 얻거나 받을 가치가 있는 것이 아니라는 것과 함께, 그 하나님의 은총에 반응해야 하는 인간의 책임을 주장하며 균형을 이루려고 한다.

그 책임이란 단어를 인간이 스스로 할 수 있다는 말과 연관시키기 쉬운데, 웨슬리에게 그렇게 반응할 수 있는 능력도 하나님이 준비한 것이기에 문제가 되지 않는다. 하나님은 용서뿐 아니라 반응할 수 있는 힘도 주시는 분이다! 그러면 칭의의 목적은 무엇인가? 그것은 영적인 생활을 하고 하나님과 연합하여 그의 성품과 삶에 참여하는 것이다. 사람이 하나님의 자녀가 되어 그의 영광과 구원과 신리의 역사에 참여하도록 하는 것이 그 목직이 된다. 하나님의 양자가 된 이들은 “하나님과의 관계, 부드럽고 능력 많은 아버지와 순종하고 감사하는 자녀의 관계를 회복하게 되고”, 그 결과로 그 아버지의 삶과 성품에 참여하게 되는 것이다.

7) 성화(Sanctification)

성화가 무엇인가에 관한 입장을 세 가지로 나눈다면, 구원의 모든 과정, 중생 이후의 성숙과정, 구원의 여정 가운데 나타나는 특정한 순간 또는 단계로 할 수 있다. 그러면 웨슬리는 어떤 견해를 갖고 있는가? 그의 입장은 처음부터 분명하게 정해지지 않았다. 시간이 흐르면서 그 강조점이 변하는 것을 알 수 있지만, 중기 이후에 그가 일관되게 강조한 것은 중생 이후의 모든 과정을 성화라고 하는 것이다. 그는 성화를 그리스도인의 완전, 온전한 성화, 두 번째 축복 등의 말로 바꾸어 사용하는데, 그의 동료들 가운데는 오순절 성령강림 때 그 제자들이 받은 은혜를 그 축복이라고 하는 이가 있다. 그러나 웨슬리는 성령 세례와 온전한 성화를 동일한 일로 인식하지 않는다. 그에게 성화는 거룩한 주님을 닮아가는 점진적 과정이지, 그 때에 경험한 것과 같은 순간적이고 일회적인 일이 아니다. 더 나아가 그는 성화의 핵심을 도덕적 성품의 변화로 보기 때문에 쉽게 그 둘을 동일시할 수 없는 것이다.

웨슬리는 성결을 외적인 일 – 악을 피하고 선을 행하는 것 – 에 국한시키는 시도에 반대하며, 내면적 차원의 변화를 더 강조한다. 그에게 거룩함의 특징은 "인간의 영혼 내에 있는 하나님의 생명, 신적인 성품에 참여하는 것, 그리스도 안에 있는 마음, 우리를 창조한 하나님의 형상을 따라 마음이 갱신되는 일"이다. 물론 그에게 행위를 소홀히 하려는 의도는 없다. 항상 그렇듯이 그는 이 문제에 있어서도 포괄적이고 균형 잡힌 관점을 유지하려고 한다. 그가 작성한 감리교회의 일반적 규칙들은 세 부분으로 나누어지는데, 대부분 행위에 관한 것이다. '남에게 해를 끼치지 말라, 최대한 선을 행하라, 모든 은혜의 규칙을 준수하고 집회에 참석하라.' 이것은 신자의 행위나 실천을 강조한 것인데, 자연적으로 수행되지 않기 때문에 그렇게 하라는 것이다. 사실 그 행위들은 변화된 내적 성품에서 비롯되는 것이다. 웨슬리에게 종교(신앙)의 본질은 거룩한 성품의 회복이며, 그런 성품에서 거룩한 생각과 말과 행동이 나오는 것이다.

8) 영화(Glorification)

하나님의 은혜와 능력으로, 진실하게 영적인 성장을 계속한 이들은 죽음 이전에 그리스도인의 완전에 도달할 것이다. 그럼에도 불구하고 그 성도가 죄악, 질병, 연약함, 실수에서 완전하게 해방되는 것은 아니다. 이에 대한 대책으로 하나님이 예비한 은혜의 마지막 차원이 영화이다. 성도의 영화는 사후의 일로서 모든 죄악으로부터 완전하게 구원받는 것을 말한다. 웨슬리는 생전에 성화되지 못한 성도에게 하나님이 죽음의 순간에 그 완전한 은총(성화)을 부여할 것이라고 추측한다. 그런데 그런 성도는 마지막 종말을 기다리는 동안 낙원에서 계속 성숙할 것이다! 그는 구원의 점진적 역동성(gradual dynamic)을 강조하고 있는데, 그것이 마지막 구원의 단계에도 적용된다고 보고 있다.

사실 성도가 죽은 후에 즉시 완전한 상태에 도달하는 것은 아니다. 그 때에 그는 의식을 가진 영혼으로 존재한다. 그것은 중간 상태이지 육체와 영혼이 완전히 회복된 영역이 아니다. 죽은 몸이 부활하여 그 영혼과 결합한 후에 하나님의 삶을 함께 누리며 그의 영광스런 영원에 참여하는 것이 성도의 마지막 희망이다. 서방교회가 대체적으로 낙원을 축복된 안식의 처소로 이해하지만, 웨슬리는 그곳을 은혜 안에서 계속 성숙하는 차원으로 받아들인다. 그리고 낙원을 넘어 영원토록 성도는 하나님의 은혜 속에서 성장할 것이다!

1. 균형과 조화를 추구하는 웨슬리의 신학적 방법론을 평가해보자.
2. 웨슬리의 구원론을 통전적이라고 하는 이유는 무엇인가?
3. 웨슬리가 성결보다는 성화란 말을 선호하는 이유는 무엇인가?
4. 구원에 있어서 나타나는 순간적인 면과 점진적 요소에 대하여 논하라.
5. 영적이고 신비한 일을 공식화하거나 정형화할 수 없다는 말을 설명하라.
6. 구원의 다양한 경험을 하나님의 자유와 성령의 활동의 자연스런 결과라고 할 수 있는가?
7. 구원의 단계에 나타나는 연속성과 불연속성이란 무엇인가?
8. 주인이 자신의 말을 시냇가로 인도할 수 있지만 물을 먹는 것은 말 자신이다! 강제로 말에게 물을 먹게 할 수는 없다. 하나님의 은혜도 이와 비슷하게 설명할 수 있다. 그가 인간을 은혜의 강가로 인도하지만 그 은혜를 받아 누리는 일은 사람의 몫이다. 자유가 있기 때문에 우리는 그 은총을 거부하거나 받을 수 있다. 이 말을 활용하여 신인협동설을 전개하라.
9. 영적인 각성은 대개 어떤 경로를 통해서 일어나는가?
10. 웨슬리는 회개를 "죄에 대한 완전한 확신과 마음과 삶의 온전한 변화"

라고 말한다. 그것은 회개의 소극적인 면과 적극적인 면을 말하는 것이다. 이에 대한 자신의 견해를 서술하라.

11. 믿음이 하나님의 선물이란 말을 어떻게 설명할 것인가?
12. 자신에게 중생이란 어떤 의미를 갖는 것인가?
13. 칭의의 목적에 대한 웨슬리의 견해가 무엇인지 조사해보자.
14. 웨슬리는 성화와 성령세례를 동일시하지 않는다. 그 근거는 무엇인가?
15. 웨슬리는 내면적 성화와 외면적 성화 모두를 말하고 있는가?
16. 영화에 대한 성서의 증거는 어떤 것인가?
17. 성도의 성숙은 영원까지 계속된다는 웨슬리의 말에 공감하는가?

VII. 성화(그리스도인의 완전)

성화의 문제를 앞 장에서 간단하게 언급하였다. 그러나 그렇게 하고 덮어두기에는 웨슬리의 성화론이 너무 중요하고 방대하다. 그래서 필자는 이 장에서 그의 성화에 대한 개념을 구체화하려고 한다. 앞부분에서 간단하게 웨슬리의 성화론의 성격과 쟁점을 정리한 후에, 그가 저술한 『그리스도인의 완전에 대한 분명한 해설』(*A Plan Account of Christian Perfection*)의 내용 중에서 핵심적인 것을 발췌하거나 요약할 것이다. 그 이유는 그렇게 하는 것이 그의 사상을 가장 분명하게 제시하는 일이라고 생각하기 때문이다.

1. 웨슬리의 성화론의 특성

먼저, 웨슬리가 말하는 성화는 구원의 전 과정 속의 또 다른 과정이다. 그 과정은 중생에서 출발하며 성결해지는 단계를 거쳐 죽을 때까지 계속된다. 그러나 그 일은 사후에 성도가 낙원에 있을 때도 지속되며 영원까지 이어지는 것이다! 성결의 과정은 중간에 어떤 단절, 순간적인 변화, 도약, 침체가 있을 수도 있지만, 어디까지나 점진적으로 하나님의 형상을 회복하는 것이다. 중생에서 시작되는 성화는 신자의 참여와 분투가 요구되지만, 기본적으로 그것은 하나님의 은혜에 의하여 그 안에서 성숙하는 것이다. 그 일은 "은혜 속의 성장"(growth in grace)이며 "은혜에서 은혜로 나가는"(going on from grace to grace) 긴 여정이다.

둘째로, 구원이 하나님의 주도적인 섭리와 은혜에 반응하여 사람이 회개하고 믿음으로 주님에게 나올 때 시작된다는 의미에서, 그것은 신인협동으로 성취되는 것이라고 할 수 있다. 물론 모든 선한 것(회개, 믿음, 각성, 참여, 노력을 포함한)이 위로부터 주어지는 선물이기 때문에, 구원은 전적으로 하나님의 일이라고 주장하는 것이 가능하다. 그러나 인간의 입장에서 생각하여, 사람에게 자유가 있어서 그 선물을 거부할 수 있다는 점을 고려하면, 그것은 협동적인 일이 된다. 성화된 신자의 마음은 사랑으로 충만하며 거기에서 모든 생각과 말과 행동이 우러나온다. 그런데 그 거룩한 성품은 하나님의 은혜로 단순하게 신자에게 주입되는 것이 아니며 한순간에 완성되는 것도 아니다. 그 성품은 은혜 아래 있는 신자의 책임적인 참여를 통해서 형성되고 강화되어간다.

거룩한 성품은 무엇보다 우리 안에서 활동하는 성령에 의하여 조성되고 성장한다. 그 하나님의 일에 성도가 적절히 반응하고 참여하여 이루어지는 것이다. 성령이 거룩한 성품의 씨를 뿌리고 그것이 잘 성장하도록 관리한다면, 신자는 그 일에 자신에게 주어진 능력을 가지고 협조하는 것이다. 농부가 곡식을 생산하기 위해서 일하는데, 추수를 위해 이미 주어진 땅과 기후와 물의 중요성에 비하면, 그것은 미미하면서도 중요하다. 어떤 과학자가 곡식이나 과일의 추수를 위한 자연의 역할과 인간의 수고를 수치로 나타내는데, 각각 93%와 7%이다. 이 사실이 신인협동을 해명하는 데 도움이 될 수 있다. 기본적인 조건은 은혜로 받지만 그것을 이루고 누리기 위해서는, 반드시 인간이 할 수 있고 또 해야 하는 일이 있는 것이다.

셋째로, 웨슬리의 완전론은 하나님 중심적이다. 이 말은 그의 핵심적 주장이 성화의 가능성인데 그 가능성의 근거를 하나님에게서 찾는다는 것이다. 하나님은 타락한 인간을 회복시키고 거룩하고 완전한 존재로 변화시키기에 충분한 능력을 갖고 있다. 사탄이 인간을 어둠의 길로 인도하였다면 더 강하신 하나님은 자신이 만든 사람을 자신이 기뻐하는 거룩한 빛의 길로 이끌 수 있는 분이다! 천지를 창조하고 인간을 자신의 모습으로 만든 창조주에게 사람의 성화가 어려운 일이겠는가? 그는 선행적 은총, 그리스도의 공로, 성령의 집요한 활동 등의 다양한 자원을 통해서 그 이상적 상태를 구현할 수 있을 만큼, 아니 그 이상으로 위대한 분이다. 그러므로 완전의 가능성을 부정하는 것은 하나님의 지혜롭고 힘 있는 은혜를 부정하는 것이요, 그 은혜의 힘보다는 사탄의 힘을 더 중하게 보는 것이다.

더 나아가 웨슬리에게 하나님의 명령은 현세의 삶을 위해 주어지는 것이지 내세를 위한 것이 아니다. 그는 자신의 은혜로운 접근에 인간이 최선으로 호응하게 될 때 성취할 수 있는 것을 요구하는 분이지, 불가능한 일을 필요한 도움을 주지도 않으면서 하라고 명령하는 이가 아니다. 주님은 거룩하고 성스런 삶을 살라고 명하면서 그 삶을 위한 노력을 방해하거나 죽음 직전까지 성화의 실현을 연기하는 분이 아니다. 오히려 그는 그 아름다운 일을 적극적으로 성취하려는 의도와 능력을 보여준다. 그러므로 웨슬리는 그 완전을 속히 이루도록 촉구하는 설교를 자주하게 된다.

넷째로, 웨슬리의 성화론은 자신의 목회 신학적 관심 때문에 더 구체화되고 강화된 것이다. 부흥운동의 초기에 그의 관심사는 어떻게 미신자를 회심시키는가 하는 문제였다. 그러나 그 후에 신자가 급증하면서 그들을 어떻게 성숙한 성도로 만드는가 하는 관심이 고조되는데, 그 관심이 성화론에 대한 강조로 이어진다. 그들 가운데는 한 번의 회심으로 구원이 달성된다고 맹신하며 삶의 내적, 외적 변화에 무관심한 이들도 있었다. 그들의 잘못된 구원관을 바로잡고 점진적 변형과 성화의 길로 그들을 인도하는 것이 자연스럽게 그의 우선적 직무가 된다. 또한 1750년대 후반에 재림을 갈망하는 종말론적 움직임이 나타나게 되는데, 그 운동에 참여한 이들은 주님을 맞이하기 위해 그 전에 완전한 상태에 이르기를 원하는데, 이에 웨슬리가 어느 정도 호응했을 가능성이 높다. 그가 현세에서의 성화의 가능성을 강조한 데는 그 완전의 기준이 너무 높다는 비평이 작용한다. 그는 성서적 기준을 제시하며 그것이 도달 가능한 것이라는 점을 주장하게 되는 것이다.

다섯째로, 웨슬리가 말하는 완전은 상대적인 완전이다. 절대적 완전 또는 천사와 같은 성결은 인간이 현세에서 성취할 수 있는 영역이 아니다. 그런 차원은 사후의 일이거나 하나님의 성품에 적용되는 개념이다. 1760년대에 런던 감리회의 지도자였던 토마스 맥스필드(Thomas Maxfield)와 조지 벨(George Bell)이 웨슬리와 다르게, 믿음으로 간단하게 성도가 완전에 도달한다고 가르친다. 그들은 신자가 "나는 믿습니다."라는 말을 확실히 하면 순간적으로 그 성화에 이르는 것이지, 점진적이고 힘든 과정을 거치는 것이 아니라고 전파한다. 이에 반발하면서 웨슬리는 성화를 위한 책임적인 성장의 역할을 다시 강조하며 절대적인 성화의 개념을 반박하게 된다. 더 나아가 그들은 완전히 성화된 신자만 구원받는다고 하는데, 그는 완전이 하나의 축복이지 구원의 조건은 아니라고 설교한다.

여섯째로, 웨슬리의 성화론은 그의 성서 연구, 독서, 경험을 통해서 생성되고 수정과 보완의 과정을 거쳐 정립된 것이다. 완전의 교리가 하루아침에 확립되거나 계시로 생겨난 것이 아니다. 성화가 가능하다는 것은 그가 처음부터 일관성 있게 주장한 것이지만, 세부 사항에 있어서 수정하는 일이 많았다. 그가 수정하여 제시한 것에는, 성화의 시기와 방법, 죄의 구분, 성화된 신자의 타락 가능성, 구원의 순간성과 점진적 측면 등에 관한 문제가 포함된다. 그는 자신의 주장에 비평이 제기되면, 성서의 구절을 들어 그 주장을 변호하고 성서가 명백하게 답하지 않는 것은 경험을 근거해서 답변하거나 수정하는 방식을 택한다. 이렇게 그의 완전론은 순간적으로 성취된 것이 아니라 점진적인 과정을 거쳐 완성된(?) 것이다!

일곱째로, 웨슬리의 성화론은 인간의 심리를 고려한 섬세한 교리이다.

그의 주장이 굳건하게 성서에 기초하고 있는 것이 사실이지만, 사람의 심리적 특성을 완전히 무시한 채 성립된 것은 아니다. 이에 관하여 가장 눈에 띄는 예는 성화의 시기와 방법이다. 성화가 죽음 이후의 일이라고 하면 사람들이 아예 그렇게 되도록 노력하지 않을 것이며, 순간적으로 현세에서 달성된다고 하면 교만하거나 성취 이후의 더 깊은 성장에 무관심할 것이다. 그 방법이 무엇인가에 따라 신자들은 그것을 너무 쉽게 생각하여 진지함을 잃을 수 있고 너무 어렵다고 하며 처음부터 포기할 수도 있다. 성화의 기준을 너무 높게 아니면 너무 낮게 설정하는 것도 비슷한 반응을 가져올 것이다. 웨슬리는 이런 면을 염려하면서 최적의 교리를 세우려고 고민한다. 그러나 어떤 것이 심리학적으로 우세한 설명이라고 하더라도 성서에 위배되는 것이라면 그는 그것을 결코 주장하지 않을 것이다. 이것이 그의 일관된 입장이다.

마지막으로, 그가 주장하는 완전은 성도 자신이 확신할 수 있고 타인이 증거할 수 있는 것이다. 그리고 무엇보다 성령이 신자의 영혼에 그 사실을 증거하기 때문에 확증되는 것이다. 그래서 성도가 주관적으로 자신의 성화를 인식하게 되지만, 타인이 인정하는 것은 다른 문제이다. 웨슬리는 어떤 신자가 성화되었는가를 판단하는 일을 제삼자에게 맡긴다. 그 삼자가 성화 여부를 평가하기 위해서는 그 성도의 성품과 언어와 행동을 최소한 2, 3년 동안 모두 살펴야 한다! 그 판단을 순간적으로 해서는 안 되고 장기적으로 해야 하는 것이다.

웨슬리 자신은 다른 성도의 성화 여부를 판단하였는가? 그가 포괄적으로 이야기한 적은 있지만 특정인을 거명하면서 논한 적은 별로 없다. 예외가 있다면 제인 쿠퍼(Jane Cooper)이다. 그는 그녀를 열정적으로 반짝이는 빛이라고 하며 더 나아가 그리스도인 완전에 대한 살아 있고 죽어 가는 증인(both a living and a dying witness of Christian perfection)이라고 평가한다. 그렇다면 그는 자신이 완전해졌다고 주장한 적이 있는가? 없다. 그가 주장한 것과 자신의 삶에 확신이 없어서 그런 것인가? 아니다. 그의 사상에 비추어 그 이유를 서너 가지 든다면 다음과 같다. 1. 성도는 그가 어떤 성화의 경지에 있든지 항상 더 성숙할 여지가 있다고 보기 때문이다. 그는 "내가 이미 그것을 얻은 것처럼 하지 않는다."는 바울의 말을 중시한다. 2. 타인에 의한 외적인 판단보다는 성령에 의한 내적인 증거를 더 중요하다고 보기 때문이다. 3. 제삼자가 판단할 문제를 스스로 주장하지 않으려고 하기 때문이다.

2. 그리스도인의 완전에 대한 분명한 해설

웨슬리가 성화와 그 가능성에 대한 설교를 하면서, 그에 대한 비평이 생기게 된다. 특히 인간의 전적인 타락과 하나님의 주권을 강조하는 이들은 완전이란 개념 자체에 대하여 거부감을 나타낸다. 더 나아가 웨슬리의 주장이 확고하게 정립되지 않아 감리교 내부에서도 의견이 갈리고, 그에 관한 혼란과 갈등이 나타난다. 이런 상황에 처하여 웨슬리가 자신이 선포하는 성화론을 분명하게 나타내기 위하여 1766년에 저술한 것이 『그리스도인의 완전에 대한 분명한 해설: 존 웨슬리 목사가 1725년부터 1765년 사이에 믿고 가르친 대로』(*A Plain Account of Christian Perfection, as Believed and Taught by the Rev. Mr. John Wesley, From the Year 1725 to the Year 1765*)이다.

웨슬리는 나이가 들수록 성화에 대하여 더 큰 관심을 가지고, 더 강한 확신으로 설교하며 전파한다. 그는 성화를 그리스도인의 완전이란 용어로 해설하며 그 가능성을 강조하고, 결국에는 세상에 성화를 전파하기 위해 하나님이 감리교를 일으켰다고 말하게 된다. 이렇게 중요한 교리를 해설하는 일이 필요하지만, 그의 말을 그대로 음미하며 성화의 향기에 취해 보는 일이 더 중요하다고 할 수 있다. 그래서 웨슬리의 그 책에 나오는 내용 가운데 핵심적인 부분을 번역(때로는 의역)하여 제시하려고 한다.

1. 이 글을 쓰는 이유는 내가 그 동안 밟아온 단계에 대한 분명하고 독특한 설명을 하고, 그리스도인의 완전에 대한 교리를 수용하기 위함이다.

2. 1725년에 나는 테일러(Taylor) 감독의 『거룩한 삶과 죽음에 대한 규칙과 훈련』이란 책을 읽으면서 큰 영향을 받았다. 특히 의도의 순수성을 다룬 부분에서 그랬다. 즉시 나는 나의 모든 삶을 하나님께 헌신하기로 결심했다. 중간이란 없다. 내 삶의 모든 부분이 하나님께 희생되든지 아니면 내 자신에게, 즉 사실상 마귀에게 희생되어야 한다.

3. 1726년에 나는 토마스 아 켐피스의 『그리스도인의 패턴』이란 책을 읽었는데, 내적 종교의 성격과 범위, 마음의 종교가 전보다 더욱 강하게 다가왔다. … 나는 의도의 순수함, 애착의 순수성이 참으로 영혼의 날개인데, 그것이 없으면 우리가 결코 하나님의 산에 오를 수 없다는 것을 알았다.

4. 한두 해 후에 나는 로(Law)의 『그리스도인의 완전』과 『진지한 소명』을 읽으면서, 전보다 더욱 반쪽 신자(half Christian)는 절대 불가하다는 것을 확신하고 하나님의 은혜를 통해서 그에게 완전히 헌신할 것을 결심했다. … 어떤 사려 깊은 사람이, 그것은 문제를 너무 심각하게 다루는 것이라고 말할 것인가?

5. 1729년에 나는, 하나의 유일한 진리의 기준이요 순수한 종교의 유일한 모델인 성서를 읽고 연구하기 시작했다. 그 일은 그리스도의 마음을 갖고 그가 간 길을 가기 위하여 필수적인 것이다.

6. 1733년 1월 1일에 나는 대학에서 "마음의 할례"란 설교를 하면서, 성결이 영과 육의 모든 더러움에서 정결하게 되는 것이며, 예수에게 있던 덕을 입는 것이고, 하늘의 아버지처럼 완전해지는 것이라고 말했다. 또한 사랑은 율법의 완성이며 목적이라는 것, 그 안에 완전과 영광과 행복이 있다는 것, 하나님과 이웃을 사랑하는 일이 하늘과 땅의 왕실의 법이라는 것을 주장했다. … 여러분의 모든 애착(의지), 생각, 말, 행위가 모두 이 사랑에 종속하도록 합시다.

7. 1738년, 미국의 사반나에서 영국으로 돌아오면서 나는 다음과 같은

글을 남겼다. 당시에 내 마음의 울부짖음은 "내 영혼에 당신의 사랑 외에는 그 어떤 것도 거하지 못하게 하소서! 당신의 사랑이 저를 완전히 사로 잡으소서, 나의 기쁨, 나의 보화, 나의 왕관이시여! 이상한 열정은 내 마음에서 멀리 사라지고 나의 모든 행위와 말과 생각이 사랑이게 하소서!" 나는 그 누가 이것에 반대하는 것을 들은 적이 없다. 이것은 모든 신자뿐 아니라 진실로 각성한 모든 이들의 언어가 아니겠는가?

8. 그해 8월에 나는 독일에서 아비드 그라딘(Arvid Gradin)과 많은 대화를 나누었다. 그가 자신의 경험을 말한 후에 글로 '구원의 충만한 확신'에 대한 정의를 내렸다. "그리스도의 피 안에서의 안식, 하나님에 대한 굳건한 확신, 최고의 평정심과 마음의 평안, 모든 육체적 욕구로부터의 구출, 모든 죄 특히 내적인 죄의 정지." 이것이 내가 살아 있는 사람에게서 처음으로 들은 설명이다. 그 일은 내가 성서를 통해 배웠던 것이며, 기도해 왔던 것이고, 몇 년 동안 기대해 왔던 것이다.

9. 1739년에 나는 동생과 함께 『찬송들과 거룩한 시들』이란 책 한 권을 발간했다.

10. 그해 후반부에 나는 "감리교도의 성격"이란 글을 통해서 처음으로 성화의 주제를 발표하였는데, 그 글 앞에는 "내가 이미 얻은 것처럼 하지 않는다."라는 말이 있다. 감리교도는 주 하나님을 온 마음으로 사랑하는 사람이다. 하나님이 그의 마음의 기쁨이며 그의 영혼의 갈망이다. … 예수에게 하나의 목적이 있었는데 그것은 자신을 보낸 하나님의 뜻을 행하는 일이다. 그리고 모든 일을 그의 영광을 위해 행하게 된다. … 그가 달리는 경주 앞에 세상의 관습은 방해가 되지 않는다. … 그리스도인의 완전은 내가 1725년부터 목표로 했던 것이며, 내가 "한 책의 사람"(a man of one book; homo unius libri)이 된 1730년부터 결단한 일이다. 그 일을 내가 하나님의 은혜로 그때부터 지금까지 계속 가르치고 있다.

11. 지금까지 이 성화의 주제에 대하여 크게 반대하는 사람은 없었다. 진지한 사람은 결코 반대하지 않는다. 그런데 종교인들 가운데 현세에서

완전은 없다고 확언하는 이들이 있다.

12. 1740년 후반부에 나는 런던의 감독인 깁슨(Gibson) 박사와 대화를 하는데, 그가 나에게 완전의 의미가 무엇인지 물었다. 내가 주저하지 않고 대답하자 그는 "웨슬리 씨, 그것이 당신이 말하는 완전이라면 온 세상이 알도록 발간하세요."라고 답한다. 그리고 내가 그 완전에 대한 설교를 발간했는데, 그것은 어떤 의미에서 신자가 완전한지 그리고 어떤 의미에서 완전하지 않은지 말하고 있다. 그리스도인은 무지, 실수, 연약함 가운데 있기 때문에 불완전하다. 현세에서 절대적 완전, 더 이상의 성장이 필요 없는 그런 완전이란 있을 수 없다. 그러면 그는 어떤 의미에서 완전한가? 아기 같은 신자라 할지라도 어떤 죄를 짓지 않는다면 완전한 것인데, 성숙한 신자는 더욱 그렇다고 할 수 있다.

바울은 "나는 그리스도와 함께 십자가에 못 박혔다. 그러나 나는 살고 있다. 그러나 그것은 내가 아니라 내 안에 있는 그리스도가 사는 것이다." 라고 고백한다. 이런 고백을 하며 사는 이들의 마음은 믿음으로 정결하게 된 것이다. 예수는 마음이 온유하기 때문에 교만하지 않고, 욕망과 자기 의지를 벗어나 순수하다. 그것은 그가 오직 아버지의 뜻만을 행하려고 하기 때문이다. 그러므로 그리스도는 사람들을 죄로부터, 외적인 죄와 내적인 죄 모두로부터 구원할 수 있는 것이다.

13. 1741년 봄에 우리는 찬송가 2권을 발간했다. 그 책의 서문에 보면 이런 말이 있다. "우리 영혼의 구원, 곧 하나님의 위대한 선물은 우리의 마음에 새롭게 새겨진 하나님의 형상 바로 그것이다. 그것은 사람을 창조한 하나님의 모습을 따라서 신자의 마음이 갱신되는 일이다." 우리는 이 모든 구원이 단번에 주어진다고 감히 말할 수 없다. 하나님의 일에는 순간적 면과 점진적인 면이 있다. 그러나 우리는 한 번에 죄의 용서, 성령의 증거, 새로운 마음을 갖게 된 사람이 있다는 것을 알지 못한다. 참으로 우리는 하나님이 어떻게 하시는지 말할 수 없다. 그러나 그가 활동하는 일반적인 방식이 있다.

고통 가운데서 사람들이 주께 부르짖으면, 그는 그가 그들의 죄를 가져가 버렸다는 것을 보여주고 그들의 마음속에 천국과 성령 안에서의 의로움, 평화, 기쁨을 열어주신다. 슬픔과 고통은 사라지고 죄가 더 이상 그들을 지배하지 못한다. 예수의 피에 대한 믿음을 통해서 자신이 은혜로 의롭게 되었다는 사실을 알게 되면 그리스도 안에서 하나님과 화평하게 된다. 그들은 하나님의 영광에 대한 희망 가운데 즐거워하며, 하나님의 사랑이 그들의 마음 위에 퍼진다. 그들은 이 평안 가운데 지내면서 다시는 영적 전쟁이 없을 것이라고 생각한다. 그러나 죄의 공격이 다시 시작되면 그들은 자신이 끝까지 버틸 수 있을까 하며 두려워하고 의심을 갖는다.

그러나 주님은 그들에게 성령을 보내 그들이 하나님의 자녀인 것을 증기한다. 그러면 그들은 아기와 같이 겸손하고 온유하게 되어 교훈을 잘 수용할 것이다. 이제 그들은 자신의 마음의 기초를 처음으로 이해하게 된다. 그들은 자신의 내부에 숨어 있는 모든 혐오스런 것, 교만의 깊이, 자기 의지, 지옥을 알게 되는 것이다.

14. 어느 찬송시의 일부를 인용하는 것으로 충분하다.

주님, 저는 순수한 즐거움이 넘치는 안식이 남아 있음을 믿습니다.
우리의 영혼이 원하는 그 안식은 하늘에 있는 것입니다.
거기에는 의심과 고통과 두려움이 완전한 사랑에 의해 폐지된 곳입니다.
아버지, 아들, 성령이시여 오셔서 당신의 거처에 저를 밀봉하소서.
당신 안에서 저의 모든 것이 사라지게 하소서.

15. 아마도 그리스도인의 완전에 관한 일반적인 편견은 주로 그 완전의 성격에 대한 오해에서 생길 것이다. 우리는 기꺼이 그리고 계속해서 그런 완전이 현세에서는 없다고 선포한다. 선을 행하고 하나님의 모든 명령을 수행하는 것에서 면제되는 의미를 가진 완전이나 불가피한 무지, 실수, 유혹, 많은 연약함에서의 자유를 의미하는 완전이란 없다.

16. 주님, 당신의 은혜의 역사가 영혼 내에서 완전하다는 것을 저는 믿습니다.

당신의 얼굴을 보는 사람의 마음은 순수하고 그의 영혼은 온전합니다.
당신의 말씀으로 모든 질병에서 구원 받아
온전한 건강, 온전한 거룩함으로 회복됩니다.
영광스런 자유 안에서 행하는 사람에게 죄는 완전히 죽었네.
그 진리, 그 아들이 그를 자유롭게 했으니 그는 진정으로 자유롭네.
사랑은 완전함의 결속이며 그들의 모든 영혼은 사랑입니다.
은혜의 복음의 즐거운 소리여!
오 나의 하나님 나의 하나님, 오소서.
저의 큰 소원, 무한하게 큰 소원을 성취하소서.
저의 영혼이 바라는 모든 것을 주소서.
그 모든 것은 당신 안에 있습니다!

17. 1744년 6월 25일에 제1회 감리교 총회가 시작되었는데 6명의 성직자와 모든 설교자가 참석하여, 성화 또는 완전의 교리를 진지하게 생각하였고 질문들에 대한 답변이 다음과 같이 주어졌다.(Q는 질문, A는 답변)

Q 성화된다는 것이 무엇인가?
A 의와 참된 거룩함으로, 하나님의 형상이 갱신되는 것이다.
Q 완전한 그리스도인이 되는 것이 의미하는 바는 무엇인가?
A 우리의 모든 마음과 정성과 영혼을 다하여 하나님을 사랑하는 것이다.
Q 그것은 모든 내적인 죄가 제거되었다는 말인가?
A 의심할 것도 없이 그렇다. 그렇지 않다면 우리가 어떻게 우리의 모든 부정함에서 구원받았다고 말할 수 있는가?(겔 36:29)

제2회 총회가 1745년 8월 1일에 시작되었다.

Q 내적 성화가 언제 시작되는가?

A 사람이 칭의되는 순간이다.

Q 완전은 보통 죽기 바로 전에 주어지는 것인가?

A 그렇지 않다.

Q 그 성화가 좀 더 일찍 달성되리라고 기대해도 좋은가?

A 왜 아닌가? 우리가 일반적인 신자들이 죽음이 임박할 때까지도 그렇게 성화되지 않으며, 바울이 서신들을 쓸 당시 그 대상들이 그렇지 못했고 바울 자신도 그랬다는 것을 인정하지만, 그러나 이 모든 사실이 여러분이 오늘 그렇게 될 수도 있다는 것을 부정하는 것은 아니다.

Q 우리가 성화를 어떤 식으로 설교해야 하는가?

A 앞으로 전진하지 않는 사람들에게는 이주 드물게 하고, 성숙하는 이들에게는 항상 약속을 제시하면서, 그들을 몰아가는 것이 아니라 이끌어 주면서 항상 설교하라.

제3회 총회는 1746년 5월에, 4회 총회는 1747년 6월에 있었다.

Q 하나님이 우리를 모든 죄에서 구원할 것이라는 약속을 나타내는 분명한 성서 구절이 있는가?

A 그렇다. "하나님은 이스라엘을 그의 모든 죄에서 구원하실 것이다." (시 130:8) 그런 구절이 더 있다.(겔 36:25, 29; 신 30:6; 고후 7:1; 요일 3:8; 엡 5:25-27; 롬 8:3, 4)

Q 모든 죄에서 구원받는다는 것의 근거가 되는 또 다른 신약성서의 구절이 있는가?

A 물론이다. 완전을 강하게 언급하는 것과 동일한 구절이 기도들이나 명령들에 나타난다.

Q 기도들이란 무엇을 말하는가?

A 온전한 성화를 위한 기도이다: "우리를 악에서 구하소서."(요 17:20-

23; 엡 3:14; 살전 5:23)

Q 완전을 말하는 명령이 어디 있는가?

A 하나님의 사랑이 마음 전체에 가득하다면 죄가 있을 수 없다.(마 5:48, 12:37)

Q 그러나 성화가 죽음 이전에 이루어지게 된다는 것은 어떤 말인가?

A 그 명령의 성격을 보면 알 수 있는데, 그것은 죽은 자에게 주어진 것이 아니라 살아 있는 자에게 내려진 것이다. 온 마음을 다하여 하나님을 사랑하라는 명령이 죽을 때 그렇게 하라는 말일 수는 없다. 성서의 분명한 구절을 통해서도 알 수 있다.(딛 2:11-14; 눅 1:69)

Q 이 완전에 도달한 이가 성서에 있는가?

A 그렇다. 성 요한이다. 그리고 그가 다음과 같이 말한 사람들이다: "우리가 심판의 날에 담대하도록 우리의 사랑이 완전해졌다. 주께서 그런 것처럼 이 세상에서 우리도 그렇다."(요일 4:17)

18. 1749년에 우리는 찬송가 두 권을 발간했다.

19. 1759년의 총회에서 다시 그 교리에 대하여 많은 논의가 있었으며, 얼마 후에 나는 "그리스도인의 완전에 대한 생각들"이란 글을 발간했다.

Q 그리스도인의 완전이 무엇인가?

A 온 마음, 정성, 영혼, 힘을 다하여 하나님을 사랑하는 것이다. 이것은 우리 영혼에 잘못된 성품, 사랑에 반대되는 것이 없는 것을 말하며, 모든 생각과 말과 행위가 순수한 사랑에 의해 지배되는 것을 말한다.

Q 그러나 어떻게 모든 생각과 말과 행위가 순수한 사랑의 지배를 받을 수 있으며, 그런 사람이 또한 동시에 무지와 실수에 시달려야 하는가?

A 여기에 모순이 없다고 본다. 사람이 순수한 사랑으로 충만한데도 실수하기 쉬운 것이다. 나는 실수로부터 해방될 것을 기대하지 않는다. … 그런데 모든 말과 행위가 사랑에서 비롯되면, 그런 실수는 적절한

죄가 아니다. 하지만 실수가 하나님의 공의의 엄격함을 견딜 수 없으므로 (그것을 위해서도) 대속하는 보혈이 필요하다.

Q 그러나 실수가 어떻게 완전한 사랑과 조화되는가?

A 많은 실수가 순수한 사랑과 조화될 수도 있다. 어떤 실수는 그 사랑으로부터 우연하게 흘러나오기도 한다. 내 말은 사랑 자체가 우리를 실수하도록 이끄는 경향이 있다는 것이다.

Q 우리가 그 완전을 너무 높게 또는 너무 낮게 설정하지 않으려면 어떻게 해야 하는가?

A 성서가 정한 대로 하면 된다. 완전은 그것보다 더 높거나 더 낮은 것이 아니다. – 하나님과 인간에 대한 순수한 사랑, 우리의 온 마음과 영혼으로 하나님을 사랑하고 자신처럼 이웃을 사랑하는 것. 그것은 우리의 마음과 삶을 지배하는 사랑, 우리의 성품과 말과 행위 전체를 통해 흐르는 사랑이다.

Q 순수한 마음을 가진 신자가 몸에 도움이 안 되는 (맛만 있는) 음식을 선호하거나, 꼭 필요하지 않은 감각적 쾌락을 즐길 수 있는가? 그렇다면 그것이 다른 것과 어떻게 다른가?

A 우리가 자신을 행복하게 하기 위해 그런 것들은 필요하지 않은데, 행복의 원천이 우리 내부에 있기 때문이다. 그런 것들을 이용할 수는 있지만 추구하지는 말아야 한다. 드물게 그것들을 이용하지만 그것 자체를 위한 것이 아니어야 한다.

Q 두 명의 완전한 신자가 아기를 갖게 되면, 아기가 부모에게 없는 죄 가운데 출생할 수 있는가?

A 그 일은 가능하지만 있음직한 일은 아니다. 그런 일이 있었는지, 있을 것인지 의심스럽다. 죄는 우리 부모가 아닌 첫 부모(아담과 이브)에 의해 우리에게 전달되는 것이다. 아담 안에서 모든 이가 죽고 한 사람의 불순종으로 모든 자가 죄인이 되었다.

Q 죄에 대하여 죽는 것, 사랑 안에서 갱신되는 것은 점진적인가 순간

적인가?

A 죄에 대하여 얼마 동안 죽을 수 있다. 그러나 죄가 영혼으로부터 분리되기까지 그는 죄에 대하여 완전히 죽은 것이 아니다. … 신자는 그리스도의 지식 안에서, 하나님의 사랑과 형상 안에서 아직도 성장한다. 그리고 죽는 순간까지가 아니라 영원토록 그럴 것이다.

Q 우리가 그런 변화를 어떻게 기다려야 하나?

A 부주의한 무관심이나 나태한 무활동 가운데 기다리는 것이 아니라, 엄하고 전체적인 순종, 모든 계명을 열심히 준수, 고통과 각성, 자신을 부인하고 매일 십자가를 지는 가운데 갈망해야 한다. 또한 간절한 기도와 금식, 하나님의 모든 계명과 예배를 수행하고 참석하는 일이 필요하다. 다른 어떤 방식으로 성화에 도달하려고 한다면 그것은 자신을 속이는 일이다. 그것을 우리가 단순한 믿음으로 받는다는 것이 사실이다. 그러나 하나님은, 우리가 그것을 명령받은 대로 열심히 찾지 않는다면, 그 믿음을 수여하지 않는다, 않을 것이다.

Q 우리가 사랑으로 완전해지기 전에도 계속 평안과 기쁨 가운데 살 수 있는가?

A 확실히 그렇다. 하나님의 나라가 자체 안에서 분열되지 않기 때문이다. 그러므로 항상 주님 안에서 기뻐하도록 형제들을 격려하라. 하지만 우리가 우리 안에 아직도 남아 있는 죄성에 대하여 민감하게 아파해야 할 것이다. 죄가 우리를 찌르는 느낌을 간직하고 거기에서 해방되려는 열망을 갖는 것은 선한 것이다.

20. 1762년 런던에서 하나님의 일이 크게 성장하였다.

21. 비슷한 시기에 먼 곳에 있는 친구가 편지를 보냈다. 그것은 성령의 활동에 대한 사탄의 공격에 대한 것이다.

22. 대여섯 명의 정직한 열광주의자들이 2월 28일에 세상의 종말이 온다고 예언했다.

23. 현세에서 완전에 도달할 수 없다고 하는 이들에게 전하는 글을 쓴다.

24. 1761년 후반부에 하나님이 열정적이고 반짝이는 빛과 같은 제인 쿠퍼를 자신에게 불러들였다. 그녀는 그리스도인의 완전을 보여주는, 살아 있는 동시에 (이미) 죽은 증인이다.

25. 다음 해에 나는 "그리스도인의 완전에 관한 더 깊은 생각들"이란 글을 출간했다.

Q1 어떤 의미에서 그리스도가 모든 신앙인에게 의를 위한 법의 목적이 되는가?

A 이 율법 대신에 그리스도는 다른 법, 즉 믿음의 법을 설정하였다. 이제 믿는 사람 모두는 충만한 의로움을 받는데, 그것은 그가 의롭게 되고 성화되며 영화되는 것을 의미한다.

Q4 사랑이 율법을 성취하는 것인가?

A 의심할 여지없이 그렇다. 그 전체 법은 사랑에 의해 완성된다.(롬 13:9-10) 사랑에 의해 작용하거나 생기가 돋는 신앙이 지금 하나님이 사람에게 요구하는 전부이다. 그는 천사와 같은 완전을 사랑으로 교체하였다.

Q14 그런데 죄에서 구원받은 사람이 유혹을 받을 수 있는가?

A 그렇다. 그리스도께서도 유혹을 받았다.

Q27 (구원받기로) 봉인된 사람이 어떻게 성령을 슬프게 할 수 있는가?

A 바울이 아주 특별하게 말하고 있다. 신자가 덕이 되고 청중에게 은혜가 되는 말보다는 도움이 안 되는 말을 함으로, 친절하지 못하고 반감을 가짐으로, 진노와 지속적인 불쾌감에 의해서, 용서하지 않고 분노함으로, 시끄럽게 분쟁함으로, 악하게 말하고 속삭이며 중상모략함으로 성령을 근심스럽게 할 수 있다.

Q29 완전한 신자가 은혜 안에서 계속 성장할 수 있는가?

A 물론 그렇다. 그가 살아 있는 동안만 아니라 영원까지 자랄 것이다.

Q30 그런 사람도 그 자리에서 타락할 수 있는가?

A 나는 그렇게 될 수 있다고 확신한다. 사실상 그 문제는 논란의 여지가 없다. 전에 우리는 죄에서 구원받은 자는 타락할 수 없다고 생각했지만, 지금 우리는 그 반대의 경우가 옳다는 것을 알고 있다. … 타락이 불가능한 그런 거룩함의 높이나 능력이란 없다.

Q31 그 상태에서 떨어진 사람이 다시 회복할 수 있는가?

A 왜 아니겠는가? 우리는 또한 그에 관한 많은 예를 갖고 있다.

Q32 그들에게 당신이 주는 첫째 충고는 무엇인가?

A 교만에 주의하고 계속 기도하라. 하나님이 교만을 던져 버렸다면, 다시 그런 마음이 들어오지 않도록 조심하라. 여러분이 나는 그럴 위험이 없다고 생각한다면, 특히 부지중에 다시 교만 속으로 빠질 수도 있다.

Q33 두 번째 충고는 무엇인가?

A 교만의 딸인 열광주의를 조심하라. 그것을 최대한 멀리하라! 열 받은 상상에 자리를 내주지 말라. 성급하게 어떤 일이 하나님 때문이라고 하지 말라. 꿈, 음성, 인상적인 것, 비전, 계시가 하나님으로부터 오는 것이라고 쉽게 단정하지 말라. 그것들이 자신에게서 비롯될 수도 있다. 아니면 자연이나 마귀로부터 올 수도 있는 것이다. 그러므로 모든 영을 다 믿지 말고 그 영이 하나님으로부터 온 것인지 시험해 보라. 모든 일을 기록된 말씀에 비추어 판단하고 모든 것이 그 앞에서 고개를 숙이게 하라.

Q34 세 번째 충고는 무엇인가?

A 율법 무용론을 경계하라. 그 율법이나 그것의 어떤 부분도 헛된 것으로 하지 말라. 열광주의가 자연스럽게 우리를 그 무용론으로 인도한다. 방종을 조심하라. 그것을 덕으로 삼지 말고, 자기부정, 십자가를 짐, 금식, 절제를 조롱하지 말라. … '믿어라, 믿어라'는 말만 외치면서 좀 더 성서적인 방식으로 말하는 사람을 무시하고 율법적이라고 비난하는 신앙제일주의(Solifidianism)를 조심하라.

Q35 네 번째 충고는 무엇인가?

A 생략의 죄를 조심하라. 어떤 종류의 선을 행하든지 기회를 잃지 말라. 선행을 위한 열정을 갖고, 할 수 있는 대로 사람의 몸과 영혼을 위해 최선을 다하라. 조금이라도 시간을 낭비하지 말고 적극적으로 하라. 말을 신중하게 하며 많이 하지 말라.

Q36 다섯째 충고는 무엇인가?

A 하나님 외에 다른 것을 열망하지 않도록 하라. 다른 욕망이 진입하지 못하게 하라. 어떤 감각적 즐거움이나 지나친 상상의 욕구를 허용하지 말라. 돈, 칭찬, 자존심, 행복, 아름다움, 위대함, 새로움에 대한 욕망을 버리라. 모든 이에게 본이 되며 자신을 부인하고 매일 십자가를 져라.

Q37 여섯째 충고는 무엇인가?

A 분열을 조심하라. 서로를 사랑하여 이루는 내적인 연합을 깨는 것이 바로 모든 분쟁과 분열의 뿌리이다. 그렇게 하기 위해서 감리교의 규칙들을 준수하라. … 갈등과 반대를 예상하라.(빌 1:29) 그것은 주어지는 것이며 하나님의 사랑에 대한 신선한 증거이다. … 자신에 대하여 말할 때 특히 조심하라. 모든 거창하고 허풍떠는 말을 피하고, 하나님이 자신에게 하신 특별한 일에 대하여 말하라. 그리고 겸손하고 단순한 질문에 분명하게 대답하라.

Q38 마지막 충고는 무엇인가?

A 모든 면에 있어서 본이 되라. 외적인 일, 작은 일, 돈을 쓰는 일, 진지함, 유용한 대화와 같은 면에서 특히 본이 되어야 한다. 그래야 어둠을 비추는 빛이 될 것이며, 우리 주 예수 그리스도의 영원한 왕국에 들어갈 때까지 은혜 안에서 성숙할 것이다.

26. 1764년에 나는 성화의 주제를 검토하면서 그것을 요약하였다. … 어떤 신자들에게는 순간적인 변화가 일어났다. 그 누구도 이것을 부인할

수 없다. 그 변화 이후에 그들은 온전한 사랑을 누리며 그 사랑만을 느낀다. 그들은 더욱 더 기뻐하며 쉬지 않고 기도하고 모든 일에 감사한다. 자, 이것이 내가 말하는 완전의 모든 것이며, 내가 설교한 완전에 대한 증거이다.

27. 이제 나는 가장이나 숨김없이 그 완전의 교리를 충분히 묘사했다. … 사람들이 "이것이 웨슬리의 교리이다! 그는 완전을 설교한다."라고 한다. 그러나 완전은 여러분의 교리도 아니고 내 교리도 아니다. 그것은 예수 그리스도의 교리이다. … 그것은 바울의 교리, 야고보의 교리, 베드로의 교리, 요한의 교리이다. 이것은 순수하고 온전한 복음을 전파하는 모든 이의 교리이다. 나는 1725년부터 1765년까지 그리스도인의 완전을 믿고 가르쳤다.

28. 자, 이제 이 완전이 원래의 형태로 나타나도록 하자. 누가 이에 대항하여 한 마디라도 할 수 있는가? 누가 감히 하나님을 사랑하고 이웃을 사랑하는 것에 반대하는 말을 하겠는가? 누가 그리스도의 마음을 갖고 그가 살아간 대로 사는 것에 반대할 것인가? … 왜 경건한 사람이 자신의 모든 것을 하나님께 헌신하는 일을 두려워해야 하는가? 예, 우리는 주님이 이 세상에서 우리 마음의 생각을 성령의 감동으로 아주 정결하게 씻어서, 우리가 완전하게 그를 사랑하고 그의 거룩한 이름을 높일 것이라는 것을 믿습니다.

1. 하나님은 타락한 인간을 회복시키고 거룩하고 완전한 존재로 변화시키기에 충분한 능력을 갖고 있다. 사탄이 인간을 어둠의 길로 유혹하였다면 더 강하신 하나님은 사람을 자신이 원하는 상태로 인도할 수 있는 분이다! 이 말에 동의하는가?
2. 하나님은 현세에서 가능한 명령을 하신다는 신념에 근거하여 성화의 가

능성을 논하라.

3. 웨슬리가 인간의 심리를 고려하여 성화론을 전개하고 있는가? 어떤 면에서 그렇게 하였는가? 그 방식은 적절한 것인가?
4. 어떤 신자를 성화되었다고 판단할 수 있다면, 그 기준은 무엇인가?
5. 웨슬리 자신은 성화된 신자인가?
6. 웨슬리가 『그리스도인의 완전에 대한 분명한 해설』을 쓰게 된 배경을 말해보자.
7. 웨슬리가 성화론을 정립하도록 동기를 부여한 인물과 저서에 대하여 기술하라.
8. 상대적인 완전이란 말이 내포하는 뜻을 살펴보자.
9. 현세에서 성화의 가능성을 언급한 성서의 구절들을 음미해보자.
10. 성화의 가능성에 대한 자신의 논리는 무엇인가?
11. 웨슬리가 생각하는 성화(완전)의 본질은 어떤 것인가?
12. 성화를 위해 우리는 무엇을 해야 하는가? 어떻게 기다릴 것인가?
13. 성도가 어떤 상태에 있든지 타락할 수 있는 것인가?
14. 우리는 자신의 욕구나 단체의 목표에 따라 행동하면서, 그것이 하나님의 뜻, 성령의 바람 같은 역사, 사랑과 믿음의 행위라고 동일시하지 않도록 조심해야 한다. 교회가 하고 있는 일을 모두 하나님의 섭리라고 해서도 안 된다. 이 주장에 대한 자신의 입장을 제시하라.
15. 율법주의와 신앙주의는 무엇이며 어떤 문제점을 갖고 있는가?
16. 시간을 사용하는 방법에 관한 웨슬리의 충고는 무엇인가?
17. 웨슬리의 요구는 너무 엄하고 금욕을 강조하는 것으로서, 창조주가 허용한 즐거움을 제한하는 것이 아닌가?
18. 언어 사용에 대한 웨슬리의 충고를 상세히 살펴보자.
19. 성화를 강조하고 선포해야 할 이유는 어디에 있는가?

VIII. 은혜의 수단

자연인이 하나님의 은혜로 구원 받아 구원의 과정에 들어선 후에도 계속 그 은혜가 필요하다. 그 과정이 영적인 것이므로 신자가 스스로 이루어 가기는 어렵다. 신자는 그 은혜를 통해서, 그 은혜에 반응하거나 참여하면서 성숙하게 되고 구원을 성취하게 된다. 그러면 웨슬리가 생각하는 은혜의 수단은 무엇인가? 그는 하나님이 예비한 다양한 방식을 통해서 신자들이 영적으로 성숙하고 성화의 길을 가도록 격려한다.

전통적으로 교회는 하나님의 은혜가 전달되는 효율적인 통로로서 세례, 성찬, 예배, 기도와 같은 것을 강조해 왔다. 웨슬리는 그것을 그대로 받아들이지만 거기서 멈추지 않는다. 그는 하나님의 은혜가 그런 방식으로만 전해진다는 것에 반대하며, 감리교의 독특한 방식을 추가하고 있다. 학습모임, 애찬(love feast), 갱신 예배와 같은 것이 그것이다. 그는 이런 방식이 전통적인 것보다 신자들을 각성시키고 그 은혜에 자신을 개방하는 데 더 효과적이라는 생각을 갖고 있다.

교회에 따라서 하나님의 은혜의 수단의 효율성과 한계, 그 효과와 신자의 반응의 관계에 대한 견해가 약간씩 다르다. 가톨릭은 형식을 갖춘 공식적 성례를, 특수한 경우를 완전히 배제하지는 않지만 거의 유일한 은혜의 수단으로 취급한다. 교회가 그 은혜를 수여하는 독점적인 기구인 양, 하나님이 교회의 의식을 통해서만 은혜를 베푸는 것처럼 인식하는 경향이 강하다. 그러나 일부 경건파와 영성주의자들은 의식이나 제도를 은혜의 통로로 인정하지 않고, 개인이 영적인 훈련과 명상을 통해 직접적으로 은혜에 접할 것을 강조한다. 그런데 웨슬리는 그 양편을 통합적으로 수용하려고 한다. 즉, 그는 하나님이 그 모든 것을 통해 구원과 성화의 은혜를 수여할 수 있다고 보는 것이다. 과연 은혜가 성령의 임재와 동일하다면, 그 은혜는 전통적 수단에 의해 전해질 수 있지만 거기에 국한되는 것은 아니다.

안디옥의 이그나티우스(Ignatius)는 성찬식을 '불멸의 약'(the medicine of immortality)이라고 하는데, 이에 영향을 받은 동방교회는 성찬식을 성령의 치유하는 은혜가 임하는 가장 중심적인 수단이라고 평가한다. 그러나 그 교회는 사람을 구원하는 은혜가 곧 성령이기 때문에, 그 수단을 성찬식으로 제한하지 않는다. 성령이 자신의 뜻(하나님의 의지)에 따라, 바람과 같이 활동할 수 있기 때문이다. 하나님의 영은 때때로 인간의 이성, 예측, 제도를 뛰어넘고 인간의 불완전한 것을 통해서도 자신의 목적을 달성할 수 있는 능력과 자유가 있는 분이다. 웨슬리는 자신의 경험에 비추어 이런 입장을 취하고 있다. 성서가 어느 정도 분명하게 은혜의 수단을 제시하고 있지만, 그 사실이 하나님의 자유로운 활동을 한정할 수 있는 것은 아니다!

가톨릭이 다양한 성례식을 은혜를 위한 직접적인 수단으로 보는 반면에, 신교는 의식 자체보다는 거기에 참여하는 신자의 믿음, 동기, 자세를 중시한다. 그런데 성공회는 중간 입장 또는 중재적 자세를 견지하는 편인데, 웨슬리의 균형감이 여기서 유래된 것이라고 할 수 있다. 그는 의식을 강조하다가 앨더스게이트 경험 이후에는 신자의 반응이나 신앙을 내세웠지만, '오직 신앙'을 주장하는 것에 반대하며 다시 의식의 중요성을 언급하게 된다. 이렇게 변하는 시기를 보낸 후에 그의 확신은 균형을 잡는다.

성례식의 문제에 있어서도 그는 신·구교의 입장 사이에서 하나의 창조적 대안을 발전시킨다. 그는 성례가 내재적으로 구원의 효력을 나타낸다는 견해를 강하게 반대하면서, 기계적인(형식뿐인) 의식은 신자가 하나님의 은혜에 적절하게 반응하지 않는 이상 구원과는 상관없는 것이라고 한다. 한편 그는 인간의 반응과 믿음이 그 은혜에 의해 양육된다고 인식하고, 수단 없이 목적만을 바라는 이들의 어리석음을 비난하게 된다. 성례식에서 하나님의 은혜와 인간의 반응이 협동할 때 구원의 과정이 촉진되어 점점 더 성숙한 성도로 변하는 것이다. 하나님의 은혜가 준비되고 온전하게 부여된다면, 이제 그 은혜가 원래의 목적을 달성하기 위해서는 인간의 신앙적 호응이 아주 중요한 일이다.

그러면 성례의 구체적인 효과는 무엇인가? 웨슬리에게 그것은 용서, 죄에 대하여 죽음, 의로운 새 생명, 믿음과 같은 것이다. 여기서 믿음이 필수적인데, 그것은 신앙을 떠나서는 외적인 의식이 내적인 은혜를 전할 수 없기 때문이다. 그러면 어떻게 신앙이 하나의 전제 조건인 동시에 효과적인 은혜의 혜택이 되겠는가? 여러 수단을 통해서 제공된 은혜 자체는 그 용납을 강요하지 않으면서, 우리의 반응하고 용납하는 힘을 강화하는 것이다. 그래서 처음에 선행적 은총이 신앙을 생성시키듯이 그 후의 성화시키는 은혜(성령)가 믿음을 강화하며, 동시에 그 강화된 믿음이 더 깊은 치료와 성화를 이루는 기능을 하는 것이다.

웨슬리 당시, 영국 교회의 교리문답서에 의하면 성례는 "내적이고 영적인 은혜에 대한 외적이고 가시적인 표시이며 … 우리를 확신하게 하는 공약이다." 이 정의를 수용하면서, 웨슬리는 성만찬이 종말론적 구원을 위한 절대로 옳은 약속이라고 주장한다. 그러나 얼마 안 되어 그는 그런 주장이 협동하는 은혜의 개념을 손상시킬 것을 염려하여 약속이나 보증이라는 용어를 생략하게 된다. 웨슬리는 성찬(성례)이 지금 필요한 용서와 능력을 전한다는 것을 인정하지만, 그 성례식에 단순히 참여하고 성찬을 받는 일이 신자의 궁극적 구원(용서)을 보장하는 것이라는 데 반대한다. 그 구원은 신자의 신앙적인 반응과 책임적인 참여에 수반하는 것이다.

그러면 성례와 다른 은혜의 수단들이 어떻게 성화되고 사랑하는 삶을 증진시킬 수 있는 것인가? 이에 대하여 인간적 관점에서 그것이 주님의 성품을 점차적으로 발전시키는 신자의 훈련이라고 보는 견해가 있고, 그것들은 하나님의 은혜로운 선물을 전달하는 것이라고 하는 시각이 있다. 초기에 웨슬리는 훈련의 성격을 강조했지만 점점 우리의 반응, 하나님의 사랑에 초점을 맞추다가 결국에는 - 다른 교리를 정립하는 과정과 유사하게 - 그 둘을 조화시키고 통합하는 모습을 보여준다.

이제 그에게 신자가 성례에 참여하는 주요 이유는 하나님의 명령에 순종하거나 거룩한 덕을 연마하기 위한 것이 아니라 그의 용서하고 능력을 주시는 은혜를 누리기 위함이다. 물론 그는 목회자요 실용적 신학자로서 성례 훈련의 요소를 간과할 수는 없었다. 그래서 1766년의 목회서신에서, "여러분이 받은 신앙의 불꽃(the spark of faith)은 온 세상보다 더 가치 있는 것입니다. 온 힘을 다하여 그것을 갈망하십시오! 여러분 안에 있는 그 선물을 계속해서 부추겨야 하는데, 하나님의 말씀을 계속 들을 뿐 아니라 읽고 묵상하며 개인적으로 기도하면서 그렇게 해야 합니다."라고 권하였다.

이상에서 분명해진 균형과 통합의 노력은 웨슬리의 독특한 공헌이며 또한 감리교 영성의 특징이다. 이런 자세를 유지하기는 쉽지 않은 일이어서 후대의 감리교회는 그의 통전적 입장(holistic approach)을 포기하게 된다. 그런데 우리는 교리에 나타나는 불가피한 모순을 단순하고 분명하게 해결하거나 회피하려는 유혹을 받는다. 어느 한 편만을 주장하고 그에 대한 논리를 전개하는 것이 상대적으로 쉽다. 그리고 하나님의 진리에는 갈등이 있을 수 없다고 하면서, 자신의 그런 입장을 변호할 수도 있다. 그러나 인간의 언어에는 한계가 있기 때문에 현상의 다양하고 복잡한 측면을 동시에 파악하거나 묘사할 수 없다. 그런데 지금 우리가 다루는 영적이고 신비한 일에 대하여 그렇게 하기는 얼마나 더 어려울 것인가?

이 말을 은혜의 수단에 적용해보자. 사람이 은혜를 받고 성화되는 일에는 분명히 하나님의 활동과 인간의 참여가 필요하다. 그런데 우리는 양편이 하는 일과 그 둘 사이의 관계를 간명하게 공식화하여 제시할 수 없다. 그것의 성격이 그런 시도를 불가능하게 만든다. 그래서 우리는 은혜의 방식을 통한 구원과 성화를, 모든 선하고 좋은 것이 하나님으로부터 유래되는 것이니 전적으로 하나님의 주권적인 일이요 성령의 활동의 결과라고 할 수 있다. 한편 우리는 인간이 그 은혜에 반응하고 참여하지 않으면 구원이 이루어지지 않기 때문에, 그것이 전적으로 구원의 대상인 인간에게 달려 있다고 할 수도 있는 것이다. 그리고 상충하는 것 같은 두 가지의 서술을 종합하여 제시할 수도 있는데, 이 일은 쉽지 않다. 이 어려운 일을 성서적이고 경험적인 입장에서 섬세하게 이룬 것이 웨슬리의 특징이며 장점이다.

1. 성찬식

웨슬리는 은혜의 다양한 수단에 어떤 순서를 정하지 않고, 모든 것이 신자의 성화를 위해 소중한 역할을 한다고 생각한다. 하지만 그는 성찬식을 장엄한 방식 또는 구원을 이루어가는 첫째 단계라고 하면서 중시하고 있다. 중세의 서방교회가 성찬식을 반복되는 죄에 대한 희생제로 규정하였지만, 웨슬리는 그리스도의 희생을 극적으로 기념하는 것이라고 받아들인다. 그의 희생 안에서 우리는 우리를 향한 하나님의 사랑을 확신하게 되는데, 성찬식은 그 확신을 불러일으키고 강화하는 주요한 통로가 된다. 다시 말하자면, 그 성례식은 신자에게 그리스도의 은혜로운 선물을 전하고 생명을 부여하는 의식인 것이다.

성찬식이 은혜의 수단이 되는 것은 성령의 임재와 신자의 신앙적인 참여가 있어야 가능해진다. 구원의 모든 과정에서 그런 것처럼, 여기서도 하나님의 은혜와 신자의 반응이 잘 조화를 이루어야 그 예식이 본래의 기능을 감당하게 된다. 앞에서도 언급하였듯이, 성찬식의 역할은 우리 안에 남아 있는 죄와 질병을 깊이 인식하고 그것을 예수의 십자가 앞에 내려놓는 것이며, 그 문제의 해결을 위해 희생의 제물이 된 그리스도의 사랑을 되새기는 것이다. 그것을 통해 신자는 제사장인 예수의 은혜로운 용서를 용납할 뿐 아니라 왕이신 그리스도에 대한 새로운 충성을 다짐하는 것이다. 웨슬리는 이런 은혜로운 기능을 하는 성찬식을 자주할 것을 부탁하며 본인은 5, 6일에 한 번씩 수행한다.

2. 기도

영국교회는 정해진 공동기도문을 애용하는데 비국교도들은 그 기도를 죽은 기도라고 공격한다. 대신에 그들은 영으로 하는 기도, 성령의 인도를 받는 기도, 즉석에서 하는 기도를 강조하게 된다. 처음에 웨슬리는 그들의 기도하는 모습에 충격을 받지만, 점차로 그런 기도가 형식을 갖춘 기도를 보충할 수 있는 유익한 것으로 인정한다. 그는 경험을 통해 공동기도가 하나님 안에서 살아 있는 신자를 위한 실질적인 양식이 된다고 하며, 그 기도가 또한 집합적인 고백, 간청, 중보, 감사를 위해 도움이 된다고 주장하고 있다.

웨슬리는 공동기도와 함께 개인적인 기도의 중요성과 필요성을 이야기한다. 그는 개인 기도가 신자를 하나님과 가까이 하도록 하는 중요한 수단이며, 또한 하나님의 은혜와 축복을 받아 누리려는 성향을 강화시키는데 도움이 된다고 본다. 그래서 그는 성도들에게 매일 시간을 정하여 성서를 읽고 묵상하며 기도할 것을 주문하고 있다. "그것은 여러분의 삶을 위한 일입니다. 그것을 위한 다른 방법은 없습니다. 당신의 영혼을 정당하게 다루십시오. 그 영혼이 자라도록 시간과 수단을 마련하십시오." "당신은 자신이 시간을 함께 보내는 자들과 같이 됩니다."(You become like those with whom you spend time) 그래서 그리스도와 같이 되려면 성서를 묵상하며 신앙서적을 읽고 기도하는 일을 하면서 그리스도와 함께 시간을 보내야 하는 것이다.

3. 설교

종교개혁의 전통에 따라, 영국교회의 예배에서 설교는 핵심적인 부분이 된다. 웨슬리는 자신이 수없이 많은 설교를 하였기 때문에, 그 경험을 통해서 설교의 역할에 대하여 잘 인식하고 있다. 그것은 신자들이 하나님과의 은혜로운 관계 속에서 성장하는 데 힘을 주고 격려하며 인도하는 기능을 한다. 다른 중요한 기능은 예수 그리스도를 세 가지 직무를 수행하는 분으로 소개하는 것이다. 설교를 통해서 신자는, 예수가 제사장으로서 하나님의 용서하고 구원하는 사랑을 보여준다는 것을 확신할 수 있고, 그가 선지자로서 신자에게 남아 있는 필요와 성화에 대하여 계시하고 있다는 것을 알며, 그리스도가 왕으로서 신자가 예수처럼 성숙하는 일을 인도하고 있다는 사실을 인식하게 해준다.

4. 공동체적 후원

신자가 개인적으로 성화나 구원의 여정을 마무리하는 것은 하나님의 뜻이 아니며 비현실적인 일이다. 누구나 영적인 도움을 얻기 위해 함께 모여 서로를 격려하고 협조하는 자세가 필요하다. "그리스도의 복음은 (개인적) 신앙이 아니라 사회적 신앙을 인식한다.(개인적) 성결이 아니라 사회적 성결을 알고 있다.(The gospel of Christ knows no religion, but social; no holiness but social holiness) … 이 말은 그 개인적 신앙이 그렇게 잘 존속할 수 없을 뿐 아니라, 공동체 없이 (다른 이들과) 함께 살고 소통하지 않고는 전혀 존속할 수 없다는 것이다." 이런 공동체적 생활을 위한 웨슬리의 기도문에 다음과 같은 내용이 있다.

> 주님, 우리가 서로서로에게 도움이 되도록 도와주소서.
> 서로의 십자가를 지도록 하소서.
> 서로에게 친절하게 도움을 제공하게 하시고 형제의 근심을 느끼게 하소서.
> 우리가 서로를 세워주도록 도와주시며 어린 신앙을 가진 이들이 성장하게 하소서.
> 우리의 신앙이 자라게 하시고 우리의 희망을 확인하게 하시며,
> 우리가 사랑 안에서 완전하게 하소서.

웨슬리는 이 공동체적 협동을 이루기 위하여 애찬예배(love feast or agape meal)를 하는데, 이것은 초대교회에서 하던 모임이며 모라비아파에서 하고 있던 것이다. 한 지역의 모든 이들에게 개방된 이 애찬식은 사회적 은혜와 함께 성장하기(nourish us with social grace) 위함이다. 이와 함께

감리교에서 하는 모임에는 제야의 예배(watch-night service)가 있는데, 처음에는 매달 하다가 다시 계절별로 개최하고 결국에는 신년 첫날에 하게 된다. 이 예배는 신자들에게 자신을 성찰하는 계기를 제공하고 상호간에 후원하는 분위기를 조성하기 위한 것이다. 또 다른 모임은 헌신예배(갱신예배)인데, 이것의 목적은 각자의 실패를 인식하고 하나님의 사랑과 용서를 확인하며 처음의 헌신을 갱신하는 것이다.

5. 자선 행위

신자가 성화의 은혜 가운데 계속 성장하기 위한 수단 가운데 선행이 있다. 이 행위는 다른 사람들의 복지와 안녕을 위해 공헌하는 것으로서, 가난한 이들에게 옷과 숙소를 제공하고, 기본적인 우정을 보여주며, 타인의 건강과 교육을 위해 활동하는 일이 대표적이다. 이런 행위 자체가 은혜의 수단이라고 보기는 어렵더라도, 웨슬리는 그것을 다른 수단들과 같이 높게 평가하는 편이다. 선행은 하나님을 온전하게 사랑하는 일이 이웃을 사랑하는 것을 통해서 일부 나타나기 때문에, 성화를 추구하는 이에게 자연스런 모습이다. 수도원 운동의 선구자인 앤서니(Anthony)가 질문하는 한 제자에게 적절하게 말한 대로, "하나님을 사랑하는 것과 이웃을 사랑하는 것은 비례하기" 때문에 이웃을 위한 선행이 그 행위자 자신의 성화에 긍정적인 영향을 줄 것이라고 볼 수 있다.

1. 가톨릭이 은혜의 독점적인 수단으로서 성례를 강조하는 것에는 어떤 문제가 있는가?
2. 성서가 어느 정도 분명하게 은혜의 수단을 제시하고 있지만, 그 사실이

하나님의 자유로운 활동을 한정할 수 있는 것은 아니다! 이 말을 자세히 설명하라.

3. 성례식에 대한 웨슬리의 입장은 무엇인가?
4. 성례식의 긍정적인 역할을 성서적 관점에서 논하라.
5. 성찬식은 어떤 의미에서 은혜의 수단이 되는가?
6. 기록된 기도문을 읽거나 암송하는 것이 성화의 과정에 도움이 되는가?
7. 기도가 어떻게 도움이 되는지 경험적 입장에서 서술하라.
8. 공동 기도와 개인 기도는 어떻게 다른가? 개인적으로 하는 기도의 중요성은 무엇인가?
9. 성화의 과정에 있는 신자에게 설교는 어떤 유익을 줄 수 있는가?
10. 개인 신자의 성화에 공동체적 삶이 절대적으로 필요한 것인가?
11. 애찬 예배에 대하여 비슷한 예를 들어 설명해보자.
12. 선행이 은혜의 수단은 아니지만 성화에 도움이 될 수 있는가?

IX. 종말론

기독교에서 종말과 죽음 이후에 대한 관심은 많은 질문으로 이어진다. 사람이 죽으면 즉시 천국으로 가는가, 아니면 낙원에서 기다리는 것인가? 최종 목적지(천국이나 지옥)에 가기 전에 중간 기착지에 머문다면, 거기서 죽은 영혼은 의식을 갖고 존재하는가, 아니면 잠자는 것인가? 성서가 말하는 부활은 영적인 것뿐 아니라 육체적인 것을 포함하는가? 그리스도가 재림하여 천년왕국을 설립하고 다스릴 것인가? 마지막 심판의 기준은 무엇이며 그 이후의 삶은 어떤 것인가? 사후의 삶에 관한 수없이 많은 질문이 제기되지만 분명한 답을 찾기는 쉽지 않다. 성서도 인간의 호기심을 충족시키거나 체계적으로 교리를 제시하지 않기 때문에, 그에 대한 언급을 다양하게 해석할 여지가 상존한다.

이 다양한 해설의 가능성 때문에 교리를 정립하거나 선포하는 이들이 서로 다른 주장을 하는 것은 자연스런 일이다. 실제로 교파에 따라서 또 각 교회나 지도자에 따라서 서로 다른 의견을 말하고 있다. 어떤 교파에서 종말에 관한 교리를 세우면 그에 반대하거나 다른 주장을 하는 이가 생겨난다. 이 다양한 주장들 사이에는 어떤 공통점이 있기는 하지만, 차이점이 극명하게 드러나는 경우가 많다. 그래서 그들 사이에서 어떤 절충안을 찾거나 새로운 것을 추가하여 제삼의 견해를 내세우기도 한다. 이런 과정이 교회사상사에 나타나고 있으며 후세의 신자들에게 영향을 주고 있다. 웨슬리도 교회 전통을 수용하지만 거기에서 멈추는 것이 아니라 자신만의 성서해석과 경험을 통해서 독특한 입장을 정리한다.

그래서 그의 종말론을 이해하기 위해서는 먼저, 그가 어떤 상황에서 무슨 영향을 받았는지 알아야 한다. 초대교회는 예수의 임박한 재림, 현세와 완전히 다른 천국의 도래, 신앙 때문에 순교한 이들에 대한 영광스런 보상을 확신한다. 당시의 핍박 받는 교회의 상황이 그런 신앙을 갖게 한 것이다. 그 신앙은 성서에 대한 문자적 해석과 그리스, 로마 문화에 영향을 받아 확고해진다. 그러나 기독교가 로마제국의 국교가 된 이후에, 그 재림이 실현되지 않기 때문에, 교회는 종말의 영적인 의미를 추구하고 관계된 성서 구절들을 영적으로, 상징적으로, 비유적으로 해석하게 된다. 그래서 예수의 임박한 재림과 천년왕국에 대한 관심이 식게 되고, 결국 에베소 공의회(431년)는 그 왕국에 대한 신앙을 이단이라고 규탄하기에 이른다.

로마 제국의 통치자들과 교회 지도자들은 자신의 제국과 교회를 하나님의 통치나 왕국과 같은 것으로 받아들이는 경향이 있었다. 그래서 자신의 체제를 개혁하는 일에 관심이 적고 현상을 유지하는 데 급급한 모습을 보인다. 하나님의 통치가 이미 교회와 국가를 통해서 시행되고 있기 때문에 별도의 천년왕국 같은 것은 필요하지 않다는 입장을 갖게 된다. 그리고 그들은 죽은 자를 위한 여러 가지 교리를 만드는데, 연옥, 공적의 금고, 성자 경배와 같은 것이 거기에 속한다. 그러나 종교개혁이 미진하다는 태도를 보이는 재세례파는 그런 주장들을 반박하며 현세의 제도와 하나님의 통치를 연관시키지 않는다. 사자의 영혼이 의식이 있는 상태에서 천국과 지옥의 중간 지대에 머문다는 것을 거부하는 재세례파는 대신에 그 영혼이 잠들어 있다고 말한다. 마르틴 루터도 이에 동조하지만, 그는 현세에서 이루어지는 하나님의 통치를 부정적으로 이해하지 않으며 명백하게 그리스도의 천년왕국을 거절하고 있다.

이와 다르게 초기의 종교 개혁가들은 죽은 이가 낙원에서 의식적인 상태에 있다는 것을 인정한다. 그들은 중세 서방교회의 입장에 서서 미래적인 하나님의 왕국보다는 현세에 나타나는 그의 통치에 초점을 맞추고 있다. 이런 견해가 무천년적(amillennial) 종말론을 낳게 된다. 그런데 영국의 청교도들은 미래의 영광을 간직한 성서적 개념을 발전시키게 되는데, 그들은 자신의 시대가 말세이며 성령의 능력과 신자들의 노력을 통해서 하나님의 충만한 통치가 도래하는 때라고 본다. 그들은 그 통치를 고대하기는 하지만, 그것이 예수의 재림과 성자들의 부활 이후에 전개될 것이라고 하지 않는다. 여기서 후천년설(postmillennialism)이 출현한다. 중세의 무천년설 그리고 이레네우스(Irenaeus)와 재세례파의 전천년설(premillennialism)과 함께 세 가지의 천년설이 나타나게 되는 것이다.

웨슬리 당시 영국교회에는 등장하는 계몽사상과 맞물려 후천년설의 낙관론이 고개를 들게 되지만, 전반적으로는 무천년설이 지배적인 종말 사상이었다. 천년왕국설을 이단시하는 경향은 수그러들었지만 여전히 무천년설이 대세였고, 웨슬리도 그 상황에서 신학 교육을 받게 된다. 1748년의 설교에서 그는 신자가 죽으면 하나님의 영원한 존재, 하나님의 충만한 통치 속으로 진입한다고 외친다. 그 통치의 초기적 형태는 신자의 현재의 삶에서 발견할 수 있다. 그는 성공회의 영향으로, 그 시대의 정신(zeitgeist)에 맞추어 그 천년에 대하여 거의 언급하지 않는다. 심지어는 요한계시록 20장 초반부도 천년이 아니라 새로운 창조를 묘사하는 것으로 해석하고 있다. 그런데 그는 이 구절들을 다르게 해석하는—거기에는 두 가지의 천년이 나타난다. ― 요한 벵겔(Johann Bengel)의 글을 소개하면서, 후천년적 성향을 나타내기도 한다. 그리고 자신의 글에서 그 천년의 시작이 1836년, 그리스도의 재림이 3836년이라는 벵겔의 연대를 기록한다.

웨슬리는 작은 책자를 통해서 에드먼드 할리(Edmond Halley: 할리 혜성의 궤적을 계산한 영국의 천문학자)의 제안 ― 1758년에 그 혜성이 지구와 충돌하여 지구를 멸망시킬 것이다. ― 을 부각시킨다. 그런데 이것은 종말의 연대를 제공하려는 것이 아니라 신자들을 각성시키기 위한 그의 노력이다. 이와 관련하여 그는 1758년에 마지막 심판에 대하여 설교하면서 예수의 재림이 임박했다는 분명한 기대를 표현하게 된다. 하지만 그의 기본적인 무천년적 입장에는 큰 변화가 없다. 그 후에 웨슬리는 플레처(John Fletcher)로부터 전천년설을 소개받지만 자신의 견해를 바꾸지 않고, 현재 교회의 임무는 사탄의 왕국을 뒤엎고 그리스도의 왕국을 세우는 것이라고 설파한다.

그러다가 1764년에 그는 토마스 하틀리(Thomas Hartley)의 『회복된 낙원』(*Paradise Restored*)이라는 책을 읽으면서 전천년설을 수용하게 된다. 그 책에서 하틀리는 지구상에서 그리스도가 성자들과 함께할 영광스런 통치가 임박했다고 주장하는데, 이에 감동을 받은 웨슬리는 "나는 그 편안한 교리에 대하여 당신이 강하고 합리적으로 확언하고 있는 것에 대하여 감사할 수밖에 없다. 내가 성서를 믿는 한 그에 대하여 조금이라도 의심할 수 없다."라고 그에게 쓰고 있다. 그리고 그는 이사야 60:18에 약속된 평화의 시대가 그리스도가 다스리는 천년왕국에서 성취될 것이라고 분명히 하고 있다.

그러나 그는 전천년주의자들이 세상이 점점 타락하고 말세가 되어간다고 하는 것에 반대하며, 현재 하나님의 통치와 교회의 노력을 통한 발전적 변화를 강조한다. 그가 불붙인 부흥운동이 그 통치를 현세에서 조용하게 증가시킬 것이라고 확신하는 웨슬리는, 그것의 증가가 곧 평화와 사랑의 시대를 촉진시킬 것이며 결국에는 그리스도의 재림에서 절정을 이룰 것이라고 선언한다. 이런 입장은 그가 후천년설을 옹호하고 있다는 것을 보여준다.

어떤 이들은 웨슬리가 지나치게 현세적인 측면을 강조한다고 염려한다. 그러나 대부분의 학자들은 그가 다른 교리에서와 같이, 신자가 가지는 희망의 미래적 측면과 현재적 측면 사이에서 창조적인 긴장(creative tension)을 유지하고 있다고 본다. 사실 웨슬리는 하나님의 통치의 차원을 은혜의 왕국과 영광의 왕국 둘로 나누어 설명하고 있는데, 전자는 현재 교회가 경험하고 참여하는 하나님의 통치를 말하고 후자는 미래에 경험할 영원하고 충만한 하나님의 나라를 말하는 것이다. 이 구분을 통해서 웨슬리는 그 통치(왕국)의 현재와 미래를 통합적으로 제시하고 있다. 신자들은 성령을 통한 하나님의 은혜로운 섭리 아래 지금 여기서 행복과 성화를 경험하고 있으며, 그 경험은 영광스런 왕국에 참여함으로 더욱 충만해질 것이다.

후기의 웨슬리에게서, 현재의 하나님의 통치는 점점 더 진전되고 있는데, 결과가 인류의 복지와 안녕에 도움이 되는 모든 일을 통해서 그 진전이 이루어지고 있다. 그 일 가운데는 무혈혁명, 프랑스혁명 같은 것이 포함된다. 하나님은 세상 모든 것을 구원하려는 목표를 가지고 있는데, 이를 위해서 그는 세속사에 개입하고 그 역사를 통해서도 자신의 뜻을 이루어가는 분이다. 그러나 하나님의 왕국이 현세에서 확장되기 위해서 더욱 중요한 역할을 하는 것은 바로 교회이다. 웨슬리에게 교회의 본질적 임무는 인류를 구원하는 하나님의 역사에 참여하고 공헌하는 것이다.

웨슬리가 생각하는 이상적인 교회는 작은 규모의 공동체적 모임이다. 그것은 더 큰 조직과 연관되어야 하지만, 구성원들을 인격적으로 섬기고 후원하기 위해 소규모로 모일 수 있어야 좋다. 그는 제도나 기구로서의 교회보다는 신앙과 사랑과 소망의 공동체로서의 교회를 꿈꾸고 있는 것이다. 신자 개인과 교회 전체의 성결을 강조하는 웨슬리는, 그 성화에 대한 강조가 세상과의 단절을 말하거나 현실로부터의 도피를 의미하는 것이 아니라는 것을 분명히 한다. 그에게 그런 독립적이고 영적인 성화는 비성서적이고 진정한 성화의 결여를 나타내는 것이다. 성화가 본질적으로 하나님과 이웃을 사랑하는 것이기 때문이다. 그래서 더 성화될수록 신자(교회)는 이웃을 더 섬기게 된다.

1. 죽음

웨슬리는 사람이 죽는 장면에 대하여 많은 관심을 가지고 있다. 특히 그의 주목을 끈 것은 평화롭게 하나님을 찬양하면서 세상을 떠나는 신자의 죽음이다. 그의 이런 관심은 감리교 찬송가 중에 죽음을 묘사하는 찬송들을 한 곳에 삽입하는 것으로 분명해진다. 그에게 죽음에 대하여 묵상하는 일은 현세의 삶에 관한 전망을 새롭게 하는 유익한 것이다. 그리고 신자에게 죽음은 두려움의 대상이 아니라, 사후의 새로운 삶이 약속되어 있기 때문에 복된 것이다. 그것은 세상의 짐을 내려놓고 하나님의 사랑의 품에 안기는 것과 같기에 오히려 환영(?)해야 하는 것이다. 따라서 사랑하는 사람의 죽음에 대하여 지나치게 슬퍼하는 것은 피해야 한다.

2. 사후의 중간 상태

중세의 교회 지도자들 가운데는, 사후에 사람이 천국과 지옥에 가기 전에 중간 상태에 있으면서 더 민감해진 의식을 갖는다고 주장하는 이들이 있다. 웨슬리는 어떻게 그런 일이 가능한지 알 수 없다고 하면서 그 견해에 동조한다. 중간에 머무는 것과 영원한 축복 사이를 구분하지 않는 사람들과 다르게, 웨슬리는 낙원을 중간 영역으로 천국을 신자의 마지막 목적지로 구별하고 있다. 낙원에서 성도는 부활, 심판, 천국(새로운 창조)을 기다리면서 중간 정도의 축복을 누리게 되고, 천국에서는 하나님의 영광을 보며 충만한 사랑과 평화를 경험하게 된다.

3. 부활

영혼(사람의 영적인 특성)은 불멸한다는 사상이 있다. 그런데 기독교의 신앙은 그 사상보다는 생명의 하나님의 능력과 의도를 부활의 근거로 삼고 있다. 그에게 생명을 죽이기도 할 수 있고 살릴 수도 있는 지혜가 있다는 것이다. 웨슬리는 육체의 죽음이 영혼의 죽음일 수 없다는 입장을 나타내며, 영혼의 불멸은 사람에게 자연적인 것이 아니고 하나님의 선물이라고 주장한다. 그 불멸을 신봉하는 이들 가운데 육체의 부활은 없고 공기 같은(ethereal) 몸을 가진 영혼이 존속하는 것이라고 강조하는 이가 있다. 그러나 웨슬리는 육체적 부활의 중요성을 확언한다. 1732년에 부활한 몸이 완전히 새로운 몸이 아니라 원래의 육체가 새롭게 된 것이라고 설교하는데, 그것이 가능한 이유는 하나님이 죽은 몸이 변하여 남은 흙을 보관할 것이기 때문이라고 한다.

4. 심판

인간의 영원한 운명은 그가 죽는 순간에 예시된다. 중간 상태에서도, 아니 영원토록 영혼이 성숙의 과정을 밟게 되지만, 그 운명이 그 성숙의 정도에 영향을 받는 것은 아니다. 누구에게나 최후의 심판이 있을 것인데, 그 목적은 하나님의 영광과 정의와 사랑을 나타내는 것이며, 의롭게 살아온 성도에게 정당한 보상을 하기 위함이다. 웨슬리의 기본적인 생각은, 사람의 최종적인 운명(구원 여부)을 결정하는 기준은 믿음이라는 것이다. 그리고 선행은 천국에서의 보상을 결정하는 근거자료가 된다. 믿음이 기준이라는 말은 사람이 하나님과 복원되고 친밀한 관계를 맺고 살았느냐 하는 것이 판단의 척도라는 말이다.

5. 천국과 지옥

웨슬리는 지옥을 단테의 용어로 설명하는 경향을 보인다. 그 영원한 고통의 차원인 지옥은 하나님의 용서하고 구원하는 은혜를 용납하지 않고 그와의 관계가 단절된 가운데 살던 이들을 위한 곳이다. 그는 낙원과 천국을 구분하듯이 하데스(Hades)와 지옥도 구별한다. 낙원과 하데스는 모두 중간 기착지 또는 대기실과 같은 영역이다. 그러나 그가 연옥설을 인정한 것은 아니다. 현세에서 회개하지 않은 영혼에게 두 번째의 기회가 주어진다는 주장은, 현세에서 구원하는 하나님의 은혜를 약화시키고 성화를 위한 인간의 노력을 불필요한 것으로 만드는 경향이 있기 때문에 거부된다. 무엇보다 성서가 그 두 번째 기회에 대하여 분명하게 말하고 있지 않기 때문이다.

하나님과의 단절이 지옥의 저주라면, 하나님을 보고 사랑하는 것은 천국의 축복이다. 그곳은 영광스럽게 영적으로 변형된 몸을 가진 영혼들이 다른 영적인 존재들과 영원히 하나님을 찬양하는 차원이며, 영적인 안식이 있고 사랑과 평화가 넘치는 상태이다. 웨슬리는 그 상태가 현재의 삶의 조건보다 더 높은 차원으로 완성된 것임을 강조하며 자신의 운명과 소망에 대하여 말한다. "나는 하나님으로부터 왔다가 그에게 다시 돌아가는 하나의 영혼이다. 나는 잠시 이 깊은 소용돌이 구멍에서 서성이다가 사라질 것이며, 불변의 영원 속으로 떨어질 것이다! 나는 한 가지 일, 즉 구원의 길 또는 어떻게 그 행복한 땅에 안전하게 내릴 수 있는가 하는 것을 알고자 한다. 하나님이 친히 그 길을 가르치기 위해 하강하셨다. 바로 그 목적을 위해 그가 천국에서 오셨다."

6. 새로운 창조

후기에 웨슬리는 하늘 위의 천국보다는 미래의 새로운 창조에 대해 더 많은 관심을 표명한다. 그에 의하면 새 창조는 물리적인 것이며 현재의 조건보다 극적으로 향상된, 에덴동산보다 개선된 차원이다. 그 새 창조에는 모든 생명체가 포함되며, 그 결과로 동물은 더 진화되고 이성까지 선물로 부여받게 된다! 이렇게 자연을 포괄하는 우주적 구원의 개념은 당시로서는 아주 특이한 것이다. 초기의 동방 신학자들에게서 받은 영향이 엿보이는 대목이다. 그는 영원히 영혼이 성숙한다는 견해를 밝히는데, 그것은 천국이 정적인 차원이 아니라 역동적인 영역임을 나타내는 것이다. 창조주 하나님의 치유하는 은혜가 온 세상에 미치고, 영광스런 천국에서 시간을 보내는 영혼은 그 은혜에 감동하고 더 성장하며 영원히 찬양하며 지낼 것이다.

1. 성서는 왜 사후의 문제에 대하여 분명히 말하지 않는가?
2. 어떤 교리에 다양한 주장들이 제기되는 이유는 어디에 있는가?
3. 천년왕국설의 발생 배경과 주요한 교파의 입장에 대하여 설명하라.
4. 천년설에 대한 웨슬리의 견해는 어떤 것인가?
5. 이 세상은 하나님의 은혜와 교회의 노력을 통해서 점점 더 천국으로 변하고 있는가? 아니면 점점 더 악한 말세로 향하고 있는가?
6. 웨슬리는 현세주의자인가, 내세주의자인가? 또는 그 둘을 모두 균형 있게 다루고 있는가?
7. 이 세상의 변화와 성숙을 위해서 교회가 할 일은 무엇인가?
8. 이상적인 교회에 대한 자신의 견해를 웨슬리의 것과 비교하며 제시하라.
9. 성도의 죽음이 복된 것이라고 하는 성서의 주장에 동의하는가?
10. 사후의 중간 상태에 대한 지나친 추측이나 상상이 현재의 신앙생활에 어떤 영향을 줄 것인가?
11. 부활에 대한 성서의 증언이 경험적으로 적합한지 검토해보자.

12. 하나님의 심판의 기준을 성서가 분명하게 말하고 있는가?
13. 연옥설에는 어떤 문제점이 도사리고 있는지 살펴보자.
14. 웨슬리가 가진 궁극적인 희망에 대하여 논하라.
15. 하나님의 새로운 창조는 현재의 세계를 어떻게 변화시킬 것인가?

제3장
웨슬리의 윤리 사상

I. 인권과 평등의 윤리

모든 인간은 하나님의 형상으로 창조되었다. 창조주는 자신의 모습에 따라 사람에게 자유와 이성을 포함한 권리를 부여한다. 그 권리는 양도할 수 없고 빼앗을 수도 없는 천래의 성격을 갖고 있다. 그것은 파기할 수 없는 것이며 인간성과 분리할 수 없는 것이다. 그 때문에 인간은 다른 생명체와 구별되며 고귀하고 본질적으로 평등한 존재이다. 결과적으로 "앙골라 사람은 영국 사람과 같은 자연적 권리를 소유한다." 이 인권은 하나님의 사랑에 의해 주어진 선물이다. 그래서 인권을 소중히 여기지 않고 그것을 수호하지 않는 권력은 그 사랑과 어울리지 않는다. 웨슬리는 이런 시각에서 인권과 평등을 논하고 있다.

1. 노예제도

웨슬리 당시에 영국에서도 인권을 침해하는 경우가 종종 발생했다. 어떤 이들은 자신의 양심에 따라 하나님을 섬긴다고 하여 자신의 교구에서 퇴출될 뿐 아니라 죄인 취급을 받아 감옥에 가기도 한다. "(그 때문에) 영국인들은 자신의 물건들을 파괴당하고 공기도 자유롭게 사용하지 못하게 된다. 그렇다. 많은 이들이 어둡고 역겨운 감옥에 갇혀서 태양빛을 누리지 못한다." 그래서 웨슬리와 감리교 지도자들은 인권의 사각지대인 감옥 제도를 개혁하는 데 앞장서게 된다.

그런데 웨슬리는 지긋지긋한 감옥 환경보다 노예들의 비참한 삶에 더 큰 충격을 받게 된다. 그가 미국 조지아의 사반나에서 선교활동을 하고 있는 동안에 찰스턴(Charleston)을 방문한 적이 있는데, 거기서 노예시장의 잔인성을 목격한다. 그날부터 그는 노예제를 "극악무도하고 저주해야 할 일들의 총합"(execrable sum of villainies)이라고 규정하며 강력하게 노예 폐지운동에 앞장선다. 1774년에 발간한 『노예제에 대한 생각』이란 책자에서, 웨슬리는 노예제를 중심으로 하여 인권문제를 다루고 있다. 먼저 그는 다른 이의 말을 빌려서 노예들의 고향인 아프리카를 거의 에덴동산처럼 묘사하고, 그곳의 사람들은 일반적으로 선한 성품과 숙련된 기술을 가지고 공동체를 이루어 산다고 말한다.

그 책자에 의하면 아프리카인들은 유럽인의 편견과 악평과는 달리, 서구인보다 더 온화하고 이방인에게 더 친절하다. 그들은 어리석고 무감각하며 잔인하고 게으른 것이 아니라 근면하고 모든 거래를 정직하게 하며 지낸다. 그런데 유럽인이 그 낙원에 침입하여 그들의 문화를 파괴하고 그들에게 사기, 술, 탐욕을 가르쳐 그들의 품성을 타락하게 만든다. 웨슬리는 노예매매에 연루된 세 부류의 사람들에게 호소하여 그 잔인하고 탐욕스런 제도를 중단할 것을 요구하게 되는데, 그 세 그룹은 노예선의 선장과 노예 상인 그리고 노예를 사들이는 농장 주인이다.

(선장에게) "당신이 사람입니까? 그러면 당신은 사람의 마음을 가져야 합니다. … 당신은 다른 사람의 고통을 결코 느끼지 않습니까? … 오늘 하

나님의 음성을 듣는다면 마음을 닫지 마십시오. … 무엇을 잃을지라도 당신의 영혼을 잃지 마십시오. 그 어떤 것도 그 상실을 상쇄할 수 없습니다. 지금 즉시 그 무서운 거래를 중단하십시오."

(노예 상인에게) "당신의 양심이 이(노예매매)와 어울리고 있습니까? … 황금이 여러분의 눈을 완전히 멀게 하고 여러분의 마음을 흐리멍덩하게 했습니까? … 여러분이 자비를 얻도록 (그들에게) 자비를 베푸십시오."

(농장 주인에게) "결국 당신들에게 이 모든 사기와 강도짓과 살인의 죄가 있는 것입니다. … 그 불쌍한 이들의 피가 여러분의 머리 위에 있습니다. … 여러분의 형제의 피가 땅에서, 배에서, 바다에서 당신들에게 울부짖고 있는 것입니다."

웨슬리는 그 책자를 기도문과 함께 마무리한다. "모든 인간을 사랑하고 만물에 자비를 베푸시는 사랑의 하나님! 세상의 배설물처럼 짓밟히고 버림받은 이들을 불쌍히 여기소서. 일어나시어 도울 자가 없는 이들, 피를 물처럼 땅에 흘리는 이들을 도우소서. 이들 또한 당신이 창조한 작품이요 당신의 아들의 피로 사신 존재가 아닙니까? … 그들의 원한이 당신 앞에 이르고 그들의 원망이 당신의 귀에 들어가게 하소서! 그들의 사슬을 산산조각 내소서 … 만인의 구세주여, 그들이 참으로 자유롭게 되도록 그들에게 자유를 주소서!" 그 책자와 이 기도문을 통해서, 웨슬리는 가장 비참한 생활을 하는 노예들의 인권을 위해 투쟁하고 있다.

1791년 2월 말에 레더헤드(Leatherhead)에서 마지막 설교를 하기 위해 그곳을 오가는 도중에, 웨슬리는 자신이 도움을 준 아프리카의 노예 구스타브 바사(Gustavus Vassa)가 쓴 자서전을 읽으면서 큰 감동을 받는다. 그래서 당시 국회의원으로서 복음적 신자이며 노예 폐지운동에 앞장선 윌리엄 윌버포스(William Wilberforce, 1759-1833)에게 격려의 편지를 보내게 된다. 웨슬리는 개혁주의자가 아니었지만, 감옥의 개혁과 노예제도 폐지가 속히 이루어지기를 강하게 주장하고 있다.

친애하는 선생님,

신적인 힘이 당신을 세상에 대항하는 아타나시우스(Athanasius)로 키우지 않았다면, 종교와 영국과 인간성에 대한 불명예인 증오할 비열한 짓(노예제도)에 항거하는 그 영광스런 일을 어떻게 당신이 할 수 있는지 나는 알 수 없습니다. 하나님이 이 일을 하도록 당신을 세우지 않았다면, 당신은 사람들과 마귀들의 저항 때문에 지쳐 버릴 것입니다. 그러나 하나님이 당신 편이라면 누가 당신에게 대항할 수 있습니까? 그들 모두가 하나님보다 강합니까? 잘하고 있는 그 일에 지치지 마십시오. 아메리카의 노예까지 사라지는 그날까지, 하나님의 이름으로 그의 능력으로 힘차게 밀고 나가십시오.

오늘 아침에 한 불쌍한 아프리카인이 쓴 소책자를 읽으면서, 나는 검은 피부를 갖고 백인으로부터 오해받고 짓밟히며 구제받지 못하는 사람들의 상황에 특히 충격을 받았습니다. … 그것이 얼마나 극악무도한 일입니까? 청년 시절부터 당신을 인도하신 그분이 이 일과 모든 일에 있어서 당신에게 계속 힘을 주시기를 바라는 것이 친애하는 선생님, 당신에게 애정을 가진 이 종의 기도입니다. – 존 웨슬리.

노예제에 관한 토의가 진행되기 전에 윌버포스는 자신에게 메모를 쓰게 된다. “내가 지혜와 힘과 설득력을 위해 하나님을 바라보아도 좋을 것이다. 내가 (토론에) 성공한다면 모든 영광을 하나님께 돌릴 것이다. 그러나 실패한다면 마음으로부터 ‘당신의 뜻이 이루어지이다.’라고 할 것이다.” 그 토론에서 그는 실패했다. 그러나 그는 투쟁을 계속했고 결국 1807년에 의회를 설득하여 노예매매를 금지하는 법을 통과시킨다. 하지만 영국의 식민지에서 노예제가 불법이 된 것은 1833년, 윌버포스가 죽은 지 한 달 후의 일이다.

2. 여성의 권리와 평등

웨슬리가 일곱 살 때에 아버지는 지역의 대표자로 성공회 모임에 참석하기 위해 런던에 가서 서너 달 머물게 된다. 이때 수잔나는 주일 저녁에 자녀들과 하인들을 위한 기도회를 주관하는데, 소문이 나면서 참석자가 증가하여 200명까지 모이는 일이 생긴다. 부목사인 인만(Inman)이 주관하는 주일 아침예배 때보다 더 많은 인원이 모이자, 그는 마음이 불편했다. 그는 그녀의 기도회가 불법 집회로 규정되면 가정과 교회에 어려움이 있을 것이니 중단해야 한다는 뜻을 담은 편지를 사무엘에게 보낸다. 그러자 사무엘은 아내에게 편지하여 중지할 것을 요청한다. 그런데 수잔나는 다음과 같이 응답하였다.

> 부목사의 측근 서너 명 외에는 우리의 기도회를 반대하는 사람이 없습니다. … 당신은 그들이 말하는 것이, 하나님의 축복으로 이미 많은 좋은 일이 기도회를 통해 이루어지고 있는데, 그 모임을 금지할 충분한 이유가 된다고 생각합니까? … 당신은 제가 그렇게 하기를 원한다고 말하지 마세요. 그것은 내 양심을 만족시킬 수 없습니다. 대신에, 당신과 제가 우리 주 예수 그리스도의 심판대 앞에 섰을 때, 선을 행할 기회를 소홀히 한 모든 죄와 벌에서 제가 용서받을 수 있도록 긍정적인 명령을 하세요.

이와 같은 수잔나의 리더십이 웨슬리에게 긍정적인 영향을 준 것은 틀림없다. 그래서 나중에 그는 여자를 그룹의 리더로 세우며 설교자로 임명하게 된다. 그의 지도 아래 감리교는 다른 어떤 교파보다 먼저 여성에 대한 전통적인 편견을 제거한다. 그가 선교사로 미국의 조지아에 있을 때 이미 여자를 집사로 임명하고 임무를 맡기는데, 이를 두고 그가 가톨릭의 수녀를 교회에 세우는 비밀 구교도라고 비난하는 이들이 생긴다. 런던으로 돌아와서도 그는 계속 여자를 지도자로 세운다. 처음에 여자 리더는 여성 모임을 위해서만 일하지만, 여성의 리더십에 대한 반감이 수그러들면서, 점차 남자들 모임에서도 활동하게 된다. 1742년에는 파운더리협회(Foundery Society)의 지도자 명단을 작성하는데, 66명 중에 47명이 여성이었다.

여자 지도자들이 효율적으로 모임을 주관하고 인도하는 것이 분명해지자, 그들이 설교까지 해야 한다는 주장이 제기된다. 그러나 웨슬리는 처음에 그 제안에 반대한다. 그 이유는 바울 사도가 교회에서 여성이 말하는 것을 금하고 있고, 웨슬리가 이미 남자 평신도에게 설교를 허용하여 성공회와 많은 갈등을 빚고 있는 가운데 또 다른 문제를 일으키고 싶지 않았기 때문이다. 그런데 메리 보산켓(Mary Bosanquet)이 자신에게 설교하도록 허락할 것을 요청한 일에 답하면서 웨슬리의 입장이 변한다. 그녀의 성서해설은 통찰력이 깊어 교인들에게 많은 도움이 되었다. 메리는 바울이 디모데전서 2장과 고린도전서 14장에서 여성의 설교를 금지한 것에는 예외가 있었다고 하며, 이 구절들을 문자적으로 수용해야 한다면 여자가 예언하는 것을 언급한 고린도전서 11:5와 상충된다고 주장한다.

웨슬리는 1750년에 이미, 사도행전 8:4를 근거로 하여, 평신도의 설교권을 인정한다. 그리고 그 설교의 은사와 권리가 여성에게도 있음을 밝힌다. 특히 그가 메리에게 답변한 내용을 살피면 그것이 분명해진다. "그래서 나는 통상적인 훈육의 규칙에 해당되지 않는 일들이 발생해도 놀라지 않습니다. 성바울의 통상적인 규칙은 여성이 교회에서 말하는 것을 허용하지 않는 것입니다. 하지만 그는 몇몇 예외적인 경우를, 특히 고린도 교회에서 인정하고 있습니다." 웨슬리는 하나님이 여성 지도자들의 활동과 그 효율성을 축복하신다는 것을 의심할 수 없었다. 결국 그는 27명의 여성 지도자에게 설교의 권한을 부여하게 된다. 그러나 그들이 정기적으로 설교하는 일은 드물었고 초청을 받아서 간헐적으로 하는 경우가 많았다.

이렇게 설교자로, 지도자로 부름을 받은 여성들이 있고 다른 방면에서 지도자로 활동한 이들도 많다. 그들은 고아원, 기숙학교, 가난한 어린이를 위한 학교, 주중에 공부할 수 없는 어린이를 위한 주일학교를 세워 아름답게 봉사하는 모습을 보여준다. 보산켓은 웨슬리의 후계자요 신학자인 존 플레처(John Fletcher)와 결혼하고 그의 교회에서 정기적으로 설교할 뿐 아니라, 그 교구의 충분한 협력자로서 남자 성직자가 하는 거의 모든 일을 하게 된다. 셀리나 헌팅던(Selina Huntingdon) 부인은 거리에서 설교한다는 이유로 6명의 신학생이 옥스퍼드에서 추방되자 그들을 위한 신학교를 세운다. 그리고 플레처로 하여금 교수들을 섭외하고 3년 과정의 신학교 프로그램을 감독하도록 하며, 자신은 그 학생들 모두를 위한 장학금을 마련하고 감리교 설교자들을 위한 예배당을 건립한다. 더 나아가 그녀는 조지 화이트필드가 조지아에 세운 고아원의 후원자가 되며, 자신의 신학교에서 훈련받은 설교자들 중에서 몇 명을 조지아 선교사로 파송하기까지 한다.

웨슬리는 남녀 구분 없이 모든 감리교도가 세상에 나가 봉사해야 하는 사명을 갖고 있다고 주장한다. 그중에서 환자를 방문하고 돌보는 일은 여자가 할 수 있는 일이며, 그 일을 하는 데 있어서 남녀가 모두 같다는 입장을 보여준다.

> "이 명예로운 일을 하는 데에는 차이가 없습니다. 그리스도 예수 안에서 남자나 여자의 구분이 없는 것입니다. 참으로 '여자는 보일지라도 (그 말이) 들려서는 안 된다.'는 격언은 이미 사라졌습니다. … 그 비열한 (여자의) 속박에 더 이상 굴복하지 마십시오. 당신들은, 남자도 마찬가지로 이성적인 피조물이며 모두 하나님의 형상으로 지어졌습니다. 여러분도 똑같이 영생의 후보자들입니다. 당신들도 하나님의 소명을 받았으니 … 그 소명에 불순종하지 마십시오."

놀랍게도 웨슬리는 포괄적인 언어를 사용하면서 남녀의 평등을 나타낸다. 그는 '그리스도인들'(Christian men)이라는 말은 그냥 '그리스도인'(Christian)으로 수정하며, 종종 하나님을 아버지라고 칭하는 대신에 '신적인 부모'(Divine Parent), '모든 선의 부모'(Parent of all good), 또는 '부모와 친구'라는 호칭을 쓴다. 그런데 불행하게도 웨슬리가 정립한 여성 지도자에 관한 제도는, 그가 소천한 후에 유명무실하게 된다. 초청을 받아 설교하는 여성들이 있기는 했지만, 그들이 감리교 총회의 정식 회원이 된 것은 20세기의 일이다. 어찌 되었든 웨슬리는 여성의 동등성을 후원하며 그들의 재능(은사)을 활용할 것을 격려한 인물이다. 그 시대를 선도하는 위대한 사상 때문에 감리교에는 다음과 같이 훌륭한 여성 지도자들이 많이 등장하게 된다. 헌팅던, 캐서린 부스(Catherine Booth, 구세군의 어머니), 푀베 팔머(Phoebe Palmer, 뉴욕 최초의 도시선교회 창설자), 프란시스 윌라드(Frances Willard, 여성권익 운동가, 여성신자 절제연합 지도자), 메리 베수네(Mary McLeod Bethune, 교육가이며 아프리카인의 동등성 옹호자), 신학자인 조지아 하크니스(Georgia Harkness), 밀라드 윈쿠프(Mildred Bangs Wynkoop).

1. 웨슬리와 감리교가 당시의 감옥을 개혁하려던 이유는 무엇인가?
2. 인권에 대한 웨슬리의 기본적인 생각에 대하여 알아보자.
3. 노예제도 폐지 운동의 발생 배경과 과정을 조사해보자.
4. 노예제 폐지를 위한 웨슬리의 노력을 평가하라.
5. 웨슬리의 여성관을 분석해보자. 그가 파격적으로 여성을 지도자나 설교자로 세우게 된 배경을 검토해보자.
6. 남녀가 본질적으로 평등하지만 그 역할은 다른 것이다. 이 평등과 역할의 차이를 적절하게 설명할 수 있는가?
7. 창세기 3:16에 대한 전통적인 해석과 여성적 관점에서의 해석을 비교한 후에 어떤 것이 더 적절한지 판단하라.
8. 교회에서 여성은 잠잠하라는 바울의 언급을 비평적으로 해석해보자.
9. 웨슬리 당시에 지도자로 활동한 여성들의 삶과 신앙을 조사해보자.

10. 여자가 남자보다 더 잘할 수 있는 역할이 있다면 그것은 무엇인가?

11. 현재 우리 교회, 교단에서 여성 목회자들의 위치는 어떤 상태인가?

II. 환경 윤리

여성의 권리와 평등에 관한 문제에 있어서 웨슬리는 시대를 앞서가는 모습을 보여준다. 그러면 자연환경에 대한 문제에서도 그런 자세를 갖고 있는가? 웨슬리는 그에 대하여 어떤 견해를 나타내는가? 웨슬리 당시에 영국의 도시는 석탄불에 의해 생성된 스모그 문제가 심각하여 많은 사람이 불만을 터뜨린다. 그러나 오늘날과 같이 그 사람들이 생태환경이나 자연파괴를 진지하게 생각하지 않았으며, 그것이 신학적인 주제가 되지도 못했다. 이런 시대적 분위기와 다르게 웨슬리는 자연계와 그것을 연구하는 과학에 상당한 흥미를 갖게 된다.

그의 이런 관심을 집약한 것은 『창조에 나타난 하나님의 지혜에 대한 조사』라는 책이다. 이 책은 인간의 몸, 육지 동물, 바닷물고기, 조류, 곤충에 대하여 검토하고 그들의 생태 환경에 대한 관찰로 가득하다. 그는 또한 식물계에 대한 관찰을 기록하고 지구의 구성 물질인 땅, 물, 불, 공기의 역할을 논한다. 더 나아가 그것은 태양, 태양계, 유성, 별들에 관한 정보를 담고 있다. 거기서 그는 이 우주의 모든 사물이 각각의 목적을 갖고 있으며 전체적인 자연의 질서와 균형에 이바지한다고 주장한다. 만물은 창조의 질서 속에서 각기 자신에게 적합한 위치가 있으며, 인간은 그것을 이해하고 관리하도록 이성이 부여된 존재이다.

그러면 그 질서 가운데 인간의 위치는 무엇인가? 웨슬리는 우리가 자연계 안에서 자신의 자리를 찾아야 한다고 말한다. 인간은 광대한 자연과 조화로운 관계를 맺어야 하는데, 그 이유는 사람이 자연 가족의 한 구성원이기 때문이다. 그런데 이런 조화와 일치가 인간의 타락과 이기심에 의해 혼란하게 되었고, 사람의 본질적 모습인 하나님의 정치적 형상(political image of God)도 손상되었다. 이런 의미에서 구원이란 그 형상의 회복을 포함하는 것이다. 우리는 그 형상을 통해서 세상에 대한 하나님의 통치를 반영하고 그의 은혜와 축복의 통로가 되어야 한다. 인간은 하나님과 자연계 사이의 중간 역으로서 전달의 통로인 것이다. 그래서 문화적 진화(cultural evolution)가 인간의 필요와 가치와 욕구에 의해서만 진행된다면, 그것은 자칫 자연적 진화에 역행하고 창조의 질서를 붕괴시키는 결과에 이를 수도 있다.

웨슬리는 인간에 의한 그 질서의 혼돈의 예를 동물학대에서 찾는다. 그는 모든 피조물의 내재적인 가치와 선함을 인정하고 그들의 존속을 위한 생태계의 가치를 강조한다. 그가 석사학위를 위한 강의를 세 번 하는데, 그 중의 하나가 "동물의 영혼과 추리 능력"에 대한 것일 정도로, 그는 동물에 대한 애정을 갖고 있다. 그래서 동물이 겪는 불필요한 고통에 민감하게 반응하며, 동물들이 같은 종족으로부터 당하는 고통과 인간에게서 받는 고통 사이에는 가혹한 차이가 있다고 주장한다. "최고의 존재가 동물들에 대한 잔인함을 금하지 않았는가? 그가 특별한 이유 없이 자신의 애완동물을 때리는 선지자를 책망하지 않았는가?"

슈바이처 박사의 생명 경외사상을 생각나게 하는 웨슬리의 신념은 생명을 가진 모든 것을 동정하라는 것이다. 어린이 교육에 관한 설교를 하면서 그는, "참으로 애정을 가진 부모들은 자신의 자녀들이 무자비한 행위에 탐닉하도록 내버려 두지 않을 것이다. … 자녀들이 생명을 가진 그 어떤 것에도 고통을 주지 않도록 할 것이다. 그들은 어린이가 새의 둥지를 강탈하거나 필요 없이 어떤 생명체를 죽이도록 허용하지 않을 것이다."라고 말하였다. 하나님이 자신이 지은 만물을 소중하게 대하듯이, 우리도 모든 그의 작품을 자비롭게 대하여야 한다. 웨슬리는 설교자들에게, "여러분의 애완동물을 관대하게 대하십시오. 말을 과도하게 타지 말고 그 말들이 잘 먹고 잠을 잘 자는지 확인하십시오."라고 충고하였다.

사람이 자연에서 분리된 것이 아니라 그 일부라는 의식을 가지고 하나님이 창조한 세계를 관리하는 일이 요구된다. 그렇게 해야 하는 더 깊은 신학적 근거는, 인간뿐 아니라 자연도 그리스도 안에서 자신의 생명을 갖고 있다는 것이다. "그리스도는 이제 만물의 생명이다. 그는 식물을 포함한 가장 낮은 생명체의 원천이며, 동물의 생명의 근원이다. 그는 동물과 함께 인간이 누리는 모든 생명의 원천인 것이다." 따라서, 모든 관계의 복원 또는 정상화를 의미하기도 하는 성화에는 인간이 자연계를 창조주의 뜻에 따라 관리할 책임도 포함된다. "우리는 이제 하나님의 청지기이다. … 우리는 하나님이 우리 손에 맡기신 것을 우리 마음대로 사용하는 것이 아니라 하나님이 기뻐하는 대로 관리해야 한다."

이와 같은 웨슬리의 사상은, 우리에게 완전한 사유재산은 없다고 전한다. 우리에게 있는 것은 창조주가 부여하거나 맡기신 것뿐이다. 우리는 지금 하나님에게 속한 것을 잠시 소유하며 관리하고 있는 것이다. 그것이 창조의 질서이며 의도인데, 사람들이 탐욕과 이기심을 가지고 그 질서를 어지럽게 하고 있다. 더 나아가 가치의 질서체계를 무너뜨려 피조물을 하나님처럼 숭배하거나 인간의 가치를 수량화하는 죄를 범한다. 하나님은 자신이 창조한 세상 만물 안에 계시며 진정 조화롭고 행복한 세계의 미래를 설계하고 있다. 그러므로 우리는 만물을 하나님의 시각으로 이해하려고 노력하며, 모든 생명체를 그의 관점에서 바라보도록 해야 한다. 그 어떤 것, 어떤 일, 어떤 존재도 하나님을 배제한 채 다루려고 해서는 안 될 것이다. 그것은 실제적인 무신론(practical atheism)이며 창조주에 대한 공격이고 죄이다.

웨슬리에게 구원의 과정이나 성화는 환경을 보호하고 관리하는 것과 동떨어진 것이 아니다. 이런 책임을 의식하지 않는, 순전히 사적인 성결이란 무의미하거나 기껏해야 반쪽짜리인 것이다. 우리가 자연을 대하고 생명체를 만나는 일은, 곧 그것을 만든 하나님을 대하고 만나는 것과 같다. 타인을 대하는 것은 같은 하나님의 형상으로 창조된 존재를 만나는 일이며,

그를 지으신 조물주를 대하는 것이다. 성화의 과정에 있는 신자는 누구나 만물, 특히 생명체를 존중하고 그의 뜻대로 관리하여 하나님의 영광과 지혜를 드러내야 할 것이다.

1. 자연환경은 인간과 공존 관계에 있다. 그러므로 우리는 자연을 잘 관리하고 보호해야 한다. 환경을 파괴하면 그것이 인간을 해롭게 한다. 자연과 인간의 상생적 관계에 대하여 논하라.
2. 자연적 진화를 무시한 채 문화적 진화만을 추구하게 되면 창조의 질서가 혼란해질 수 있다는 말의 뜻을 설명하라.
3. 슈바이처와 웨슬리의 생명 경외사상은 어떤 면에서 유사한가?
4. 인간은 창조주와 다른 생명체 사이의 중간에 있다. 그 위치에서 우리가 해야 할 사명, 부여받은 역할은 무엇인가?
5. 인간은 자연계를 포함한 모든 피조물을 관리하는 청지기인가?
6. 나 이외의 다른 피조물에게 악을 행하는 것은 하나님을 공격하는 죄와 같은 것인가? 어떤 의미에서 그런가?
7. 우리가 자연을 대하고 생명체를 만나는 일은, 곧 그것을 만든 하나님을 대하고 만나는 것과 같다. 이 말을 구체화시켜 설명하라.

III. 경제 윤리

웨슬리의 경제 윤리는 다음과 같은 네 가지 신념에 근거하여 전개된다.

1. 궁극적으로 모든 것은 하나님에게 속한다.

2. 하나님은 인간에게 자연적 자원을 그의 뜻에 따라 관리하도록 위임한다.
3. 그는 사람이 자신과 타인의 필요를 위해 자원을 활용하기를 원한다.
4. 이웃이 궁핍한 가운데 있는데 사치하는 것은 하나님의 것을 강탈하는 일이다.

웨슬리는 이 윤리를 돈의 획득과 사용이라는 용어를 빌어 세 가지로 요약한 적이 있다. "네가 할 수 있는 모든 것을 벌어라, 할 수 있는 대로 모두 저축하라, 할 수 있는 만큼 모두 나누어 주라."(Gain all you can, save all you can, and give all you can) 이 말을 자유방임적 자본주의를 수용하는 막스 베버(Max Weber)의 개신교 윤리(Protestant ethic)를 축약한 것이라고 보는 이들이 있지만, 그것은 부분적으로만 옳은 평가이다. 웨슬리는 사원의 사용에 있어서 절제와 자기 부인을 강조할 뿐 아니라, 자신의 필요 이상으로 자원을 저축하는 일을 거부한다. 그 자신이 대학시절부터 그랬던 것처럼, 남은 자원은 모두 가난한 이웃에게 돌려야 한다. 불행하게도 예나 지금이나 사람들은 웨슬리가 말한 세 가지 중 처음 두 가지는 기꺼이 받아들이지만 세 번째(나누어 주라)는 무시하는 경향을 갖고 있다. 그래서 나중에 감리교의 재산이 불어나게 되자, 웨슬리는 그 증가가 영적인 성장의 침체 또는 부흥의 축소와 직접적으로 연관되어 있다고 경고한다.

1773년에 그는 "현재의 식량 결핍에 대한 생각들"이라는 글에서, 그 결핍의 원인을 추적하고 처방을 제시한다. 그가 생각한 원인에는 술 제조를 위한 곡물의 낭비, 마차와 프랑스 수출을 위해 너무 많은 말을 양육하는 것(그래서 농토가 줄어듦), 소수에 의한 농지의 독점, 부자들의 사치품 추구, 높은 세금과 임대료 등이 있다. 이런 원인을 발견하고 웨슬리는 그에 상응하는 해결 방식을 제시한다. 술의 제조 금지, 말의 수출과 마차의 사용에 대한 세금 징수, 거대한 농장의 경영을 억제, 사치를 억압, 국가의 빚을 반으로 줄이기, 모든 불필요한 연금의 폐지.

그의 처방은 개인적 차원에서 수용하고 시행할 수 있는 일이 아니다.

국가적인 차원의 개혁과 노력이 필요한 일이다. 웨슬리는 그 해소책을 제시하면서, 가난의 문제를 해결하기 위해 국가가 개입할 것을 요청하고 있는 것이다. 사실 개인적인 원인 때문에 가난해지면 당사자 자신이 해결하는 것이 적절할 것이다. 그러나 개인의 차원과 능력과 의지를 넘어선 경우가 많다. 그래서 사회적으로, 국가적으로 해결하려는 시도가 있어야 한다. 그러나 웨슬리는 국가가 나서야 할 필요성을 인정하지만, 거기에 전적으로 의존하는 것은 아니다. 그 문제가 국가가 나선다고 해도 단시간에 해소되지 않을 것이기 때문에, 그는 자신의 역량을 동원하여, 하나님의 은혜 아래 교회의 참여를 유도하면서 가난의 문제를 해결하는 데 힘을 발휘하게 된다.

처음에 그의 노력은 설교를 통해 나타나고 있다. 1744년에 그는 사도행전 4:31-37을 본문으로 하여 서로 물품을 통용하고 재산을 팔아 나누어 쓰면서, 상부상조하는 공동체에 대하여 말하게 된다. 이 구절은 성령의 강림과 임재하심을 통해서 당시 신자들의 가정, 경제, 사회 등 모든 부분에서 선한 변화가 있었음을 증거하고 있다. 이에 웨슬리는 잠시나마 초대교회의 그 모습을 귀감으로 삼아 행동할 것을 요청하려는 생각에 잠긴다. 그러나 그리스도가 그런 삶을 긍정적으로 명령했다는 확신이 없고, 그 공산주의적 실험에 반대하는 조언자들의 주장을 고려하여 물품 공동체(community of goods)를 계속 추구하지는 않게 된다.

대신에 그는 솔선수범하여 가난한 이들과 함께하려고 한다. 웨슬리와 감리교는 빈자를 위해 봉사할 뿐 아니라 그들과 연대하며 동고동락하는 모습을 보여준다. 그리고 그런 삶은 예수의 본을 따르는 것이라고 주장한다. "그리스도 안에 있다는 것은 빈자를 위해 그들과 함께하는 그리스도의 삶의 형태를 취하는 것이다. 그리스도의 제자가 된다는 것은 그의 양들을 먹이고 가장 낮은 자매들과 형제들을 섬기라는 그리스도의 명령에 순종하는 것을 의미한다." 웨슬리는 자신이 선포한 말을 실천하며 항상 빈자들을 마음에 품고 지낸다. 그의 영향을 받아 많은 감리교의 지도자들이 노동운동이나 사회 개혁운동에서 선도적인 역할을 한 것은 자연스런 일이다.

웨슬리는 가난한 이들과 접촉하고 그들의 어려운 삶을 목격한다. 직접적으로 그들의 곤경을 경험하면서 가난을 이해하고 해소하려고 한 것이다. 그는 사람이 게을러서 가난해진다는 말을 악하고 마귀적인 것이라고 거부하며, "여러분이 직접 자신의 눈으로 그런 비참한 삶을 보았다면 장식품이나 사치품에 돈을 쓸 수 있겠는가?"라는 질문을 던진다. 감리교회는 빈자들이 당장 필요한 물품을 제공하는 것에서 멈추지 않고, 그들에게 자존심과 희망을 불어넣어 주고 하나님의 은혜와 복음을 전하며 새로운 삶을 지향하도록 격려한다.

웨슬리는 모든 감리교 회원에게 서로서로를 돌보는 책임을 강조하며, 신용조합을 만들어 이자 없이 돈을 빌려주어 많은 사람이 빚진 자로 감옥에 가지 않도록 돕는다. 당시에 빈자들이 의료 혜택을 거의 누리지 못하는 현실을 안타깝게 생각한 그는, 약사와 의사들의 도움으로 약국과 진료소를 만들어 자원하는 의사들이 무료로 환자들을 돌보게 한다. 더 나아가 그는 자연적 치료에 관한 두 권의 책을 출간하여 가난한 이들이 보고 치유의 은혜를 누릴 수 있도록 한다. 그 두 권 중의 하나는, 『원시적 의술: 대부분의 질병을 치유하는 쉽고 자연적인 방법』(*Primitive Physick: An Easy and Natural Method of Curing Most Diseases*)인데 그 안에는 250개 이상의 병에 대한 치료법이 소개되어 있다. 그리고 그 책은 웨슬리가 저술한 것 가운데 최고의 베스트셀러로서, 그의 생전에 스물세 번이나 다시 발행하게 된다.

이런 방식을 통해서, 웨슬리는 국가가 하기 어려운 일을 하였다. 그는 가난한 이들이 당장 필요로 하는 것을 제공하고, 그들의 근본적인 욕구(인간으로서 존엄성을 지키고 하나님과의 관계 속에서 참된 행복을 얻는 일)까지 충족시키는 일을 한다. 감리교를 통해 도움을 받은 이들은 새로운 사회적 관계를 맺게 되고 상호보충하며 서로 돕는 삶을 지향하게 된다. 그리고 자신도 무엇인가 할 수 있는 존재라는 자신감, 사회에 공헌할 수 있는

가치 있는 사람이라는 신념을 심어 준 것 또한 간과할 수 없다. 이것이 웨슬리의 위대함이고 공헌이다. 그가 인류의 역사와 참된 인간상에 밝은 빛을 던져준 것이 분명하다.

1. "Gain all you can, save all you can, and give all you can." 이것은 웨슬리의 말인데, 그 의미를 숙고해보자.
2. 웨슬리의 경제윤리 핵심은 무엇인가?
3. 웨슬리는 가난의 문제 해결을 위해 국가가 나서야 할 필요성을 인정하지만, 거기에 전적으로 의존하는 것은 아니다. 국가가 나선다고 해도 단시간에 해소되지 않을 것이기 때문에, 그는 자신의 역량을 동원하여 교회의 참여를 유도하면서 가난의 문제를 해결하는 데 힘을 발휘하게 된다. 이런 접근 방식은 건전한 것인가?
4. 초대교회에서 발견되는 원시 공산주의가 이상적인 경제생활인가?
5. '하나님은 가난한 이들의 편이다.'라는 말에 웨슬리가 동의할 것인가?
6. 부자가 구원 받는 일이 어렵다면 그 이유는 무엇인가?
7. 빈자를 돕는 감리교의 방식들은 왜 긍정적인 것인가?
8. 도움을 받는 가난한 이들이 진정으로 감사하게 생각한 것은 자신이 받은 물품 때문인가?
9. 교회가 빈자들을 돕는 가장 좋은 방식은 어떤 것인가?

Ⅳ. 연합과 관용의 윤리

웨슬리 당시의 기독교계에서 교회 일치운동이나 종교 간의 대화를 주장하는 이는 거의 없었다. 에큐메니컬이나 종교다원주의의 개념도 생소한 것이었다. 웨슬리도 예외는 아니다. 그가 직접적으로 그런 운동을 시작하거나 언급한 적이 없다. 그러나 그의 신학사상은 그 문제에 대한 전향적이고 포괄적인 전망을 가능하게 해준다. 배타적이고 독선적인 교회의 전통적 흐름 속에서, 그는 교파와 종파 사이의 차이점과 유사성을 신선한 시각으로 이해하며 하나님의 사랑이란 개념 안에서 그 문제를 해소할 것을 주문하고 있다. 웨슬리가 현대의 기독교 지도자라면 그는 반드시 교회 일치운동과 종교 간의 대화에 앞장섰을 것이다.

다양한 교파와 종교에 대한 웨슬리의 기본적인 자세는 연합과 관용이라는 말로 요약할 수 있다. 좀 더 자세히 구분하여 말하면, 그는 같은 기독교 내부의 다른 교파에 대해서는 연합하는 것을, 다른 종교에 대해서는 관용으로 대하는 것을 바른 태도라고 보는 것이다. 그러면 그의 이런 입장은 어떤 경로를 통해서 형성되었는가? 우리는 그가 왜 그런 자세를 갖게 되었는지 어떻게 알 수 있는가? 그가 받은 사상적 영향과 신학적 확신이 그의 수용적 견해의 원인이 아닌가?

그렇다. 웨슬리가 일치와 관용을 강조하게 된 것은 자신의 종교적 신념 때문이며, 그 신념을 형성하는 데 영향을 준 사상 때문이다. 기독교는 그동안 독선과 탐욕 때문에 교파 간의 갈등이 많아서 그 신뢰성이 침식되는 모습을 보여 왔다. 지금은 그런 어둔 역사를 뒤로 하고 하나가 되라는 주님의 기도(요 17장)에 호응하여, 공통의 신앙을 고백하고 협동하여 선교할 때이다. 웨슬리는 그 일치운동에 공헌하고 있다. 그는 사상이 다른 화이트필드를 존경하고 피할 수 없는 차이에도 불구하고 함께 복음을 전하며 각성운동을 하는 모습을 보여준다. 그가 자신의 입장과 다른 신념을 가진 이들을 어렵지 않게 수용할 수 있었던 이유는, 스스로 신학적 다양성을 경험하였고, 다양한 사상의 영향을 받아 자신의 신앙과 신학을 정립하였기 때문이다.

웨슬리에게서, 그리스도인이 자신과 의견이 다른 신자를 포용해야 하는 근거는 기독교의 본질이 사랑이라는 사실이다. 예수를 통해서 나타난 하나님의 사랑을 내세우지 않고 종교적 열정이나 교리를 강조하는 것은 종종 편견에 의한 증오와 분쟁으로 이어진다. “내가 두려워하고 방지하기를 원하는 것은 영혼의 편협과 당파적 열심이다. … 하나님은 우리 안에서 활동하실 뿐 아니라 다른 생각을 가진 교파에서도 역사하신다. 지금은 사탄의 간교함이나 인간의 어리석음이 세운 파벌적 장벽을 허물 때이다. 또한 하나님의 모든 자녀에게 이렇게 말할 때이다. ‘내 아버지의 뜻을 행하는 자는 누구든지 내 형제요 자매이며 어머니이다.’”(마 12:50)

에모리(Emory) 신학교 교수인 러년(Theodore Runyon)은, 웨슬리의 연합과 관용의 정신의 근거를 적절하게 네 가지로 나누어 설명하고 있다. 첫째는, 언어의 한계이다. 언어에 내재적인 모호성과 한계성이 있기 때문에, 말을 매개로 하여 종교적인 교리나 영적인 문제를 표현하는 데는 분명히 문제가 생긴다. 특히 하나님을 비유로 설명하는 경우에 그 한계는 더욱 두드러진다. 사람이 이성으로 모든 영적인 일을 파악할 수 없는 것 이상으로 언어로 종교의 신비하고 초월적인 차원을 담아내는 일에는 한계가 있다. 그러므로 그 표현에는 항상 어떤 차이가 나타나고 다양성이 생길 가능성이 있는 것이다. 이런 사실을 인식하여 자신과의 차이를 이해하고 수용하려는 자세를 갖는 일이 필요하다. “그 비유는 당신의 참된 존재에 적용되지 않는다. … 신에 대한 비유는 우리의 감각 개념을 대체하는 것이다. 우리는 하늘의 일에 관하여 직접적인 생각이나 즉각적인 개념을 갖지 못한다.”

둘째는, 유한한 언어의 충분한 능력이다. 비록 언어에 한계가 있지만, 거기에 성령의 능력이 함께하면 하나님의 의도가 언어를 통해 인간에게 전달될 수 있다. 그리스도가 비유로 하나님을 설명하고 그의 뜻을 전파한 데서 알 수 있듯이, 비유는 문자적 묘사보다 하나님의 일을 더 효과적으로 나타낼 수 있는 것이다.

신자들이 모두 같이 말하지 않을 수도 있다. 그들이 모두 같은 말을 하지 않을 수도 있다. 그렇게 하리라고 기대하기는 어렵다. 서로 다른 많은 상황이 그들 자신을 표현하는 방식을 서로 다르게 할 수도 있다. 그러나 표현의 차이가 반드시 마음의 차이를 의미하는 것은 아니다. 다른 사람이 다른 표현을 하더라도 같은 말을 하는 것일 수 있다. 그렇다면 어떻게 우리가 다른 사람들이 우리와 같은 방식으로 표현하도록 요구할 수 있는가? 다른 이들은 그 의견과 표현방식에 있어서 우리와 다를지라도 같은 믿음을 가지고 있는지 모른다. 그들의 개념이 그렇게 분명하지는 않지만 그들의 경험은 우리의 것과 같이 건전한 것일 수 있다. 비록 그들의 의견과 방식이 부정확하고 혼잡할지라도 그들의 마음은 하나님께 가까이 있을 수 있는 것이다.

셋째는, 선행적 은총을 통한 성령의 폭넓은 활동이다. 신자가 하나님의 뜻에 따라 어떤 일을 할 때 그의 은혜가 성령을 통하여 앞서 진행한다. 사람이 하나님의 초청에 마음을 여는 것은 그 선행하는 은총의 작용이 있기 때문이다. 그 작용에 반응하며 성령에, 내밀한 하나님의 음성에, 자신을 개방하는 이는 구원의 과정을 시작할 수 있게 된다. 하나님에 대하여 인식하는 사람은 누구나 그를 경외하고 의를 행할 가능성이 있다. 그리고 모든 나라의 믿는 자를 하나님이 용납하신다.(행 10:35) 이 말은 사람이 그리스도에 대한 분명한 지식이 없어도 하나님은 그를 받아들인다는 뜻으로 해석할 수도 있다. 예수의 복음이 전해지지 않은 곳에서도 선행적 은총이 작용하기 때문에 하나님에 관한 원초적인 신앙이 가능해진다. 그러나 그 신앙은 희미하거나 불충분한 것이다.

웨슬리는 아들의 신앙과 종의 신앙을 구분하는데, 미신자가 그리스도 없이 가질 수 있는 것은 종의 신앙이다. 이방인도 하나님을 인식할 수는 있지만 분명한 것이 아니며, 그와의 관계도 아들이 아닌 종과 주인의 관계가 되는 것이다. 그런데 그 관계의 성격과 질이 예수에 의하여 형성된 것이 아니기 때문에 하나님은 그 이상의 관계를 요구한다. 그 이상은 아들의 신앙을 갖는 것이며 예수를 통하여 하나님을 대면하는 것이다. 하나님은 종이 아닌 자녀의 믿음을 원하기 때문에, 다른 종교에 어떤 성스럽고 진실한 요소가 있기는 하지만, 그 자리에 머무는 것은 부족하다. 성령은 그들에게 하나님과 더 충만하고 진정한 관계를 맺도록 유도하고 감동을 준다. 모든 진실한 종교들은 하나님 안에서 나름의 가치가 있기에, 교회가 독선적으로 배타적으로 그들을 대할 이유는 없어진다. 이해와 관용의 덕이 요구되는 것이다.

마지막으로, 나사렛 예수를 통해서 하나님은 전 인류를 위하여 자신의 마음을 열고 만인에게 신적인 생명을 부여하고 있다. 그리스도의 성육신의 목적은 (예정론자들이 주장하는 것과 같이) 하나님의 사랑을 제한적으로 나타내려는 것이 아니라, 태양이 그 온기와 명기를 모두에게 주듯이, 모든 이에게 그의 사랑과 구원을 베풀려는 것이다. 그리스도 안에서 불타는 하나님의 사랑을 경험하고 그를 영접한 이들은, 이제 그 사랑을 가지고 온 세상을 향하여 나가게 된다. 그래서 선교는 어떤 교리나 문화적 가치를 부과하는 것이 아니라 그 사랑을 나누고 확신시키는 일이다. "당신이 하나님을 사랑한다면, 당신의 형제들도 사랑할 것입니다. 하나님을 위해 열정을 가지십시오. 그러나 참된 열정은 사랑의 불꽃일 뿐이라는 사실을 기억하십시오. … 여러분의 마음이 모든 인간, 친구들과 원수들, 이웃과 나그네, 그리스도인과 이방인, 유대인, 터키족, 가톨릭 교인, 이단자, 하나님이 만든 모든 영혼을 향하여 사랑으로 불타게 하십시오."

1. 웨슬리가 연합과 관용을 강조한 것은 교회 일치운동을 하기 위한 것인가?

2. 다양성 속에서도 일치하고 연합하는 일이 가능한가?
3. 웨슬리에게, 다른 신념을 가진 신자도 포용해야 하는 근거는 무엇인가?
4. 사람이 언어와 이성의 한계 때문에 영적인 일을 인식하는 데 항상 다양성이 나타나는가? 그렇다면 교파가 많은 것이 자연스런 것인가? 차이는 현실이고 일치는 이상이므로 거기에는 늘 다양한 주장이 제기될 수밖에 없는가?
5. "표현의 차이가 반드시 마음의 차이를 의미하는 것은 아니다. 다른 사람이 다른 표현을 하더라도 같은 말을 하는 것일 수 있다. 다른 이들은 그 의견과 표현방식에 있어서 우리와 다를지라도 같은 신앙을 가지고 있는지 모른다. 그들의 개념이 그렇게 분명하지는 않지만 그들의 경험은 우리의 것과 같이 건전한 것일 수 있다. 비록 그들의 의견과 방식이 부정확하고 혼잡할지라도 그들의 마음은 하나님께 가까이 있을 수 있는 것이다."

   웨슬리의 이 말은 그의 포용 정신을 잘 보여준다. 이에 대한 자신의 견해를 서술하라.
6. 예수의 복음이 전해지지 않은 곳에서도 선행적 은총이 작용하기 때문에 하나님에 관한 원초적인 신앙이 가능해진다. 그러나 그 신앙은 희미하거나 불충분한 것이다. 이 말은 양심 구원이 가능하다는 것인가? 예수와 복음을 몰라도 그 신앙이 이방인을 구원할 수 있다는 말인가?
7. 교회가 다른 진지한 종교들을 어떻게 대하는 것이 옳은가?
8. 종의 믿음과 아들의 믿음의 공통점과 차이점에 대하여 해설하라.
9. 다른 종교와 이단 사상에 대한 웨슬리의 입장은 충분히 복음적인가?
10. 한국의 민속종교와 불교에 대한 자신의 입장은 어떤 것인가? 그들을 어떻게 하나님의 사랑으로 대할 수 있는가?

부록

—질문과 대답—

여기서는 그리스도인으로서 갖기 쉬운 신학적 질문들에 대한 웨슬리의 입장을 정리하여 제시하였다.

1. 참된 지식의 습득에 대한 웨슬리의 인식론은 무엇인가?

사람이 경험을 하지 않고서도 어떤 지식을 얻는다면 그것은 선험적(a priori) 지식이며, 경험한 결과로 얻는 것은 후험적(a posteriori) 지식이다. 전자를 중요시하는 이들 가운데 이성주의자들이 있다. 그들은 이성을 통해서 경험 없이도 내면적 작용에 의해, 진리에 도달할 수 있다고 주장한다. 그리고 후자를 강조하는 이들은 대체적으로 경험주의자이다. 그들은 경험을 통해 습득하지 않은 모든 지식의 진실성과 실용성에 대하여 의심한다. 그렇다면 웨슬리는 어느 편에 속하는가? 플라톤인가, 아리스토텔레스인가?

웨슬리는 본문에서 서술한 것과 같이, 계시를 검증하고 교리를 정립하는 데 있어서 이성이 특정한 역할을 한다고 본다. 그러나 그는 어떤 지식을 얻는 데 있어서 이성보다는 경험을 강조하며 종종 "먼저 감각으로 경험하지 않은 것은 마음에 지식으로 남지 않는다."(nothing is in the mind that is not first in the senses)라는 말을 인용하고 있다. 그 말은 감각을 통해 얻지 않은 참된 지식은 없다는 말이다. 사람이 가진 모든 지식은 경험에서 유래되는 것이라는 뜻이다. 물론 그가 경험주의자나 실증주의자의 견해에 전적으로 공감하는 것은 아니다.

특히, 웨슬리는 영적인 일이나 하나님에 대한 지식을 논하는 데 있어서 그들과 다른 주장을 하고 있다. 보통 사람들은 성서의 증언이나 경험에 기초한 추론을 통해서 신에 대하여 인식할 수 있다고 한다. 그런데 그는 영감(spiritual sense)이란 용어를 도입하여 그 지식의 가능성을 말한다. 물리적 실재를 파악하기 위해 육체적 감각이 있는데, 영적인 실재를 위해서는 영감이 주어진 것이다. 그는 신에 대한 간접적인 지식의 가능성을 배제하지 않지만, 영감과 경험에 의한 가능성을 더욱 중시한다. 사실, 하나님, 영혼, 천사, 내세와 같은 일은 인간의 오감과는 다른 영적인 감각으로 인식할 수 있는 것이다.(고후 4:16-18)

2. 하나님은 복음을 듣지 못한 사람들을 어떻게 하실 것인가?

전통적으로 기독교회는 예수의 복음을 전해 왔고 그를 통해서 사람이 구원을 받는다고 가르쳐 왔다. 그렇다면 복음이나 예수를 듣거나 알 수 없는 시대, 지역에 사는 이들은 모두 지옥에 가는 것인가? 그들은 하나님의 구원 계획에서 제외된 것인가? 사랑과 공의의 하나님이 그들을 일괄적으로 저주의 자리로 내치는 것은 모순이 아닌가? 이런 질문은 신자들의 호기심을 자극하지만 답하기는 어려운 것이다. 이에 대하여 웨슬리는 어떤 주장을 하고 있는가?

먼저, 웨슬리는 복음을 모르는 이들에게 사후에 복음을 듣고 용납할 기회가 주어진다는 주장에 반대한다. 그 주장은, 하나님은 정의로운 분이기에 기회도 주지 않고 벌하는 불의를 행하지 않는다는 전제 아래, 그들이 죽은 후에 복음을 영접할 기회를 갖게 된다고 한다. 그래야 하나님이 공평하신 것 아닌가! 이런 생각은 복음전파의 필요성과 긴급성을 침해하는 것이며, 예수의 마지막 명령과 어울리지 않기 때문에 거부된다. 이와 관련하여, 웨슬리는 연옥설에 반대한다. 또한 그는, 그리스도가 자신의 죽음과 부활 사이에 지옥에 갔다고 하거나, 거기에서 하나님의 계시를 모르고 죽은 이들에게 복음을 전했다고 하는 주장도 부정한다.

웨슬리는 예수를 모르는 이들은 지옥에 간다는 주장이 하나님의 성품에 맞지 않는다는 생각을 갖고 있다. 하나님의 확실한 정의와 보편적 사랑 때문에, 복음에 무지한 사람들이 모두 저주받는 일은 불가능하다. 초기에 웨슬리는, 그들의 운명이 하나님의 자비에 달려 있으므로 그 누구도 그 운명에 대하여 결정적으로 대답할 권한이 없다고 주장한다. 하나님은 정의롭기에 기회를 주지 않고 심판을 하거나 일방적으로 모두를 구원하는 분이 아니다. 후기에 그는 좀 더 구체적이고 개방적인 견해를 피력한다. 그것은, 하나님이 복음을 모르는 이들을 예수에 대한 그들의 반응이 아니라 선행적 은총에 대한 반응에 따라 심판한다는 것이다. 그 은총의 효과에 의해 모든 이들이 예수의 복음과 상관없이, 부족하지만 어떤 영성과 선함에 도달할 수 있게 된다. 구원을 위해 그래도 부족한 부분은 심판자가 면죄할 것이다. 그래서 그들에게도 구원의 가능성이 열려 있는 것이다. 웨슬리는 이런 주장이 복음전파의 긴급성을 해치는 것이 되어서는 안 된다고 강조한다.

3. 인간의 운명은 하나님에 의해 예정되어 있는가?

사람의 축복과 저주는 이미 정해진 것인가? 하나님이 만세 전에 모든 인간의 운명을 결정하였는가? 천국과 지옥에 가는 것은 인간의 선택이 아니라 신의 예정인가? 웨슬리는 예정론을 강하게 반박하는 입장에 서 있다. 그의 반대는 하나님의 성품에 근거한 것이다. 그에게 무조건적 선택과 절대적 예정은 하나님의 가장 특징적인 성품인 사랑과 정의에 배치되는 일이다. 하나님은 보편적인 사랑과 편협하지 않은 공의를 베푸는데, 그 예정론은 그런 성품과 모순된다. 특정한 사람들을 무조건 영벌에 처하는 신을 신봉하기보다는 차라리 무신론자가 되는 것이 더 합리적이다! 그런 신은 전능하고 편재하는 독재자와 같다. 자신을 닮은 백성들을 제멋대로 처리하고, 죽이고, 살리는 독재자인 것이다.

웨슬리는 하나님을 그런 독재자로 묘사하는 것이 아니라 사랑이 많은 부모로 비유하면서 자유의지론을 전개한다. 그 부모는 무조건 어떤 일을 자녀에게 강요하지 않는다. 일방적으로 자녀가 할 일을 모두 정하거나 그의 미래를 결정하지 않는다. 그것은 부모가 자녀의 자유와 의지를 존중하기 때문이다. 자녀와 인격적인—서로 자발적으로 생각과 사랑을 주고받는—관계를 원하지 로봇과 인간의 관계(명령자와 복종자의 관계)를 지향하지 않기 때문이다. 하나님도 그런 관계를 의도하기 때문에, 사람의 의지와 상관없이 독자적으로 그의 운명을 결정하지 않는다. 그의 은총이 저항할 수 없는 것이라면, 인간을 향한 그 의도와 모순되는 일이다. 사람은 하나님의 거룩한 은혜에 자유를 활용하여 책임적인 반응을 보여야 한다. 우리는 그렇게 할 수 있고 또 그렇게 해야 한다!

웨슬리는 자신의 견해를 고수하기 위해 영국교회의 일부 신조와 문제되는 성서 구절을 새로운 시각으로 해석하게 된다. 그는 예정과 선택을 다룬 국교회 조항(17)을 다양하게 해석할 수 있다고 말하며, 미국 감리교를 위한 종교조항에서 그 부분을 삭제한다. 그리고 예정을 명백하게 언급한 성서의 구절들을, 하나님의 영원한 예지(eternal foreknowledge)를 나타내는 대중적인 은유로 이해한다. 창조주는 인간의 죄와 그 결과를 미리 알 수 있기 때문에, 그의 운명을 미리 정할 수 있는 것이나 다름없다! 그는 하나님이 어떤 인간의 마음을 강팍하게(바로의 경우) 했다는 말도, 먼저 그 인간이 하나님을 거부하기 때문에 완고하게 된 것이라고 해석한다. 불순종하려는 인간을 하나님이 더욱 고집스럽게 하거나 방치한 것을 표현한 것뿐이다.

자유의지론과 예정론 사이의 논쟁은 어렵고 비통한 것이었다. 그것은 같이 복음운동을 하는 이들 사이를 갈라놓고 갈등을 일으키는 원인이 된다. 이런 현실을 인식한 웨슬리는, 그 논쟁이 복음운동을 침해하지 않기를 원한다. 그래서 그는 서로 다른 견해들 간의 공통점을 찾으려 하거나 조화시키려는 노력을 기울이게 된다. 필요한 경우에는 그 논쟁을 하나님께 맡기거나 그것에 침묵한다. 때로는 '값없는 은혜'에 대하여 설교하면서 하나님의 무한한 구원(구속, unlimited atonement)을 열정적으로 변호하기도 한다. 하지만 그는 항거할 수 있는 하나님의 보편적인 은혜, 그 은혜에 대한 인간의 책임적인 참여, 사람의 자유로운 선택에 의한 구원에 대한 입장을 변경하지 않는다.

4. 은혜의 시대에도 율법이 필요한 것인가?

웨슬리에게 율법은 무엇인가? 그에게 율법은 하나님의 은혜로운 선물이다. 그것은 인간을 위해서, 사람의 행복을 위해서, 인류의 도덕적인 삶을 위해서 주어진 것이다. 그 계명은 인간의 작품이 아니라 창조주의 의도에서 비롯된 것이며, 동물과 구별되는 사람의 바른 삶을 위한 규정이다. 그것은 하나님의 성품을 반영하는 것이기 때문에 거기에는 그의 사랑과 정의가 나타난다. 그래서 인간의 정체와 운명을 아는 하나님이 그를 위하여 수여한 율법에 대하여, 사람은 순종하는 마음으로 반응해야 한다. 넓게 보면, 율법도 하나님의 계시이며 은혜이기에 사람이 책임적인 자세를 가지고 순응해야 옳고 행복한 삶을 살 수 있다.

웨슬리에 의하면, 처음 인간에게 부여된 원래의 법은 기초적인 도덕의식이다. 그런데 그의 불순종과 타락으로 말미암아 그 의식은 상실되고, 하나님과 그의 법에 대한 완전한 순종은 불가능하게 된다. 그래서 이제 하나님이 인간에게 요구하는 것은 그런 순종이 아니라 알려진 율법을 의도적으로 범하는 일을 피하는 것이다. 여기서 그 율법에 대한 인식은 누구에게나 가능한데, 그것은 선행적 은총을 통해서 상실된 도덕의식이 일부 회복되었기 때문이다. 그 인식은 인간의 보편적 도덕성과 책임을 논하는 데 중요한 개념이지만, 그 보편성은 애매하고 문화에 따라 그에 대한 다른 주장이 제기되고 있다. 그러나 대부분의 종교와 문화에서 인정하는 보편적인 계명이 있는데, 성서는 그것을 십계명으로 요약한다. 그리고 십계의 기본 정신은 하나님과 이웃을 사랑하는 것이다. 이 사랑의 계명은 보편성을 확보하고 있다고 할 수 있다.

십계명의 근본 취지가 사랑이라면, 구약성서에 나오는 많은 계명이 예수의 성육신에 의해 폐지될 수가 없다. 그 이유는 그리스도 자신이 모든 율법의 핵심을 사랑으로 규정하고, 그 사랑을 복음의 정수로 선포하기 때문이다. 사실 웨슬리는 예수가 율법을 폐하는 것이 아니라 완성하기 위해 왔다고 말한 것에 주목한다. 구약의 율법 중에서 제사의식에 관한 법은 그 효력이 예수에 의해 정지되었지만, 도덕법은 여전히 유효한 것이다. 그것이 인간의 죄를 지적하고 정결한 삶을 사는 데 도움이 되는 한 폐지되어야 할 명분은 없다. 그는 인간의 고상한 삶을 고양하는 그런 법들을 요약한 것이 예수의 산상수훈이라고 이해하고 있다.

그러면 예수는 사람들이 율법을 지키는 문제에 어떤 변화를 주었는가? 먼저, 그는 율법준수의 순서에 대한 변화를 가져왔다. 구약시대에는 율법을 모두 준행하는 것이 하나님의 수용의 조건이었다. 그러나 신약시대에는, 즉 그리스도의 희생과 복음 이후에는 그것이 하나님의 사랑에 대한 반응으로서 나타나는 것이다. 구원의 은혜에 감사하여 자발적으로 그 계명들을 지키게 된다는 것이다. 그리스도의 대속의 죽음에서 분명해진 하나님의 사랑에 감동하여 율법을 준수하게 된다. 다르게 말하면, 그 준수가 전에는 구원의 조건이었지만 예수 이후에는 구원의 결과이다. 그리스도가 부여하는 그 결과 가운데 하나는 자유이다. 그런데 그 자유는 율법으로부터의 자유가 아니라 그것을 바르게 행하는 자유이다.

일부 신자들이 율법무용론(antinomianism)을 제기하지만, 웨슬리는 율법의 유용성과 연속성을 강조한다. 그는 신앙과 행위, 복음과 율법을 서로 대치하는 개념으로 보는 것에 반대한다. 복음은 율법을 무용지물로 만들거나 폐지하는 것이 아니다. 오히려 그것은 예수에 의하여 율법이 완성되었다는 것을 인정한다. 예수의 죽음의 효과와 하나님의 사랑에 대한 신앙은 율법을 행하는 거룩한 삶을 대체하는 것이 아니라, 그런 삶을 증진시키는 동력을 제공한다. 그러므로 웨슬리에게 복음과 율법을 배타적인 개념으로 이해하는 일은 신자의 책임적인 거룩한 삶을 방해하는 것이다.

율법의 역할은 무엇인가? 루터는 율법이 인간의 전적인 타락과 무능력을 보여주고, 그런 인간이 절망하여 복음을 용납하도록 한다고 하면서, 그것의 기능을 부정적으로 이해한다. 그 후에 신학자들 가운데는 율법의 부정적 역할과 함께 긍정적인 역할도 제시하는 이들이 많다. 긍정적인 것은 율법이 죄악을 억제하거나 예수의 거룩한 삶을 가르치는 것이다. 웨슬리도 후자의 입장에서 그 양면적 역할을 말하고 있다. 율법은 사람이 죄에 대하여 확신하도록 각성시키며, 그 죄에서 용서받고 돌아서기 위해 사람을 그리스도에게 이끌고, 신자가 성숙하도록 하는 역할을 한다. 예수는 신자들에게 새로운 법을 제공하는 것이 아니라 인간과 하나님의 관계를 복원하여, 그들이 원래의 도덕의식, 구약의 율법을 성취하면서 사랑하는 삶을 살도록 능력을 준다.

5. 구원에 대한 절대적 확신이 가능하고 필요한 것인가?

예수를 믿고 하나님의 사랑을 신봉한다는 말은 무슨 의미인가? 구원에 관한 절대적 확신이 있어야 구원받은 것인가? 이 문제들에 대한 웨슬리의 생각은 세월이 흐름에 따라 변하고 성숙하게 된다. 초기에 그는 신자가 자신의 구원에 대하여 확신하는 것이 중요하다고 강조한다. 그 확신이 없으면 신자는 항상, 기쁨이 아니라 두려움과 떨림 가운데 지내야 할 것이다. 그러면 그 확신은 어떻게 생성되는가? 그것은 믿음을 통해서 가능해진다. 당시에 웨슬리는 구원하는 믿음을 진리에 대한 지적인 동의와 동일시한다. 그러나 부모와 대화하면서 그는 신앙이 단지 합리성에 근거한 동의가 아니라 내면적인 것이라는 사실을 깨닫게 된다.

모라비아 교도들과 접촉하면서 웨슬리는 기독교 신앙이 단순한 지적 동의가 아니라 신뢰의 문제라는 것을 다시금 인식한다. 그 신뢰는 인간의 영혼에 내적으로 작용하는 성령의 증거에 의해 활성화되는 것이다. 그러니까 구원에 대한 확신도 결국은 성령의 활동의 결과인 셈이다. 하지만 당시의 웨슬리에게 그런 확신은 없었다. 특별히 피터 뵐러(Peter Bohler)와 같은 모라비아 사람들과 교류하면서 그는 확신의 결여를 느낀다. 그럴 수밖에 없었던 이유는, 구원하는 믿음은 순간적으로 완성되며 그 믿음을 통해 신자는 모든 죄와 두려움과 의심에서 해방된다는 그들의 가르침에 영향을 받았기 때문이다.

그런데 웨슬리는 앨더스게이트에서 성령 체험을 한 후에 새로운 생각을 하게 된다. 그 경험을 하면서 그는 자신이 계속적인 평안과 확신 가운데 지낼 것을 기대한다. 그러나 그 기대는 곧 깨진다. 항상 기쁨과 평안과 확신이 있어야 하는데 그렇지 못한 자신을 발견한다. 그는 자신의 믿음이 결여된 것에 대하여 당혹스러웠지만, 한편으로 자신이 약간의 믿음도 없다고 믿기는 어려웠다. 그 후에 그가 독일의 모라비아 교도들을 만나 부족한 믿음, 정도가 다른 신앙에 대한 개념을 알게 된다. 그때부터 웨슬리는 절대적 확신의 가능성과 필요성에 대하여 의심한다.

웨슬리는 공적으로 구원에 대한 분명한 확신이 없으면 '거의 그리스도인'(almost Christian)이며 아직 구원의 단계에 이른 것이 아니라고 선포하였지만, 사적으로는 구원하는 믿음과 절대적인 확신 사이를 구분하기 시작한다. 믿음에 차이가 있으며 확신에도 정도가 있는 것이다. 충분히 성숙한 신자가 아니라도 진정한 신자일 수 있다. 충만한 확신이 없어도 구원하는 믿음을 가질 수 있다는 것이다. 이런 주장을 하면서 그는 절대적 확신이 구원하는 신앙이라는 것이 성서와 경험에 어울리지 않는다는 것을 발견한다. 이제 그에게는 신앙이 초기의 믿음, 성숙한 믿음, 충만한 믿음 등과 같이 다양한 것이다. 종의 신앙, 어린이의 신앙, 아들의 신앙도 있다. 이와 같이 후기의 웨슬리는 구원하는 신앙에 대한 다양하고 포괄적인 견해를 수용하고 있다. 하나님께서 신비하고 다양하게 역사하시는 것을 인간이 어찌 다 알 수 있으랴! 그 역사하는 방식을 정형화하거나 공식화하는 일은 어리석은 짓이 아닌가?

6. 믿음이란 무엇인가?

렉스 매튜스(Rex Matthews)에 의하면, 웨슬리는 신앙에 대한 세 가지 측면을 말하고 있다. '진리에 대한 지적인 동의로서의 믿음', '하나님의 사랑에 대한 신뢰인 믿음', '하나님의 사랑에 관한 실제적이고 영적인 경험으로서의 믿음.' 1740년대 중반에 이르러, 웨슬리의 사상에 경험으로서의 신앙에 대한 개념이 출현하게 되고 나중에 그것이 더 중요한 개념이 된다. 믿음에 지적인 동의와 신뢰의 요소가 있지만, 그것은 모두 그 경험에 의해 발생되는 것이다.

웨슬리는 믿음이 인간에게서 발원하는 것이 아니라는 사실을 인식하게 되면서, 신앙을 사람의 심리적 상태로 축소하는 것에 반대한다. 그래서 그는 점차 확신이라는 말의 사용을 줄이고 하나님이 수여한 증거가 믿음의 원천임을 강조한다. 믿음은 하나의 영적인 경험이다. 참된 신앙이란 하나님의 적극적인 사랑을 수동적으로 인정하는 것이다. 그 사랑에 대한 동의와 신뢰라는 것도 신자의 삶에 드러난 하나님의 은혜에 대해 반응하고 경험하면서 가능해진다. 여기서 그 사랑의 증거는 성령이 인간의 영혼에 제시하는 것이며, 그 성령의 작용을 인식하는 일은 신자의 영감(spiritual sense)의 몫이다. 선행적 은총을 통해서 하나님의 사랑스런 접근을 사람이 인식할 수 있게 된 것이다.

7. 웨슬리는 현대 오순절운동, 은사운동의 선구자인가?

20세기 초기와 중기에 발생한 현대 오순절운동과 은사운동의 기원을 연구하면서, 일부 학자들은 웨슬리의 복음운동이 그 시초라는 결론을 내리기도 한다. 그러나 웨슬리의 생애와 사상을 정밀하게 분석하면 그 결론이 반쪽의 진실이라는 것을 알게 된다. 그가 오순절운동의 선구자인가 하는 질문에 '예'와 '아니요'로 답하는 것이 더 적절하다. 웨슬리의 운동과 그 현대 운동 사이에 분명한 공통점과 함께 명확한 차이점이 있기 때문이다. 이 사실을 규명하기 위해서는 은사운동의 역사를 살피는 일이 필요하다.

2세기 말에 발흥한 몬타누스주의(Montanism)는, 그 주동자(몬타누스) 자신이 예수가 약속한 성령이라고 하며 그 운동가들의 예언이 성서의 계시를 대체하는 것이라고 주장하면서 의심과 핍박의 대상이 된다. 결국 그 사상은 니케아 공의회에서 이단으로 정죄 받는다. 이 운동에 대항하면서 교회, 특히 서방교회는 은사에 대한 몇 가지 주장을 하게 된다. 1. 성령의 은사는 성직자에게만 수여된다. 그러므로 그 문제는 사제의 통제를 받는다. 2. 모든 신자에게 임하는 은사는 초대교회에 한정된 것이다. 그 시기에 성직자가 없었기 때문에 하나님이 누구에게나 그 은사를 베푼 것뿐이다. 3. 모든 신자에게 가능한 은사는 이사야 11:2에 나타난 지혜나 능력과 같은 것이지, 바울서신에 나오는 초자연적 은사는 아니다. 믿음대로 되는 법! 서방교회가 은사에 대한 한시적이고 회의적인 견해를 나타내면서 그런 은사가 발생하지 않는다. 그 전통을 이어받은 성공회에서 자란 웨슬리도 그와 유사한 생각을 갖게 된다. 그래서 초기에 그는 신약성서에 나오는 대부분의 성령의 은사가 초대교회만을 위해 주어진 것이라고 하며, 모든 신자에게 가능한 은사는 성령의 열매와 동일한 것이라고 주장한다. 그러나 그의 견해는 그 은사가 항상 누구에게나 가능하다는 것으로 변하게 된다. 자신의 부흥운동에 나타나는 현상을 목도하며 이해하는 가운데 그렇게 생각하게 된 것이다. 교회사와 신자의 삶에서 은사가 나타나지 않은 것은 하나님의 의도가 아니며, 오히려 기독교의 세속화 때문이다!

웨슬리는 몬타누스(Montanus)를 재조명하여 성자라고 추앙하며, 그가 은사를 경험하지 못하고 알지도 못하는 형식적이고 메마른 정통주의자들에 의해 징죄되었다고 말한다. 이제 그는 자신의 복음운동이 초대교회의 회복을 지향하는 것이므로, 그 교회에 있었던 은사의 가능성에 대해서도 개방적인 입장을 갖게 된다. 그가 당시의 국교회보다 더 개방적인 자세로 일부 은사는 언제나 가능하다는 입장을 보였지만, 한편 초자연적인 은사에 대해서는 항상 유보적이고 회의적인 시각을 가지고 있었다. 신자들이 열광주의, 은사주의에 몰입하지 않도록 경고하기도 한다.

그렇다면 웨슬리의 복음운동과 현대 오순절운동 사이의 공통점과 차이점은 무엇인가? 하워드 스나이더(Howard Snyder)에 의하면, 그 공통점은 1. 교회의 삶에 있어서 하나님의 은혜의 중요성, 2. 성령의 더 큰 역할, 3. 공동체인 교회에 대한 강조, 4. 기성교회와의 신학적 갈등이다. 차이점 가운데 중요한 것은 초자연적 은사와 과도한 감정적 표현에 대한 입장이다. 웨슬리는 그런 것을 의심의 눈초리로 바라보고 성서로 검증하려고 하지만, 오순절파는 항상 환영한다. 방언의 문제에 있어서 그는 그것을 복음을 위한 언어로 보지만, 후자는 성령세례의 결정적 증거와 무아경의 기도를 위한 언어로 이해한다. 전자는 성례식을 높게 평가하고 성령세례를 회심 후에 일어나는 구별된 일로 받아들이지 않는 반면에, 후자는 반대의 입장을 보인다.

이상과 같은 역사적 사실, 웨슬리의 입장의 변화, 차이점과 공통점 등을 고려하면서, 우리는 웨슬리가 현대 오순절운동과 은사운동에 직접, 간접적으로 영향을 주었다는 것을 인정할 수 있다. 한편, 우리는 그가 그 운동의 선구자라고 단정하는 데는 문제가 있다는 것을 인식한다. 따라서 우리는 그에 대한 최종적인 결론을 유보하면서, 그런 운동의 원천을 추적하자면 초대교회라고 할 수 있고, 그것이 하나님의 섭리요 성령의 활동에 기인하는 일이라고 하는 것이 더 적합하지 않은가?

8. 육체의 건강은 영혼의 상태와 연관되어 있는가?

웨슬리는 영혼의 구원과 함께 몸의 건강에 대하여 많은 관심을 보인다. 그가 쓴 『원시적 의술』(*Primitive Physick*)은 그 관심의 결과로서 그의 저술 중에서 가장 많이 발간된 책이다. 그 책은 다양한 질병을 위한 민간치료법을 수집한 것인데, 당시 소수를 위한 비싼 의약의 혜택을 누리지 못하는 가난한 이들을 위하여 쓰였다. 책 서문은 육체의 모든 질병, 연약함, 죽음이 타락의 결과라는 주장으로 시작된다. 육체의 건강과 영혼의 건강이 상호 관련되어 있다는 말이다. 그 책은 그 결과를 완전히 해소할 수는 없지만 어느 정도 누그러뜨리는 것을 돕기 위한 것이다.

건강을 유지하거나 증진하기 위해서 웨슬리가 제시하는 방법을 두 가지로 나눌 수 있다. 상식적인 방식과 신앙적인 방식. 먼저 웨슬리는 건강을 위해 위생, 음식, 운동의 중요성을 강조한다. 자신이 그렇게 살아 왔기 때문에 확신을 가지고 그것을 주장하는 것이다. 한편으로 그는 기도나 사랑과 같은 종교적 치료법에 대하여 언급한다. 영육이 조화를 이루어야 건강하고 마음과 몸이 상호 돕거나 해롭게 할 수 있기 때문에, 정서적이고 영적인 치유가 몸의 건강에 공헌할 수 있다고 본 것이다. 이런 사실은 현대 의학이 검증하고 있는 것으로서 웨슬리가 일찍 터득한 것이라고 할 수 있다. 현대인들은 몸과 마음의 일체성을 알고 있고, 기도나 사랑과 믿음과 소망과 같은 긍정적인 마음이 건강의 회복과 유지에 도움이 된다는 것을 인정한다.

모든 문제의 궁극적인 해결책이 하나님께 있기 때문에 질병의 근본적인 치유 또한 그의 가능성이다. 그런데 우리는 지금 여기서 그 치유를 부분적으로 경험할 수 있다. 하나님이 성령을 통해서 인간의 전인적인 구원을 위해 활동하고 있기 때문이다. 그러나 인간은 완전한 구원, 치유를 원하기에 모든 것이 완전한 천국을 갈망하게 된다.

9. 믿음만 있으면 구원을 받는가?

구원의 조건에 대한 문제에 있어서 교회에 따라 강조점이 다르다. 신교가 믿음을 구원의 유일한 조건으로 내세우는 반면에, 가톨릭은 선행이나 성스런 삶과 구원의 연관성을 주장한다. 영국교회는 어떤가? 성공회는 신교와 구교의 중간적 입장을 갖고 있다. 이런 분위기 속에서 성장한 웨슬리도 그 조건을 다루면서 변하는 모습을 보이지만, 결국에는 신앙과 행위를 조화시킨 견해를 발전시키게 된다.

웨슬리의 삶은 처음부터 엄격한 규칙에 따르는 종교적인 것이었다. 어머니의 영향 아래 거룩한 삶을 다룬 책들을 읽으면서 그의 생활은 더욱 철저한 것으로 변한다. 이런 상황 속에서 웨슬리는 자연스럽게 행위가 종교적인 삶, 구원의 길에 중요한 것이라는 사실을 인식한다. 그래서 초기에 그는 '오직 믿음'을 강조하는 것에 불편한 마음을 나타내고, 사람이 칭의 되기 전에 어느 정도의 거룩함이나 진지한 노력이 선행되어야 한다는 입장을 갖게 된다. 그는 구원에 있어서 이론적으로는 하나님의 은혜의 우선권을 인정하지만, 인간의 책임과 반응과 행위를 더 강조한다.

그러나 앨더스게이트 체험 이후에 웨슬리는 오직 믿음에 의한 칭의를 강하게 주장하게 된다. 그는 그것을 교회의 근본적인 교리라고 하며, 사람이 하나님으로부터 의롭다고 인정받기 전에 그 어떤 선행이나 거룩한 행위도 필요하지 않다고 강조한다. 더 나아가 그는 인간이 칭의 되기 전에 하는 모든 노력과 행위를 죄라고 규정한다. 웨슬리에게 그 체험이 구원을 이루는 데 필요한 것은 하나님의 은혜라는 것과 구원이 인간의 믿음에 의해 수여되는 선물이라는 것을 일깨우는 역할을 한 것이다. 구원과 믿음에 대한 그의 생각이 180도 전환될 정도로 그 경험의 감동과 충격은 큰 것이었다.

그런데 오래 지나지 않아 '오직 믿음'에 대한 오해가 웨슬리의 마음을 혼란하게 만든다. 어떤 이들, 특히 경건주의자들은 하나님의 칭의의 은혜를 받기 위해서는 그저 수동적으로 기다리기만 하면 된다고 한다. 그들은 사람이 믿음으로 의롭게 되기 때문에 구원을 달성하는 데 행위나 거룩함은 도움이 되기는커녕 오히려 방해가 된다고 보게 된다. 결국 하나님의 은혜와 인간의 노력, 신앙과 행위는 서로 적대적인 관계인 것이다. 이런 극단적인 견해를 정정하기 위하여 웨슬리는 다시금 칭의를 위한 조건으로서 요구되는 회개와 선행 같은 주제를 다루게 된다. 여기서 그의 통전적인 안목이 빛나고 서로 대비되는 것 같은 개념을 조화시켜 새로운 개념을 창출하는 그의 지혜가 번득인다.

웨슬리는 구원의 조건으로서 믿음이나 선행 어느 한 편만을 강조하는 것에 반대하며, 하나님의 은혜와 인간의 반응을 적대적인 것으로 보지 않는다. 그에게 신앙은 하나님의 선물이지만 신자는 그것을 활용해야 한다. 이런 주장은 행위에 의한 구원으로 귀결된다고 말하는 이들에 대하여, 그는 구원을 위한 유일한 대안이 무조건적 예정이라면 자신은 '행위 구원'을 선호할 것이라고 답한다. 본질적으로 구원이 은혜로 주어지는 것이며, 믿음과 선행도 그 은혜에 기인하는 것이다. 그리고 믿음이 진실하다면 거기에는 자연스레 선행이 따르게 된다. 어떤 행위나 거룩함도 생산하지 못하는 신앙이란 진정한 것이 아니다. 웨슬리는 하나님의 은혜와 그에 적절하게 반응하는 인간의 참여가 상승작용을 일으켜 구원이 이루어진다고 하면서, '믿음과 행위' 사이의 갈등을 해소하고 있다.

10. 신자에게도 죄가 남아 있는가?

앞에서 지적한 대로, 웨슬리는 초기에 엄격한 종교적 생활을 하면서 신자들에게 완전(성화)에 이르기 위한 영성훈련을 강조한다. 여기서 그가 말하는 완전은 절대적 완전이 아니라 마음의 진실함, 충만한 사랑, 의식적인 죄의 부재와 같은 것을 의미하는 것이다. 신자가 되어 하나님의 자녀가 된 후에도 죄의 문제가 완전히 해소된 것이 아니기 때문에 열정을 가지고 최선을 다하여 성결에 도달할 것을 권한다. 죄를 극복하기 위하여 투쟁하지 않으면 이름뿐인 신자가 되어 하나님의 깊고 넓은 은혜와 진리를 경험하지 못하게 된다.

그런데 앨더스게이트 이후에 웨슬리는 중생을 통해서 신자에게 죄가 사라진다는 견해를 제시한다. 그리스도 안에서 새로운 피조물이 되고 의롭게 되면 습관적인 죄, 의도적인 죄에서 해방된다. 거듭난 신자에게는 죄에 대한 욕구조차 없을 것이다! 그에게 불가피한 연약함이나 실수가 나타나겠지만 그것은 죄라고 할 수 없다. 이런 주장에 대하여 비평과 논쟁이 일어나자, 웨슬리는 중생함으로 내적인 죄(죄스런 생각이나 악한 성품)까지 소멸되는 것이 아니라 외적인 죄(의도적인 죄, 습관적인 죄)만 해결된다고 하며 한 발짝 물러선다. 중생의 순간에 내적인 죄가 즉시 없어진다는 것은 성서, 경험, 전통과 어울리지 않는다.

중생한 후에 신자에게 임하는 하나님의 은혜는 그의 죄성이 외적으로 발현되지 않도록 억제할 수 있을 만큼 충분한 능력이 있다. 그런데 그 은혜가 자동으로 모든 신자의 죄를 통제하여 성화의 길을 가도록 하는 것은 아니다. 만약 그렇다면 거듭난 후에 사람이 죄를 지을 가능성은 없는 것이다. 죄를 정복할 수 있을 정도로 그 은혜가 충분하다는 것은 조건적이다. 웨슬리는 은총에 대한 인간의 책임적 참여를 강조하기 때문에, 이 문제에 있어서도 신자가 적절하게 반응할 때 신적인 은혜가 충분히 죄를 극복할 수 있다고 한다. 신자에게 죄의 뿌리가 잔존한다는 사실이 그를 절망적으로 만들 수 있지만, 그 사실이 긍정적인 역할을 하기도 한다. 신자가 자만하지 않도록 하고 천국을 갈망하며 성숙하도록 자극한다.

그러면 신자가 성화된 후에도 죄가 남아 있는가? 성화와 함께 내적인 죄 또는 죄성이 소멸하는 것인가? 이것은 난해하다. 웨슬리는 신자가 성화되는 것을 충만한 사랑이나 순수한 동기란 용어로 해설한다. 그 성화된 성품은 죄스런 성품을 몰아내고 적대적인 성향을 잠재울 만큼 강하다. 진실한 사랑에 두려움이 없는 것 같이 성스런 성품은 모든 부정적인 마음을 격퇴할 수 있을 정도로 힘 있는 것이다. 그러나 인간으로 살아 있는 동안 완전한 상태에 도달할 수 없다. 그리고 사람은(성자도) 언제나 선택의지인 자유를 행사하며 살아간다. 이런 사실 때문에 웨슬리는 성화된 신자가 다시 타락할 가능성이 있다는 생각을 한다. 이 세상에서 용서가 필요 없는 경지, 죄를 지을 가능성이 없는 상태, 더 이상 성숙할 여지가 없는 상황이란 없다.

신자가 절대적 완전에 이르지 못한다고 해도, 여전히 연약하여 실수도 하지만, 그는 항상 기뻐하며 범사에 감사하고 늘 기도할 수 있다. 죄를 넉넉하게 통제하며 하나님의 깊은 은혜와 진리 안에서 삶의 의미를 발견하고 구원의 길을 갈 수 있다. 죄의 노예가 아니라 사랑의 종으로서 봉사하며 세월을 보낼 수 있다. 죄에 대하여 승리하며 그 뿌리까지 뽑아 버릴 수도 있다. 하지만 모든 죄악의 영향에서 완전히 해방되는 것은 사후의 일이다.

11. 성찬식은 누가 무엇을 위해 받는 것인가?

예수님이 베푼 최후의 만찬(제1회 성찬식) 이래로, 교회는 그의 명령에 따라 성찬식을 거행해 왔다. 초대교회는 주님을 기념하고 신자들의 영적인 성숙을 위하여 그 성례를 시행한다. 그 예식에는 세례를 받고 입회한 이들만 참석할 수 있고 구도자는 참여할 수 없었다. 일단 입회한 이들은 누구나 참석할 수 있었고 대개 그들은 성찬 받기를 갈망하게 된다.

중세에 와서 성찬식 참여의 자격은 더욱 까다로워진다. 신성을 모독할 염려 때문에 평신도가 참석하는 것을 억제하는 일까지 생긴다. 평신도 사이에서도 그 예식에 동참하는 것을 꺼리는 경향이 나타난다. 그러나 제4차 라테란 공의회(1215)에서 주장하고 트렌트 공의회(1551)에서 확정한 화체설 때문에, 교회는 신자들이 적어도 1년에 한 번 이상 그 성찬을 받아야 한다고 가르쳤다. 거기에 참여하기 위해서는 세례를 받는 것은 물론이요, 더 강화되어, 고해성사에 출석하고 참회한 것을 실행해야 한다. 이제 성찬식이 영혼의 성숙을 위한 수단이 아니라 적절한 신앙생활에 대한 인증이 된 것이다. 이런 제도는 서방교회의 전통이 되어 성공회에서도 그대로 시행된다.

웨슬리도 그 전통을 이어받아, 또한 자신의 삶의 스타일에 맞게 성찬식 참석의 조건을 정하여 엄격하게 시행한다. 그가 미국의 사반나에 선교사로 가서 활동할 때 그 시행방침 때문에 문제가 생긴다. 그가 결혼할 것을 진지하게 고려했던 소피아가 다른 남자와 결혼한 후에 그 부부에게 성찬식의 참석을 거부하였다가 불미스런 일을 당하여 귀국한 것이다. 영국에 돌아온 웨슬리는 모라비아 교도들이 자신의 구원(믿음, 용서)에 대한 충분한 확신이 없으면 성찬식에 참여하지 않는다는 사실을 알게 된다. 한편으로 그런 확신이 없는 신자들도 참여하는 것을 발견한다. 여기서 그는 주의 만찬이 참석자들에게 회심하는 은혜뿐 아니라 확신시키는 은혜를 제공하는 통로가 된다는 결론에 이른다.

그 후에 웨슬리는 성찬식의 참석조건을 완화한다. 어떤 신자가 그 예식에 참여하기 위해서는 충분한 확신이나 예배 출석이 필요한 것이 아니라, 단지 하나님의 은혜를 받으려는 갈망과 그에 충실하게 보답하며 살려는 마음만 있으면 된다. 웨슬리는 감리교도들이 그 확신과 충성스런 헌신을 나타내기를 권면한다. 그러나 이제는 그런 모습이 성찬식 참석의 조건이 아니라 하나의 목표가 된 것이다. 그에게서 성찬식에 부적절하게 참여하는 것보다는 아예 참석하지 않는 것이 그 성숙과 확신을 더 크게 방해하는 일이다. 그러므로 신자가 성숙하고 확신하기 위해서는 거기에 참여해야 한다!

12. 인간이 자유를 행사하며 협동할 때 구원이 달성되는가?

하나님은 존엄하고 권위를 가지고 있다. 그는 인과관계를 알고 과거와 현재와 미래를 등거리에서 인식하기 때문에 항상 최선의 선택을 할 수 있다. 그리고 우주를 창조할 때와 같이, 말씀 한마디로 어떤 위대한 일을 성취할 수도 있다. 그래서 그는 인간의 삶과 역사에 직접 개입하여 자신의 결정과 명령에 의해 의도한 일을 이룰 수 있는 것이다. 그런데 하나님이 실제로 그렇게 일방적으로 하시는가? 그런 방식으로 하는 경우도 있지만, 사람의 관점에서 이해한다면, 일반적으로 인간의 참여와 협동을 요구하는 것 같다. 그가 독재적으로 만사를 처리한다면 그것은 자신의 인간창조의 의도와 배치되는 일이다. 자유를 가진 인간에게서 그 자유를 빼앗지 않는 이상, 그가 그렇게 하지 않는 것이 옳은 일이다. 그런데 하나님은 늘 옳은 편을 택하는 분이다.

웨슬리가 칼빈의 견해에 일부 동조하지만 인간의 자유에 대해서만큼은 분명히 다른 입장을 보이고 있다. 그에 의하면, 하나님이 인간의 자유와 선택권을 무시하고 독재적으로 일을 진행시킨다면 "사람은 더 이상 사람이 아닐 것이며 그의 내적 특성은 변할 것이다. 사람은 더 이상 도덕적 행위자일 수 없다. 그는 그저 태양이나 바람과 같을 것이다. 인간에게 자유가 없다면 그는 선이나 악을 선택할 수도 없고, 보상이나 처벌을 받을 이유도 없다."고 한다. 웨슬리는 하나님의 은혜가 협동적(co-operant)이라는 것을 확신한다. 그 사실은 인간의 진정한 자유를 확대하는 것이며 구원의 과정에 협동적으로 참여할 것을 요구하는 것이다.

웨슬리는 하나님이 인간의 이해를 앗아가는 것이 아니라, 그 은혜를 통해서 강화시킨다고 믿는다. 그는 사람의 의지와 열정을 파괴하지 않는다. 그는 우리에게 소중한 자유를 선물로 부여했기 때문에, 최소한 그 자유나 선택권을 빼앗으려고 하지 않는다. 창조주는 오히려 사람이 선과 악을 분별하여 더 나은 것을 선정하도록 돕는 은혜를 베푸는 것이다. 웨슬리가 자주 인용하는 성 아우구스티누스의 말이 그 사실을 잘 대변한다. "인간 없이 사람을 창조한 하나님은 우리를 배제하고 우리를 구원하지 않을 것이다." 이와 같이 신자의 삶의 모든 과정에서 하나님과 인간이 협력하여 구원이 성취되는 것이다.

13. 영각(영감, spiritual sense)은 무엇을 위하여 필요한 것인가?

우리는 오감을 통해서 물리적 우주를 경험하고 그에 관한 지식을 얻는다. 육감(sixth sense, hunch, gut)을 신봉하는 사람은 그것이 오감으로 인식할 수 없는 어떤 정신적인 일을 파악하는 역할을 한다고 본다. 그런데 절대자인 하나님, 영적인 일, 신비한 영역, 초자연적인 차원이 있다면 그것을 사람은 어떻게 인식할 수 있는가? 오감, 육감, 본능, 직관으로는 어려울 것이다. 기독교는 그런 일을 인지하고 경험하는 것은 영각을 통해서라고 믿어왔다. 고대에 알렉산드리아(Alexandria)의 클레멘트(Clement)와 오리게네스(Origen)는 영각의 개념을 발전시키면서, "신앙이 영혼의 귀"라는 말을 남긴다.

그러나 그 개념은 그보다 먼저 성서에 등장하고 있다. "너희는 여호와의 선하심을 맛보고 알라"(시 34:8), "제 눈을 열어주셔서 주님의 법에 있는 놀라운 일들을 보게 하소서"(시 119:18), "우리가 태초부터 있는 생명의 말씀을 귀로 듣고 눈으로 보았으며 손으로 만져 보았다"(요일 1:1), "여호와의 계명은 빛나는 것으로서 눈을 밝게 한다"(시 19:8), "너희는 눈이 있어도 보지 못하고 귀가 있어도 듣지 못하느냐?"(막 8:18), "내가 너희를 그들에게 보내어 그들이 눈을 떠서 어둠에서 빛으로, 사탄의 권세에서 하나님께로 돌아오게 할 것이다"(행 26:18), "너희 마음의 눈이 밝아져서 너희에게 있는 소망, 부요하고 영광스런 유산, 그분의 위대한 능력을 알기를 기도한다."(엡 1:18) 이상의 구절들은 시각, 청각, 미각, 후각, 촉각을 말하는 것이 아니라 영각을 언급하는 것이다.

영적인 실재를 분별하기 위해서는 영각이 필요하다. 웨슬리는 모든 인간에게 그 감각이 잠재한다고 본다. 그런데 영감이 선행적 은총에 의해 일부 복원되었다고 해도 대부분의 사람들은 그것을 활용하지 않고, 무지와 무관심 때문에 소홀히 하고 있다. 결과적으로 그들의 영각은 퇴화하였고 영적인 세계에 대하여 캄캄한 가운데 있게 된다. 이제 그들이 영계를 경험하여 알기 위해서는 그 감각이 회복되어야 한다. 영적인 일을 보기 위해서 영적인 시력이 필요하다. 그래서 하나님은 먼저 그 능력을 부여하여 영의 세계를 인식하도록 하는 것이다. 영적인 일에 둔감하고 무지한 사람이 그 일에 대하여 민감해지고 알도록 변하는 것이 중생의 한 가지 의미이다. 거듭난 신자는 믿음의 눈을 가지고 육체의 눈이 보지 못하던 세계를 볼 수 있게 된다. 루돌프 불트만(Rudolf Bultmann)은 말한다. "믿음의 눈이 아닌 그 모든 다른 눈에 하나님의 행위는 숨겨져 있다."

14. 죄와 실수는 성화를 위해 어떻게 해결되어야 하는가?

죄가 무엇인가? 프로이트는 인간의 무의식 속에 숨어 있는 파괴성의 위험을 말하고 있다. 칼 마르크스와 라인홀드 니버와 해방신학자들은 죄의 집합적이고 구조적인 측면을 날카롭게 노출시킨다. 현대인은 하나의 범죄가 가정, 사회, 경제, 문화, 세계관 사이의 복잡한 연관성 속에 발생한다는 사실을 알고 있다. 웨슬리는 어떤 입장을 갖고 있는가? 그는 죄의 무의식적이고 집합적인 요소를 희생시키지 않으면서, 그것의 의식적이고 개인적인 면모를 강조한다.

상식적으로 사람들은 죄가 공적인 법, 선포된 규칙, 알려진 계명에 대한 개인이나 집단의 의식적인 위반이라고 생각한다. 한 집단의 다수나 결정권자들이 설정한 법을 어기는 일이 범죄인 것이다. 이것이 죄에 대한 합리적인 시각이라고 할 수 있다. 웨슬리도 18세기 합리주의자들과 같이 죄를 알려진 법에 대한 고의적 위반이라고 규정한다. 그의 관심은 죄를 책임의 개념과 연결시키는 것이다. 그래서 죄는 공표된 법을 지키는 일이 개인의 책임인데, 그 책임을 저버리고 그 법을 위배하는 행위이다. 이런 개념을 종교적으로 적용하여, 그는 죄를 하나님의 뜻이 아닌 것을 알면서 행하는 일로 이해한다. 아담과 이브의 죄가 바로 그런 것이다.

이렇게 웨슬리는 죄의 고의성을 강조하면서 비고의적인 죄를 진정한 죄의 범주에서 제외하게 된다. 개인에게 직접적인 책임이 없는 일이나 의도하지 않은 일은 죄가 아닌 것이다. "나는 이 세상에 비고의적인 범법이 사라진 그런 완전은 없다고 믿는다. 그 범법 행위는 인간성과 분리할 수 없는 무지와 실수에 자연스럽게 뒤따르는 것이다. 그러므로 나는 '죄 없는 완전'(sinless perfection)이라는 말을 결코 사용하지 않는다. 나는 하나님의 사랑으로 충만한 사람조차도 이 비고의적인 범죄에 빠지기 쉽다고 확신한다. 당신은 그런 범죄를 죄라고 부를 수도 있지만, 나는 그렇게 하지 않는다."

웨슬리는 그런 죄의 정의와 구분에 근거하여 성화의 가능성을 증거한다. 그에게 죄는 고의적인 것이며 비고의적인 것은 진정한 죄가 아니다. 의도적인 죄를 피할 수 있다면, 실수와 무지가 있더라도 성결한 상태에 도달하는 것이다. 그렇지만 그는 비고의적인 죄를 경시하지 않는다. 그것은 성화된 신자라도 피할 수 없는 일이지만, 의도적인 것과 같이 그가 고백하여 용서를 받고 대속의 보혈을 통해 속죄되어야 한다. 그 죄 역시 완전한 법의 위반이기 때문이다. 그러므로 우리는 '모두 불완전하다.'라고 하면서 실수를 방치하거나 당연시하기보다는 그것마저 개선하려고 해야 한다. 하나님은 모든 불완전한 것을 드러내어 재창조하고 극복하려고 한다. 성화는 개인적인 영역과 집합적인 영역, 영적인 차원과 사회경제적인 차원, 의식적인 면과 무의식적인 면 모든 부분에서 성취되어야 하는 것이다.

15. 종교적 경험은 구원과 신앙 성숙에 필수적인가?

경험주의자들은 어떤 일에 대하여 확신하기 위해서는 그 일을 경험해야 한다고 한다. 그리고 선험적 지식보다는 경험을 통한 후험적 지식의 중요성을 말한다. 종교적 의미에서 이 말을 적용하면, 종교의 교리는 경험을 통해 검증되고 개인적 신앙으로 변하는 것이다. 웨슬리는 이런 의미에서 경험주의자인가? 그를 엄격한 경험주의자라고 할 수는 없지만, 그가 기독교적 세계관(신앙)을 형성하는 데 종교적 경험을 주요한 요소로 인정한다고 보는 것은 적절하다.

그런데 종교적 경험에 대한 강조가 불가피하게 개인의 주관적 감정과 열광주의로 이어진다고 비평하는 이들도 있다. 그들은 그 경험이 개인적, 주관적이어서 진위를 검증할 수 없는 것이라고 혹평한다. 그러므로 그것이 교리와 신앙의 건전한 기초가 되어서는 안 된다고 보는 것이다. 그들은 종교적 교리와 신념을 위해서 좀 더 객관적인 자료－성서나 전통적 교리와 같은－가 요구된다고 주장한다. 한편으로, 우리는 경험을 통해서 그 신념이 생기거나 더 강화된다는 사실을 부인하기 어렵다. 신자가 성서나 교리에 대한 가르침을 통해서 종교적 지식을 얻고 신념을 갖게 되는데, 기도의 응답이나 하나님을 대면하는 것과 같은 경험을 하게 되면 기존의 교리와 믿음이 더 확고해진다. 학교에서 배운 사실을 인정하지만, 개인이 직접 그에 대하여 경험하면 그것이 더욱 분명해지는 것과 같은 이치이다.

그래서 웨슬리는 교리에 대한 교육과 함께, 그것을 실천하고 경험하는 것을 강조하고 있다. 그가 바른 신앙(orthodoxy)과 바른 실천(orthopraxy)

에 더하여 바른 감정, 의지, 경험(orthopathy)을 모두 아우르는 삶을 말하는 것이다. "신자가 모든 면에 있어서 정통 교리적일 수 있다. 그가 옳은 의견들을 옹호하고 열정적으로 변호할 수 있다. … 모든 신조에 동의할 수도 있다. … 그러나 그가 전혀 종교적이지 않는(신앙이 없는) 일이 가능하다." 이 말은 정통 교리(신앙) 자체가 종교가 아니라는 것이다. 그것은 또한 그런 신조를 모르고 거기에 동의하지 않는 사람이 창조주와 바른 관계를 맺거나 성령에 의한 진정한 신앙을 소유할 수도 있다는 뜻을 암시한다.

웨슬리는 말한다. "나는 자비로운 하나님이 사람들의 생각보다는 그들의 삶을 더 소중하게 여긴다고 믿는다. 나는 그가 사람의 두뇌의 명석함보다는 마음의 선함을 더 존중한다고 믿는다. 사람의 마음이 하나님과 이웃을 향한 사랑으로 충만하다면 그의 생각이 불분명하고 그의 개념이 혼란스럽더라도, 하나님은 사탄과 그의 종들을 위해 예비한 영원한 불 속으로 그를 버리지 않을 것이다." 여기서 웨슬리는 바른 실천이 우선적임을 나타내고 있다. 그러나 그 실행은 하나님의 은혜이며 성령의 활동에 신자가 참여하고 협동할 때 가능한 것이다. 바른 신앙이 결여된 인간 스스로의 선행은 하나님에게 무가치한 일이다.

웨슬리는 바른 경험을 통해서 바른 신앙과 실천이 확립된다고 본다. 신자는 누구나 종교적 체험, 하나님을 대면하는 순간, 다시 태어나는 경험이 필요하다. 물론 그는 신비한 경험만을 추구하는 열광주의나 신비주의를 옳은 것으로 인정하지 않는다. 웨슬리에게는 성서가 우선이요 경험은 성서와 교리의 진실성을 확인하는 보조적인 수단이다. 또한 성서가 어떤 문제에 대하여 침묵하거나 모호한 입장을 취하는 경우에 경험이 더 중요한 잣대가 되기도 하고 그것을 명료하게 하는 역할도 한다. 결국 경험은 성서에 근거한 바른 신앙, 교리, 실천을 확인하고 보충하는 기능을 하면서 신자의 삶을 온전하게 하는 데 공헌하는 것이다.

16. 바른 종교적 경험의 조건은 무엇인가?

많은 신자가 하나님을 만났다고 하거나 기도의 응답을 받았다고 한다. 불치병에서 기적적으로 치유되었다고 하는 이가 있고 신적인 계시를 들었다고 하는 이도 있다. 우리가 그들의 경험과 증언을 모두 사실로 인정하는 것이 옳은가? 무엇이 진실한 신앙적 경험인가? 이에 관하여 웨슬리는 어떤 입장을 보이고 있는가?

먼저, 바른 종교적 경험은 어느 정도의 초월성과 객관성을 가져야 한다. 교회가 때로는 집단적으로 사도행전의 오순절 성령강림과 같은 그런 경험을 한다. 이와 다르게 신자가 개인적으로 초월적인 경험을 하는 경우가 종종 생긴다. 그런데 그 경험이 주관적이고 사적인 일이 되어 다른 이들에게는 아무런 의미가 없는 것이 되기도 한다. 웨슬리는 진정한 경험이 되기 위해서는 그 일이 초월자를 통해서, 또는 그와의 관계나 만남 속에서 발생해야 한다고 보고 있다. 그것은 개인의 자아, 감정, 상상, 지식, 이성적 기대를 넘는 초월적인 것이어야 한다. 그래야 종교적 경험이라고 할 수 있다.

참된 경험은 또한 객관성을 가져야 하는데, 교회는 어떤 방식으로 그 객관성을 검증할 수 있는가? 웨슬리는 그 판단의 기준을 성서, 전통, 이성, 경험에서 찾는다. 성서에서 어떤 경험과 같은 것이나 유사한 것을 발견한다면, 그것은 진실성과 객관성을 가질 수 있다. 교회의 역사와 전통이 그런 경험에 대하여 보고하고 있다면, 그 또한 순전히 사적인 경험이라고 하기는 어렵다. 그리고 하나의 경험을 이성적으로 관찰하고 분석할 때, 거기에 분명한 논리적 일관성과 경험적 일치성이 있다면, 그것은 부분적으로나마 객관성이 있는 것으로 판명할 수 있다. 이런 초월성과 객관성을 나타내는 것이 진정한 종교 경험이 된다. 이성은 경험을 분석, 검증, 비교하는 역할을 한다. 하나님은 이성을 초월하지만, 그것을 수여하고 적절히 활용하기를 원한다.

둘째로, 진정한 신앙적 경험은 개인과 사회의 변화에 긍정적인 영향을 준다. 신자가 어떤 은사를 받아 교만해지고 성서의 교훈을 무시한다면, 그래서 자신과 타인의 삶을 방해한다면 그 경험의 진정성은 침식될 것이다. 그러나 어떤 경험을 한 후에 경험자 자신과 그의 주변에 바람직한 변화가 이어진다면, 그 경험은 진실한 것이라고 할 수 있다. 웨슬리에게 종교적 경험은 하나님의 사랑이 마음에 새겨지는 결과로 귀결되는 일이다. 그런데 그 결과는 냉랭한 지성적 수용에 머물기를 거부하고 경험자로 하여금 어떤 행동을 취하도록 하는 동력이 된다. 그 사랑의 경험은 단순히 감정의 문제가 아니라 의지와 행위의 촉매제로 작용한다.

참된 경험은 개인의 언행과 세계관을 변화시킬 뿐 아니라 그가 속한 단체나 사회에 선한 변화를 촉발하는 기능을 한다. 성도가 그 경험을 통해서 하나님의 은혜와 진리를 얻었다면, 그는 그것을 자신 속에만 간직할 것이 아니라 타인과 나누어야 한다. 우리가 하나님의 사랑을 경험하였다면 그것은 우리를 통해서 세상으로, 이웃에게로 퍼져나가야 할 것이다. 기독교는 공동체로 발생하여 유지되고 있다. 이 교회를 통해서 함께 교제하고 동고동락하는 일이 없다면 기독교는 존재할 수 없다. 기독교를 사적이고 고립된 종교로 만들려는 것은 교회를 파괴하는 일이다. 웨슬리는 말한다. "참된 기독교는 내적인 경험과 그것을 정의와 자비와 진리를 위해 외적으로 표현하는 운동 없이는 존재할 수 없다." 이런 의미에서 참 경험은 사회적이다. 그러므로 참된 변화가 있는 곳에 참된 경험이 있는 것이다.

셋째로, 참된 종교적 경험은 재창조하는 하나님의 계획과 관련된 것이다. 나비효과란 말이 있다. 작은 일이 전체에 영향을 줄 수도 있다는 것과 모든 것이 상호 연결되어 있다는 사실을 나타내는 말이다. 이와 유사하게 완전히 고립되고 사적인 경험이란 있을 수 없다. 신앙적 경험도 우주적인 의미를 가질 수 있다. 그것이 하나님의 재창조의 섭리에 참여하는 통로가 될 수 있는 것이다. 웨슬리는 세상의 변화와 성화가 하나님의 목표라고 한다. 그래서 모든 일이 천국을 향하여 진행되는 것이다.

창조주는 자신이 창조한 것을 무시하거나 파괴하지 않으며(욥 10:3), 오히려 그것을 유지하고 새롭게 하는 데 관심을 갖고 있다. 웨슬리는 자신의 복음운동을 통해서 사회가 변한다는 사실을 "하나님이 이미 지구의 면모를 새롭게 하는 중이다."라는 관점에서 이해한다. 진실한 경험은 경험자를 새로운 창조의 질서 속에 위치하게 하고, 하나님의 창조적 활동에 참여하도록 격려한다. 인간의 참여가 미미하고 그 영향력이 제한적이기는 하지만, 의미가 있는 것이다. 어느 신자가 불치병에서 치유 받는 경험을 한다면, 그는 창조주의 회복의 역사를 느끼게 된다. 그러나 완전한 건강을 누리는 것이 아니기 때문에 그는 그 문제가 해결된 천국을 갈망할 것이다. 종교적 경험은 초월자의 임재와 능력, 인간 자신의 한계를 인식하게 할 뿐 아니라 영원을 사모하게 만든다.

참고문헌

1차 자료

Baker, Frank, ed. *The Works of John Wesley.* Bicentennial ed. Nashville: Abingdon Press, 1980.

________. *The Works of John Wesley.* Bicentennial ed. Nashville: Abingdon Press, 1982.

Curnock, Nehemiah, ed. *The Journal of the Rev. John Wesley.* 8 vols. London: The Epworth Press, 1909–1916.

Jarboe, Betty M., comp. *Wesley Quotations: Excerpts from the Writings of John Wesley and Other Family Members.* Metuchen, N.J.: Scarecrow Press, 1990.

Outler, Albert C., ed. *John Wesley. The Library of Protestant Thought.* New York: Oxford University Press, 1964.

________. ed. *The Works of John Wesley.* Bicentennial ed. Nashville: Abingdon Press, 1984–1987.

________ and Richard Heitzenrater, eds. *John Wesley's Sermons: An Anthology.* Nashville: Abingdon Press, 1991.

Wesley, John. *A Christian Library*. 30 vols. London: T. Blanshard, 1819–1827.

_______. *A Plain Account of Christian Perfection*. London: The Epworth Press. Philadelphia: Trinity Press International, 1990.

_______. *A Plain Account of Genuine Christianity*. Library of Methodist Classics. Nashville: The United Methodist Publishing House, 1992.

2차 자료

Collins, Kenneth J. *John Wesley: A Theological Journey*. Nashville: Abingdon Press, 2003.

Maddox, Randy L. *Responsible Grace: John Wesley's Practical Theology*. Nashville: Kingswood Books, 1994.

Runyon, Theodore. *The New Creation: John Wesley's Theology Today*. Nashville: Abingdon Press, 1998.

Tomkins, Stephen. *John Wesley: A Biography*. Grand Rapids: W. B. Eerdmans, 2003.

바실 밀러. 『존 웨슬리: 탁월한 영적 지도자』. 기독신문사, 2005.

박창훈. 『존 웨슬리, 역사비평으로 읽기』. 대한기독교서회, 2007.

레온 힌슨. 『웨슬리의 윤리사상』. 전망사, 1987.

로버트 터틀. 『존 웨슬리: 그의 생애와 신학』. 세복, 2001.

오톤 와일리. 『웨슬리안 조직신학』. 세복, 2002.

웨슬리 복음주의 협의회. 『웨슬리 복음주의 총서』. 광림, 1992.

이성주. 『웨슬리 신학』. 성지원, 1987.

조종남. 『웨슬리의 갱신운동과 한국교회』. 대한기독교서회, 2006.

존 라일. 『휫 필드와 웨슬리: 18세기 영국을 구한 두 영적 거인』. 부흥과 개혁사, 2005.

존 웨슬리. 『존 웨슬리의 일기』. 크리스챤다이제스트, 2010.

찰스 카터. 『현대 웨슬리 신학』. 대한기독교서회, 1998.

케네스 콜린스. 『존 웨슬리의 신학: 거룩한 사랑과 은총』. kmc, 2012.
한국 웨슬리학회. 『웨슬리 설교전집』. 대한기독교서회, 2006.
_______. 『웨슬리 신학의 현대적 의의』. 1999.

유진열

성결대(신학)와 고려대(상담심리학)에서 공부하였다. 육군 군목으로 사역하였고 제대 후 오스트레일리아에서 유학생선교회를 세워 활동하였다. 1991년에 미국으로 건너가 Emory University(M. Div.)와 Southern Baptist Theological Seminary (Ph. D., 조직신학 전공)에서 수학하였다. 2001년에 귀국하여 성결대학교 신학부 교수로 재직하고 있으며, 이준희와 결혼하여 지훈, 한나 두 자녀를 두고 있다.

저서로는 『21세기 신학의 서곡』(쿰란출판사, 2003), 『신과 진리를 찾는 인간: 21세기 종교와 철학의 대화』(2007, 대한기독교서회), 『21세기 현대신학』(대한기독교서회, 2010), 『제11계명』(쿰란, 2011), 『복음주의 기독교사상』(좋은이웃, 2011)이 있고, 역서로는 『기독교는 참되다』(린 가드너/쿰란출판사, 2008), 『인간이란 무엇인가?』(볼프하르트 판넨베르크/ 쿰란, 2010)가 있다. 논문으로는 "Human Identity in the Anthropologies of Reinhold Niebuhr and Wolfhart Pannenberg"(박사 학위, 1998)와 "Another Korean War"(미국 기독교 윤리학회지, 2005)가 있다.